Anne M. Schüller

Erfolgreich verhandeln – Erfolgreich verkaufen

Wie Sie Menschen und Märkte gewinnen

BusinessVillage
Update your Knowledge!

Anne M. Schüller
Erfolgreich verhandeln – Erfolgreich verkaufen
Wie Sie Menschen und Märkte gewinnen
BusinessVillage, Göttingen 2009
ISBN: 978-3-938358-95-5
© BusinessVillage GmbH, Göttingen

Bestellnummer
Druckausgabe Bestellnummer PB-802
ISBN 978-3-938358-95-5

Bezugs- und Verlagsanschrift
BusinessVillage GmbH
Reinhäuser Landstraße 22
37083 Göttingen
Telefon: +49 (0)5 51 20 99-1 00
Fax: +49 (0)5 51 20 99-1 05
E-Mail: info@businessvillage.de
Web: www.businessvillage.de

Layout und Satz
Sabine Kempke

Coverfoto
mariolina, www.fotolia.de

Über die Autorin 5

Vorwort 7

1. Erfolgreich durch emotionales (Ver-)handeln 11

2. Erfolgreich durch kundenfokussiertes Verkaufen 31

3. Am Anfang steht das Selbst-Tuning 45

4. Die Menschen sind alle verschieden 69

5. Über die verbale und nonverbale Kommunikation 83

6. Schritt für Schritt zum Verhandlungserfolg 99

7. Die Pre-Sales-Phase 105

8. Fragekompetenz entwickeln 121

9. Zielführend argumentieren 139

10. Preisgespräche kreativ führen 171

11. Einwände sind Wegweiser zum Erfolg 189

12. Der krönende Abschluss 199

13. Die After-Sales-Phase 217

14. Am Ziel: Der Beginn einer langen Freundschaft 221

Literaturhinweise 225

Über die Autorin

Anne M. Schüller ist Diplom-Betriebswirtin und gilt als führende Expertin für Loyalitätsmarketing im deutschsprachigen Raum. Sie hat, gemeinsam mit dem Unternehmensberater Gerhard Fuchs, den Begriff des Total Loyalty Marketing geprägt. Sie ist Autorin zahlreicher Veröffentlichungen und achtfache Buchautorin. Ihr Buch *Kundennähe in der Chefetage* erhielt den Schweizer Wirtschaftsbuchpreis 2008.

Über 20 Jahre lang hatte sie Führungspositionen in Vertrieb und Marketing verschiedener nationaler und internationaler Dienstleistungsunternehmen inne und hat dabei mehrere Auszeichnungen erhalten. Seit 2001 ist sie als Management Consultant tätig. Ihre Arbeitsschwerpunkte: loyalitätsfokussiertes Management-Coaching, Keynote-Speaking sowie Trainings, also Workshops und Seminare für Führungskräfte und Mitarbeiter. Zu ihrem Kundenkreis zählt die Elite der deutschen, schweizerischen und österreichischen Wirtschaft.

Sie gilt als eine der besten Business-Redner im deutschsprachigen Raum. Auf Kongressen und Firmenveranstaltungen hält sie hochkarätige Impulsvorträge zu den Themen Loyalitätsmarketing, Mitarbeiter- und Kundenloyalität, kundenfokussierte Mitarbeiterführung, emotionales Verkaufen, Empfehlungsmarketing und Kundenrückgewinnung. Sie gehört zum Kreis der ‚Excellent Speakers'.

Sie ist Dozentin an der BAW München (Bayerische Akademie für Werbung und Marketing). Sie hat ferner einen Lehrauftrag an der Hochschule Deggendorf im MBA-Studiengang Gesundheitswesen (Strategisches Marketing) sowie am Management Center Innsbruck (MCI).

Die Kontaktdaten der Autorin:

Anne M. Schüller Marketing Consulting
Mail: info@anneschueller.de
Web: www.anneschueller.de und www.empfehlungsmarketing.cc

Vorwort

Neue Zeiten brauchen neue Verkäufer – und ein neues Verkaufen. Moderne Verkaufsgespräche funktionieren **nicht** länger nach den mehr oder weniger plumpen Regeln, die vor Jahren noch gültig waren. Denn die Kunden haben sich – nicht zuletzt durch das Web 2.0 – drastisch verändert. Sie sind informierter, kritischer, anspruchsvoller und deutlich fordernder geworden. Sie haben sich von passiven Konsumenten zu aktiven Marktgestaltern und Kaufverhaltensbeeinflussern gewandelt. Sie haben die Macht im Markt übernommen. Der Kunde ist der wahre Boss.

Da reicht es nicht mehr, nach altem Strickmuster Verkaufstechniken auswendig zu lernen und selbsternannten Gurus gestelzte Formulierungen nachzubeten. Vielmehr müssen wir begreifen, warum diese wann und wie bei wem funktionieren. Dieses Wissen, das intuitiv veranlagte Verkäufer schon immer hatten, wird seit wenigen Jahren durch die moderne Hirnforschung Schritt für Schritt sichtbar gemacht. Nur wer versteht, wie das menschliche Gehirn funktioniert, kann garantiert erfolgreich sein.

Eine der wichtigsten Erkenntnisse lautet: Der Mensch entscheidet emotional – und begründet diese Entscheidungen rational. Möglicherweise folgt er auch nur seinem jeweiligen Hormonspiegel. Solche Aussagen, die an dieser Stelle noch ein wenig irritierend klingen mögen, werden wir im Verlauf der nächsten Kapitel weiter vertiefen. Dabei benutze ich in diesem Buch die Begriffe *Emotion* und *Gefühl* synonym. Die marginalen Unterschiede, die in der einschlägigen Fachliteratur lebhaft diskutiert werden, finde ich akademisch und für unser weiteres Vorgehen wenig nützlich.

Denn dieses Buch verbindet auf eine sehr praktische Weise die faszinierenden neuen Erkenntnisse der Gehirnforschung mit der traditionellen Kunst des Verhandelns. Es verknüpft – genauso wie unser Gehirn das tut – beide Seiten des Verkaufens: die argumentativ-sachliche und die bildhaft-emotionale. Aus der Praxis für die Praxis geschrieben aktualisiert es bestens bewährte und präsentiert neue Verkaufstechniken – auf die ,neuen' Kunden ausgerichtet. Es erklärt vor allem auch, wie und warum sie wirken – und wie sich diese Erkenntnisse zielführend nutzen lassen. Eines schon vorweg: Emotionalisierende Verkaufsgespräche entspringen keinem sozialromantischen Kuschelkurs, sondern vielmehr einem unverkennbar erfolgsorientierten Kalkül.

Denn Emotionen sind, wie die Gehirnforschung immer mehr verdeutlicht, nicht nur in allen Entscheidungen vorhanden, sie sind sogar deren treibende Kraft. Wir entscheiden uns erst wirklich für das Habenwollen, wenn wir ,ein gutes Gefühl' dabei haben. Sprich: Wenn unser cerebrales Belohnungszentrum aktiviert wird. Dieses – und nicht die Ratio – legt am Ende ,den Hebel um' und entscheidet final über Ja oder Nein. Das, was uns schließlich zu einer Entscheidung bewegt, mag je nach Menschentyp, Geschlecht und Alter verschieden sein, doch ohne Emotionen gibt es keine einzige Entscheidung. Darum geht es in Kapitel eins.

Verkäufer sind heute keine Einzelkämpfer mehr, denn der Kunde kauft immer das ganze Unternehmen mit. Um diese ganzheitliche Sichtweise des Kunden und die damit verbundene neue Rolle des Verkäufers und schließlich um wahrhafte Kundenfokussierung geht es in Kapitel zwei.

Bevor der Kunde eine Sache, also ein Produkt oder eine Dienstleistung kauft, ,kauft' er immer zunächst den Verkäufer. Verkäufer brauchen also ein laufendes ,Selbst-Tuning', um in Verkaufsgesprächen gut drauf zu sein. Denn von Pessimisten kauft man nichts. Um das Thema ,Verkäuferpersönlichkeit' geht es in Kapitel drei.

Die genannten Kapitel sind das Fundament für den dann folgenden Teil. Darin wird gezeigt, wie zwischenmenschliche Kommunikation funktioniert und wie ein von Erfolg gekröntes Verkaufsgespräch Schritt für Schritt aufgebaut werden kann. Jedes Kapitel beinhaltet eine Fülle wertvoller, sofort umsetzbarer Anregungen sowohl für den Neueinsteiger als auch für den Profi-Verkäufer.

Dieser zweite Teil des Buchs ist eine unerschöpfliche Fundgrube, ein prall gefülltes Schatzkästchen für das tägliche Verkaufen. Zahlreiche Formulierungsvorschläge, Checklisten und Kurzbeispiele helfen, sich auf jede erdenkliche Situation und auf jeden Kundentyp individuell einzustellen. Denn jeder Verkäufer verkauft und jeder Kunde kauft anders. Das standardisierte Verkaufsgespräch hat ausgedient. Ideenreichtum ist vielmehr gefragt.

Unentbehrlich ist dieser Praxisleitfaden für alle, die direkt oder indirekt in Vertrieb und Verkauf zu tun haben. Er bietet kleinen und großen Unternehmen aller Branchen, egal ob sie im Business-to-Business- oder im Endkunden-Geschäft tätig sind, in kompakter Form und locker zu lesen einen hohen praktischen Nutzen.

Folgende Zielgruppen spricht das Buch besonders an:
- vertriebsorientierte Geschäftsführer und Firmeninhaber
- Vertriebs- und Marketingleiter
- Vertriebs- und Verkaufsmitarbeiter im Außen- und Innendienst
- Neueinsteiger im Verkauf

Menschen kaufen von Menschen – und nicht von Unternehmen. So werden nur solche Unternehmen Zukunfts-Chancen haben, in denen sich jeder einzelne Mitarbeiter, egal ob er direkten oder indirekten Kundenkontakt hat, als Verkäufer und Marketer sieht. Und das ist vielleicht die schönste unternehmerische Aufgabe. Denn Service, Sales und Marketing heißt: Menschen glücklich machen.

Im Frühjahr 2009

Anne M. Schüller

Diplom-Betriebswirtin
Marketing Consultant

 Aus Gründen der Lesbarkeit wähle ich im Folgenden meist die männliche Form bei Worten wie Verkäufer, Mitarbeiter, Chef usw. Damit sind natürlich immer Männer **und** Frauen gemeint.

1.
Erfolgreich durch emotionales (Ver-)handeln

Wer sind die besten Verkäufer? Es sind nicht die hochdotierten Verkaufsstars einer Vertriebsmannschaft, es sind auch nicht die vielfach prämierten Top-Verkäufer Ihrer Branche, es sind – Empfehler. Aktive, positive Empfehler sind Ihre wirkungsvollsten Botschafter, die oft und leidenschaftlich gerne Gutes über Sie erzählen, die Ihre Angebote mit missionarischem Eifer zu Markte tragen – und so im besten Fall wahre Umsatzwunder bewirken. Von solchen Verkäufern können wir eine Menge lernen.

So ist bei deren ‚Verkaufsgesprächen' immer Folgendes zu beobachten:
- Die emotionalen Komponenten überwiegen bei Weitem. Dies ist nicht nur an der bildhaften Sprache zu erkennen, sondern auch an einer lebendigen, authentischen Gestik und Mimik.
- Der Preis spielt fast nie eine Rolle – ganz im Gegenteil: Empfohlen wird besonders gerne, was hochwertig, gut und teuer ist – weil man es sich gegönnt und das genossen hat – und damit auch ein wenig prahlen kann.
- Die Begeisterung ist geradezu ansteckend, die Argumentation aufrichtig und überzeugungsstark. So erzeugen Empfehler einen unbändigen Haben-wollen-Sog und machen Lust auf Kaufen.

Empfehler sind glaub- und vertrauenswürdig. Sie manipulieren nicht, sie bedrängen nicht, sie lügen nicht, sie überreden nicht, sie haben einfach nur unser Bestes im Sinn. Und sie agieren emotional. Das ist besonders wichtig, denn emotionale Aspekte steigern unsere Entscheidungsfreude.

Unlauterkeit, Verschlagenheit und berechnendes Kalkül lassen sich nur hinter einer Maske von Emotionslosigkeit, dem sogenannten Pokerface, verstecken. Erst bei einem emotionalen ‚Ausbruch' zeigt sich das Wahrhaftige – weil sich dabei das Unterbewusstsein der Kontrolle des Denkhirns entzieht. Und nur bei einer persönlichen **und** emotionalen Begegnung kann unser Intuitionsradar auslesen, ob es jemand gut oder böse mit uns meint. Die meisten Menschen haben ein feines Sensorium für richtig und falsch.

Dem Kunden ins Gehirn geschaut

Was man heute weiß: Entscheidungsprozesse laufen viel emotionaler ab als bislang gedacht. Gerade Business-to-Business-Verkäufer (BtoB) sind ja immer noch davon überzeugt, dass ihre Kunden Entscheidungen bewusst und vernunftsorientiert treffen. Das ist ein gewaltiger Trugschluss – der leider jede Menge Misserfolge nach sich zieht. Inzwischen ist klar: Den ‚Homo oeconomicus', der seine Entscheidungen vollkommen rational trifft und nur auf seinen Nutzen bedacht ist, den hat es nie gegeben. Harte Zahlen, Daten und Fakten sind weit weniger kaufrelevant als allgemein angenommen wird. Wir kaufen immer zuerst den Menschen – und erst dann die Sache.

Die unausgesprochenen Fragen eines Kunden bei der ersten Begegnung mit einem Verkäufer lauten in etwa wie folgt:

- Kann ich mit ihm oder nicht?
- Wirkt er seriös?
- Wirkt er kompetent?
- Kann ich brauchen, was er hat?
- Werde ich es mir leisten können?

Menschen kaufen von Menschen und nicht von Unternehmen. Und sie kaufen am liebsten von Menschen, die vertrauenswürdig und aufrichtig wirken. So wollen Kunden zunächst einmal wissen, was mit ‚Mensch Verkäufer' los ist, welche Person sich hinter der Verkäufer-Rolle verbirgt: ‚Worüber freut er sich? Was macht ihn skeptisch? Wo befürchtet er etwas? Wann ist er sich seiner Sache ganz sicher?' Und vor allem: ‚Meint er es ehrlich mit mir?' So macht es Sinn, solche meist unausgesprochene Kundenfragen in Form von Ich-Botschaften proaktiv zu beantworten, indem Sie etwa sagen:

- Ich freue mich, dass der Termin für Sie frei ist/war.
- Das begeistert mich an dieser Sache am meisten.
- Ich bin froh, dass Sie das sagen/auch so sehen.
- Es liegt mir viel daran, dass wir zusammenkommen.
- Ich bin stolz, Sie auf meiner Kundenliste zu haben.

Wer in anderen Emotionen auslösen will, muss selber Emotionen zeigen. Nur, wer emotional aus sich herausgeht und Emotionen anspricht, gibt dem Kunden das O.K., dasselbe zu tun. Und dies ist wichtig, denn erst dann erkennt man dessen wahre Gesinnung. Danach wird das Verkaufen leicht. Dabei gilt: Je stärker **positive** Gefühle von einem Menschen respektive seinen Angeboten vermittelt werden, desto wertvoller ist dies für unser Gehirn. Desto eher haben wir dann das Gefühl, etwas unbedingt haben zu wollen. Und desto stärker sind wir bereit, dafür Geld auszugeben.

Wie es dazu kommt? Menschen handeln aufgrund zweier fundamental im Hirn verschalteter Systeme: dem Fluchtsystem und dem Belohnungssystem. Beide agieren blitzschnell, unkontrollierbar und ohne dass wir uns dessen bewusst sind. Das Fluchtsystem entscheidet darüber, was wir meiden. Das Belohnungssystem bestimmt, was wir suchen, um unser Wohlbefinden zu steigern. Dabei dominiert das Fluchtsystem, denn es ist für unser Überleben vorrangig, Gefahren fernzubleiben. Menschen sagen also lieber Nein als Ja. Es braucht eine Menge, um den natürlichen Vermeidungsreflex zu überwinden. Unser Belohnungssystem ist erst dann kaufbereit, wenn wir uns von einem Verkäufer und seinem Angebot eine positive Erfahrung versprechen.

Nur der, der optimistisch gestimmt ist, der seinen Kunden gute Gefühle schenkt und damit deren Kauflust-Zentren aktiviert, der wird im Kundengewinnen ganz vorne sein. Es ist oft nichts anderes als die Angst vor Peinlichkeit oder Ablehnung, die uns daran hindert, Emotionen ins Spiel zu bringen. Aber keine Sorge: Menschen wollen sehr wohl in ihren Emotionen berührt, sie wollen nur nicht in ihren Emotionen entlarvt werden. Wer lernt, diesen schmalen Grat zu gehen, indem er seinen gesunden Menschenverstand schärft, wird sehr erfolgreich sein. Machen Sie sich also Begeisterung, Leidenschaft und das emotionale Argumentieren zur Routine. Dem einfühlsamen, offenen, selbstbewussten Verkäufer, der seine Sache ehrlich, entschlossen und überzeugend vertritt, dem werden wankende Kunden folgen. Denn wer selbst unsicher ist, handelt klug, wenn er sich demjenigen anschließt, der so tut, als ob er sich seiner Sache ganz sicher sei.

Halbherzigkeit wird von Kunden mit Nichtkauf geahndet, denn vermeintliche oder offensichtliche Zweifel schwappen sofort auf den Kunden über. Die cerebralen ‚Spiegelneuronen', von denen die Hirnforscher immer mehr entdecken, sind für dieses Phänomen verantwortlich. Menschen übernehmen automatisch Gefühle voneinander, die Emotionen gleichen sich an. Unser Hirn spielt quasi nach, was in anderen vorgeht. Hierdurch sind wir mehr oder weniger über die inneren Zustände anderer Menschen im Bilde – was in manchen Situationen recht praktisch ist. Und welch gute Nachricht: Die positiven Gefühle breiten sich beim ‚Spiegeln' leichter aus. „Gute Laune ist ansteckend", sagt wissend der Volksmund. Aber schlechte Laune eben auch.

Spiegelneuronen, so der Psychoneuroimmunologe Joachim Bauer, sind *„Nervenzellen, die im eigenen Körper ein bestimmtes Programm realisieren können, die aber auch dann aktiv werden, wenn man beobachtet oder auf andere Weise miterlebt, wie ein anderes Individuum dieses Programm in die Tat umsetzt".* Das heißt, wir erleben, was andere fühlen, in einer inneren Simulation. So erklärt sich auch, wie der berühmte ‚Funke der Begeisterung' überspringt.

Intuitive Wahrnehmung, Empathie und Mitgefühl sind womöglich nichts anderes als das Ergebnis gut trainierter Spiegelneuronen. Angemessene, ehrliche Reaktionen auf das, was andere bewegt, scheint eine Schlüsseleigenschaft beim Aufbau von Sympathie und Vertrauen zu sein. Für beglückte Spiegelungen werden wir von unserem eigenen Körper – und schließlich auch von unseren Mitmenschen – belohnt.

Menschenversteher sein

„Produkte oder Dienstleistungen, die keine Emotionen auslösen, sind für das Gehirn wertlos", sagt der Psychologe Hans-Georg Häusel in seinem Buch *Brain View*. Und was für unser Gehirn wertlos ist, das wird auch nicht gekauft. Das Verhandeln und Verkaufen muss daher noch stärker auf unsere Emotionen zielen. Verkäufer müssen Menschenversteher werden. Nur leider: Im Menschenverstehen sind wir alle mehr oder weniger Laien, das haben wir nicht auf der Schule, nicht in der Lehre und nicht an der Uni ge-

lernt. Da konnten wir bisher nur unseren gesunden Menschenverstand konsultieren. Oder nach Erklärungen aus unseren Tagen als Steinzeit-Mensch suchen. Doch neuerdings kommt uns die Gehirnforschung zu Hilfe.

Gehirn-Tomographen liefern uns in bunten Bildern immer mehr Erkenntnisse darüber, was im Hirn des Verbrauchers vorgeht, wenn er an seine Lieblingsmarke denkt oder Kaufentscheidungen vorbereitet. Nur: Was genau gedacht wird, das sieht man leider (noch) nicht. Zumindest erkennen wir aber, per Scanner gefahrlos sichtbar gemacht, in welch unterschiedlichen Hirnarealen gedacht, verarbeitet und schließlich entschieden wird und wie sich das alles verknüpft. So will das Neuromarketing beispielsweise wissen, welche Marken die höchsten emotionalen Wellen schlagen. Denn starke Marken lösen positive Emotionen und damit Kaufimpulse aus, während schwache und unbekannte Marken negative Gefühle wecken. Das Ergebnis: Wir kaufen sie nicht.

Den Beweis dafür, dass, wer die Menschen stärker positiv emotionalisiert, auch erfolgreicher ist, erbrachte vor einigen Jahren ein Experiment texanischer Wissenschaftler am Baylor-College in Houston. Coca Cola-Trinker zeigten deutlich höhere Reaktionen in emotionalen Bereichen des Gehirns als Pepsi Cola-Trinker, wenn man ihnen sagte, welches Getränk sie gerade zu sich nahmen. Im Blindtest fanden übrigens beide Versuchsgruppen, dass Pepsi besser schmeckt. Denn Pepsi ist süßer.

Wer sich unter verkaufsrelevanten Gesichtspunkten mit unseren Hirnfunktionen näher auseinandersetzt, kommt aus dem Staunen nicht mehr heraus. Bildgebende Verfahren dechiffrieren Schnitt für Schnitt, was intuitiv talentierte Verkäufer schon seit ewigen Zeiten Bauchgefühl nennen: Denken, fühlen und entscheiden sind untrennbar miteinander verbunden und verlaufen im Wesentlichen unterbewusst. Ohne Gefühle ist kein vernünftiges Handeln möglich. Und wenn wir noch so stolz auf unser Denkhirn sind: Eine rein sachliche Entscheidung gibt es nicht. Jede Entscheidung durchläuft, bevor sie endgültig getroffen wird, das Limbische System und wird dort emotional markiert.

Weil wir aber keinen Zugang dazu haben, versuchen wir logisch klingende Erklärungen zu konstruieren, die unser Verhalten legitimieren. Wir reden uns die Sache schön. Rationalisieren heißt, Argumente zu sammeln, um einer emotionalen Vorentscheidung Berechtigung zu geben. Nur wenn uns gar nichts einfällt, heißt es: *„Ich weiß selber nicht, was mich da auf einmal geritten hat.“* Der Bremer Hirnforscher Gerhard Roth bezeichnet das bewusste ‚Ich‘ als eine Art Regierungssprecher, der Entscheidungen interpretieren und legitimieren muss, deren Hintergründe er gar nicht kennt und an deren Zustandekommen er noch nicht einmal beteiligt war. So viel zum freien Willen.

Was da in Wirklichkeit passiert? Ein evolutionär älterer und tiefer liegender Teil des Gehirns, das Limbische System, trifft unbewusst und ohne dass wir dies beeinflussen können, im Bruchteil von Sekunden ständig überlebenswichtige Entscheidungen: Gut für uns oder schlecht für uns. Gut für uns wird mit einem angenehmen, schlecht für uns mit einem unangenehmen Gefühl belohnt. Dies wird unter anderem verursacht durch das subtile Zusammenwirken von Botenstoffen wie Serotonin, Dopamin, Oxitocin, Kortisol und Adrenalin. Deren Ausschüttung wird zwar über das Gehirn gesteuert, wir nehmen dies jedoch meist als körperliche Reaktionen wahr, beispielsweise im Bereich der inneren Organe. Daher Bauchgefühl. Die berühmten ‚Schmetterlinge im Bauch‘ sind nur **eine** Variante davon.

Ein gutes Bauchgefühl ist letztlich nichts anderes als eine durch Hirnprozesse ausgelöste Veränderung von neuronalen und chemischen Bedingungen, die sich mit leiser Stimme flüsternd und wispernd in unserem Körper bemerkbar machen.

„Have lunch or be lunch"

Unsere Erfahrungen prägen die Erwartungen, die wir an andere haben. Treffen etwa zwei Menschen aufeinander, entscheidet unser Limbisches System ohne unser Zutun und in rasender Geschwindigkeit: Freund oder Feind. Warum so eilig? Früher hing unser Überleben davon ab! Auf den allerersten Blick mussten wir erkennen können: Gibt's was Gutes oder droht uns Gefahr? Auch heute noch finden wir – ohne dass wir recht wissen warum – eine neue Bekanntschaft schon nach wenigen Momenten sympathisch oder unsympathisch.

Wie das kommt? Blitzschnell wird unser Vertrautheitsgedächtnis abgegrast, mit gespeicherten, emotional konditionierten positiven oder negativen Vor-Erfahrungen abgeglichen ('Menschen mit Goldrand-Brille sind intelligent.') und uns als Ergebnis präsentiert ('Der kennt sich aus, dem kannst du vertrauen.'). Auch wenn zuratende oder warnende Vorerfahrungen bisweilen unberechtigt sind oder sogar auf die falsche Fährte führen: Das System als solches ist Gold wert. Denn in akuten Gefahrenmomenten springt unser Denkhirn viel zu langsam an, um den Körper in Alarmbereitschaft zu versetzen.

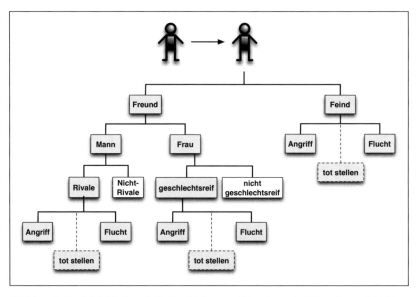

Abbildung 1: Man(n) trifft Mensch: In Bruchteilen von Sekunden und völlig unbewusst trifft das Limbische System die aufgezeigten Entscheidungen.

Mal angenommen, unser Limbisches System votiert für Feind, dann kennt unser Körper nur noch drei mögliche Reaktionen: abhauen, draufhauen, tot stellen. In Situationen, die mit Angst, Wut, Stress und Bedrohung verbunden sind, erfordert es unseren ganzen Willen, sich dem Reflex von Angriff oder Flucht zu entziehen. Denn unser Körper ist vollgepumpt mit Stresshormonen und bereit, die Keule zu schwingen. Da wir nun nicht mehr im Urwald leben, packen wir zivilisierten Kopfarbeiter des 21. Jahrhunderts diese gern in verbaler Form aus – und zwar je nach Situation und Adrenalin-Dosis auf mehr oder weniger subtile Art und Weise. Die zugefügten Verletzungen sind seelischer Natur und manchmal tiefer als eine körperliche Wunde. Und sie heilen oft schwer.

„Das Limbische System hat gegenüber dem rationalen corticalen System das erste und das letzte Wort. Das erste beim Entstehen unserer Wünsche und Zielvorstellungen, das letzte bei der Entscheidung darüber, ob das, was sich Vernunft und Verstand ausgedacht haben, jetzt und so und nicht anders getan werden soll", schreibt Gerhard Roth in seinem Buch *Aus Sicht des Gehirns*, und weiter: *„Am Ende eines noch so langen Prozesses des Abwägens steht immer ein emotionales Für und Wider. Die Chance der Vernunft ist es, mögliche Konsequenzen unserer Handlungen so aufzuzeigen, dass damit starke Gefühle verbunden sind, denn nur durch sie kann Verhalten verändert werden."*

Je mehr Emotion, desto mehr Erinnerung. Oft wiederholte oder mit intensiven Gefühlen verbundene Erfahrungen sind in unserem Hirn tief eingebrannt und finden daher besondere Beachtung. Was mit Emotionen verknüpft ist, wird von uns auch länger und besser behalten. Dabei spielt es keine Rolle, ob wir eine Situation bewusst oder völlig unbewusst erlebt haben. Um nun eine Veränderung herbeizuführen, also beispielsweise etwas zu erwerben, ist ein gehöriger Erregungsgrad der emotionalen Zentren vonnöten. Ein schwacher Erregungszustand bedeutet: Muss nicht wirklich sein. Ein starker Erregungszustand heißt: Unbedingt kaufen.

Was neu ist oder ‚laut' daherkommt, findet im Konzert der Neuronen besonderen Anklang. Altbekanntes hingegen verursacht nur noch ein leises Hintergrundrauschen und verschwindet aus der bewussten Wahrnehmung. Das bedeutet in der Kundenbeziehung: Man muss sich immer wieder spannend machen, immer wieder neu und anders überraschen – und hierdurch begeistern. Ferner ist das Ganze mit angenehmen Gefühlen zu verknüpfen, um einen permanenten Logenplatz im Kundenhirn zu erobern. Vor allem aber heißt es: Niemals die Kunden erschrecken.

Lust statt Frust erzeugen

„Zu dem, der lächelt, kommt das Glück", sagt ein japanisches Sprichwort. All denen, die unerschütterlich an das Positive glauben, gibt die Gehirnforschung recht. Immer dann, wenn wir etwas gedacht oder getan haben, das aus Sicht des Gehirns eine Belohnung verdient, werden Glückshormone ausgeschüttet. Diese körpereigenen Opiate, den Drogen chemisch sehr ähnlich, geben uns ein wohliges Gefühl: Sie machen uns je nach Art und Dosierung glücklich, euphorisch, ekstatisch. Und sie machen uns süchtig. Davon wollen wir mehr! Ausdauernde Läufer kennen dieses Phänomen als ‚Runners-High'. Der Körper belohnt uns für eine gelungene Flucht. Wir sind noch mal davongekommen.

In einer heiteren Stimmung öffnet sich das Hirn für Neues, in einer bedrückten Stimmung entsteht der gefürchtete Tunnelblick. Positive Gefühle sagen uns, was wir tun, und negative, was wir besser lassen sollten. Diese Strategie der Natur hilft uns nicht nur zu überleben, sondern kann auch die Qualität dieses Überlebens bemerkenswert verbessern. So hat die Evolution es eingerichtet, dass der Mensch ständig auf der Suche nach guten Gefühlen ist. Zuhause genauso wie beim Kaufen und bei der Arbeit.

„Das Gehirn tut alles, um Lust zu empfinden und Pein zu vermeiden", hat schon Sigmund Freud gesagt. Für den Verkauf bedeutet dies: Wem es gelingt, eine Wohlfühl-Atmosphäre zu gestalten, eine positive Stimmung zu erzeugen, den Kunden immer wieder aufs Neue mit Momenten des Glücks zu versorgen, der wird dauerhaft erfolgreich sein. Denn wer sich wohlfühlt, wer ein gutes Gefühl hat, wer sich bestätigt fühlt, kauft eher – und mehr. Und der Preis als alleiniges Entscheidungskriterium tritt dann in den Hintergrund.

Genau das passiert zum Beispiel einem aktiven Empfehler. Er erinnert sich an die kleinen oder großen Momente des Glücks, die er bei Kauf und Nutzung empfunden hat. Wir haben ihn ein wenig süchtig gemacht. In einem solch positiven Zustand zu sein, hat weitere Vorteile. Wir werden offener und damit kreativer. Wir werden agiler und schreiten zur Tat. Und wir sehen die Welt ein wenig durch die rosarote Brille – so wie ein Verliebter, der nur die guten Seiten sieht und über kleine Schwächen milde hinwegschaut. All das, denke ich, können wir im Verkauf ganz gut gebrauchen.

Negatives hingegen lähmt. Angst paralysiert und macht dumm. Die Erklärung dafür ist einfach: Bei Angst, Bedrohung und Stress sind die Verbindungsstellen entlang der Nervenbahnen zwischen den einzelnen Hirnzellen, die sogenannten synaptischen Spalten, blockiert. Dort können die Hirnströme nicht mehr ungehindert fließen, und wir können nicht mehr klar denken. Die Folge: ein Blackout. Über Angst oder Unbehagen verkaufen ist genauso falsch wie über Angst und Druck zu führen. Beides mag zwar zu kurzfristigen Erfolgen führen, auf Dauer ist es aber zerstörerisch. Denn Angst ist der größte Erfolgskiller.

Verkaufen ist Emotionsmanagement

Wie schon gesagt: Die meisten Entscheidungen hat unser Gehirn schon getroffen, bevor wir uns dessen bewusst sind (was den Wert einer guten Entscheidung nicht mindert). Kein Wunder, dass wir manchmal Dinge tun und gar nicht wissen, warum. Oder uns entschuldigen müssen für ein Wort, das uns so rausgerutscht ist, weil sich unser Unterbewusstsein an der Schranke des angepassten sozialen Verhaltens vorbeigemogelt hat. Meist sind wir nur noch der rationalisierende Ausführer, der sich selbst und seinem Umfeld erklärt, warum eine Entscheidung genau so und nicht anders ausgefallen ist.

Wenn nun aber unsere Entscheidungen größtenteils von unserem Unterbewusstsein gesteuert werden und in Wahrheit emotionale Entscheidungen sind, dann ist es höchste Zeit, dass die nach wie vor meist fachlich-sachliche Ausrichtung vieler Verkaufsgespräche verknüpft wird mit einer richtig austarierten, emotional berührenden Argumentation.

1. Die Menschen suchen aktiv nach guten (von Glückshormonen belohnten) Gefühlen.
2. Die Menschen meiden negative (von Angst- und Stresshormonen begleitete) Gefühle.
3. Emotionales wird besser gespeichert und damit nachhaltiger verankert als Rationales.

Verkaufen ist heute in erster Linie Emotionsmanagement: Gespür für die Wünsche, die oft unausgesprochenen Bedürfnisse, Gefühle, Sorgen, Ängste, Sehnsüchte, Hoffnungen und Träume der Kunden. Nur: Überall dort, wo der Verstand regiert, ist der Zugang zu den Emotionen recht beschwerlich. Jede Menge Feingefühl und ein gut entwickeltes Sich-in-den-anderen-Hineinversetzen (Empathie) sind also gefragt.

Emotionen übertragen sich übrigens auf zwei Wegen: verbal und nonverbal. Und sie geben uns im Verkaufsgespräch wichtige Informationen. Denn sie setzen, wie der Name schon sagt, etwas in Bewegung (e-motion), auch wenn sich dies nicht immer offenkundig zeigt. Demnach erscheint es sinnvoll, die große Welt der Emotionen zunächst ein wenig zu ordnen. So können wir wie folgt grob unterscheiden:

- **Positive oder negative Gefühle, die wir anderen Menschen gegenüber empfinden**, wie etwa: Sympathie, Abneigung, Liebe, Hass, Vertrauen, Eifersucht, Freundlichkeit, Freundschaftlichkeit, Mitgefühl, Verlässlichkeit, Achtsamkeit.

- **Positive oder negative Gefühle, die wir bestimmten Situationen gegenüber empfinden**, wie etwa: Angst, Furcht, Panik, Erschauern, Ärger, Trauer, Wut, Sorge, Ekel, Lust, Freude, Überraschung, Begeisterung, Neugier, Neid, Sicherheit, Friedlichkeit, Traurigkeit, Optimismus.

- **Positive oder negative Gefühle, die wir uns selbst gegenüber empfinden**, wie etwa Glück, Stolz, Schuld, Scham, Selbstwert, Hochmut, Überlegenheit, Einsamkeit, Gelassenheit, Zuversicht.

Die Grenzen sind schwimmend, da Emotionen selbst oft vage sind. So kann ich Achtsamkeit gegenüber einer Person, in einer Situation oder auch mir selbst gegenüber entwickeln. Gefühle werden übrigens nicht nur im Limbischen System, sondern auch in den Stirnlappen des Großhirns, dem Präfrontalkortex, bearbeitet. Die linke vordere Seite erweist sich dabei als die optimistischere, auf der rechten Seite geht es eher pessimistisch zu.

Obwohl alle Menschen unterschiedlich sind, lässt sich auch eine gewisse emotionale Rangordnung aufstellen:

Was uns am meisten beglückt, also die größten Erfolgsmacher:
- angenehme Überraschungen
- Freude/Spaß/Heiterkeit
- Liebe/Zuneigung
- Lust/Leidenschaft
- Stolz
- Anerkennung/Wertschätzung/Respekt
- Begeisterung

Was uns am meisten erschreckt, also die größten Erfolgskiller:
- Angst/Furcht
- Wut/Ärger/Zorn
- Hass
- Neid/Missgunst/Eifersucht
- Sorgen/Unzufriedenheit
- Tadel/Ablehnung/Verachtung
- Enttäuschung

Unabhängig von kulturellen Rahmenbedingungen sind uns Menschen sieben Grundemotionen gemeinsam: Angst, Trauer, Verachtung, Ärger, Ekel, Freude und Überraschung. Sie sind in unserem genetischen Programm verankert. Selbst wenn man kein einziges Wort einer fremden Sprache versteht, so kann man doch diese Gefühle deuten. Das virtuose Spiel unserer Gesichtsmuskulatur ist hierfür verantwortlich. Sie gibt Auskunft über unseren Innenzustand, sie ist Spiegel unserer Seele. Wer die bisweilen scheuen Signale zu lesen gelernt und trainiert hat, der kann quasi Gedanken lesen. Und ist damit anderen im Verkauf meilenweit voraus. Dies ist auch der maßgebliche Grund dafür, weshalb persönliche Gespräche selbst im Internetzeitalter so ungemein wichtig sind.

Erst Gefühle machen Entscheidungen zu guten Entscheidungen. Untersuchungen mit bildgebenden Verfahren haben übrigens herausgefunden, dass bei intuitiven Entscheidungen jene Areale im Gehirn stärker beteiligt sind, die unsere Ich-Identität und unser Selbstwertgefühl repräsentieren. Das heißt: Bei intuitiven Entscheidungen fühlen wir uns besser – und kommen anderen glaubwürdiger vor. Selbst wenn wir die genauen Hintergründe nicht erläutern können, wirken wir sicher und überzeugend.

Worte können lügen, der Körper in aller Regel nicht. Selbst wer durch Mimik und Gestik zu manipulieren versucht, wird von intuitiven Menschen schnell entlarvt. Eine authentische Körpersprache manifestiert sich nämlich dadurch, dass die passende Gestik und Mimik kurz vor den gesprochenen Worten einsetzt, eine gesteuerte und möglicherweise manipulative hingegen mit einer kleinen zeitlichen Verzögerung. Die angebrachte Bewegung muss ja zunächst noch gedacht werden.

Bei Rednern, die Schauspielunterricht genommen haben sowie bei schlechten Trainervideos ist dies sehr gut zu beobachten. Und bei Verkäufern mit antrainiertem Verhalten eben auch. Ebenso funktioniert aus diesem Grund die von manchen Trainern so heiß gepriesene bewusst herbeigeführte Imitation (Einnehmen der gleichen Sitzhaltung etc.) nicht wirklich. Unser Intuitionsradar schöpft rechtzeitig Verdacht. Und kauft dann lieber nicht.

Was Menschen wirklich kaufen

Menschen kaufen keine Produkte, sondern Problemlösungen und gute Gefühle, respektive die Erfüllung ihrer Wünsche und Träume. Und das betrifft nicht nur das Consumer-Geschäft. Auch die scheinbar so sachlichen, in den männerdominierten Führungsetagen getroffenen strategischen Entscheidungen haben meist mit Emotionen zu tun: mit Prestige, mit Macht, mit Reviergehabe, mit Positionskämpfen, mit der Angst, den Anschluss zu verlieren, mit der Sorge um das berufliche Überleben. Der größte Luxus vieler Manager heißt: Zeit, Ruhe und Freiraum, sprich Lebensqualität.

Denn an der Spitze ist es einsam und kalt – und man traut fast niemandem mehr.

Der Betriebsarzt eines großen Industrie-Konzerns erzählte mir einmal, dass seine Abteilung als einzige von einem einschneidenden Kostensparprogramm verschont blieb. Denn er bot der Führungsmannschaft Massagen, Heilbehandlungen usw. Er diente auch als menschlicher Kummerkasten, bei dem man sich unbesorgt fallen lassen und auch mal ausweinen konnte.

Emotion schlägt Funktion. Wenn Produkte oder Dienstleistungen zwar perfekt, aber emotionslos sind, also wenn keiner sie liebt und keiner sie hasst, dann werden sie kaum gekauft. Kleine Unzulänglichkeiten stellen uns vor Herausforderungen und die Möglichkeit, diese zu überwinden. Das wiederum gibt uns ein gutes Gefühl. Unschwer zu erkennen: Dies ist eines der Erfolgsgeheimnisse von Ikea.

Ein Parade-Beispiel für Emotionsverkauf liefert Apple. Schon fast legendär sind die Auftritte von Apple-Chef Steve Jobs, bei denen er fast beiläufig den einen Satz sagt, auf den alle schon sehnlichst warten: „Just one more thing ...“ Und dann hält er eine neue Technikschönheit in die Kamera. Für Hirnforscher ist der Erfolg seiner Produkte eine klare Sache: Ästhetische Eleganz und ein formvollendetes Design erfreuen unser Oberstübchen.

Wie emotional selbst hochpräzise, rein funktionsgesteuerte Maschinen wirken, lässt sich in den Fertigungshallen der Automobilindustrie beobachten. Zum Beispiel bei Audi in Ingolstadt. Dort können Sie den mit Design-Preisen veredelten Industrie-Robotern der Augsburger Firma Kuka bei der Arbeit zuschauen. Das ist faszinierend – und somit auch loyalisierend.

Geldscheine sind Stimmzettel

Wer die Herzen gewinnt – so sagt es ein alter Sinnspruch – hat mit den Köpfen leichtes Spiel. Und ich ergänze: Auch mit dem Portemonnaie seiner Kunden. Selbst die vermeintlich reinen Geldentscheidungen sind in Wirklichkeit emotionale Entscheidungen – denn Geld ist eine hochemotionale Sache. Geiz ist eben **nicht** vernünftig, sondern ‚geil‘. Die Aussicht, Geld zu erhalten oder durch ein Schnäppchen Geld einzusparen, stimuliert unser cerebrales Belohnungssystem. Rabattaktionen rufen demnach die Aussicht auf ein positives Ereignis hervor. Und mehr noch: Bei Erwartung einer Vergünstigung werden hirninterne Kontrollmechanismen zurückgeschaltet.

Der Verlust von Geld hingegen aktiviert ein Hirnareal, das auch für die Schmerzverarbeitung zuständig ist: die Insula. Auf einen Preis zu schauen tut weh. Ein Rabattsymbol oder ein an das Produkt gekoppeltes gutes Gefühl neutralisiert diesen Effekt. Die Verrechnung führt dann zum Kauf – oder auch nicht. Wie neurowissenschaftliche Untersuchungen festgestellt haben, zeigen insbesondere die Hirnaktivitäten Kaufsüchtiger ein verstärktes Verlangen nach einem begehrenswerten Produkt – verbunden mit einem gleichzeitig geringeren Verlustempfinden für Geld. Das Habenwollen besiegt die Vernunft.

Und so fasst dies Bernd Weber vom *Neuroeconomics Lab* an der Universität Bonn zusammen:
• Es existiert ein ‚Kaufnetzwerk' im Gehirn.
• Hier werden Abwägungen zwischen dem Verlangen nach einem Produkt sowie dem Verlustempfinden für das Geld getroffen.
• Dieses System ist nicht statisch, sondern wird durch verschiedene Faktoren moduliert (zum Beispiel Rabatte, zeitlich versetzte Bezahlung usw.).

Hirnforscher können inzwischen allein aufgrund der Aktivierung entsprechender Hirnareale feststellen, ob die Probanden ein Produkt kaufen würden oder nicht. So stellt sich jedem Unternehmen die Frage: Wodurch verschaffen wir unseren Kunden Belohnungen in Form von guten Gefühlen? Dabei gilt: Je stärker die subjektiv empfundene Belohnung im Zuge eines Kaufs ist, desto mehr Geld-Schmerz sind wir bereit, dafür zu zahlen.

Gute Gefühle dürfen kosten. Wer hingegen kein gutes Gefühl erhält, der tröstet sich (Trostpreis!) höchstens mit Billigpreisen oder Rabatten darüber hinweg. Das erkläre auch die geringe Kundenloyalität in Märkten, die sich im Preiskampf befinden, so Christian Scheier in seinem Buch *Was Marken erfolgreich macht*: Die cerebralen Belohnungen fehlen. Belohnungen machen süchtig – und damit auch loyal.

Vertrauen aufbauen

Vertrauen entsteht durch kleine Schritte der Annäherung und durch ausbleibende Enttäuschungen. So, wie ein Hund sich auf dem gefrorenen See vortastet, um zu sehen, ob das Eis hält, so tasten wir Menschen uns vor, um zu sehen, wer unser Vertrauen verdient. Jeder Kaufakt ist ein Akt des Vertrauens. Man kauft viel eher bei Menschen, die man mag. Erst, wenn die Beziehungsebene stimmt, kann auf der Sachebene Großes bewirkt werden. Und eine Beziehungsebene wird am besten im zwischenmenschlichen Gespräch aufgebaut.

Das ist an sich keine neue Erkenntnis. Doch wenn man sich heute umschaut, findet Nähe zum Kunden – unter dem Mäntelchen der Kosteneinsparungen gut verpackt – immer seltener statt. Der Kunde verschwindet in der Anonymität! Nur: Dort, wo Verkäufer zu einer aussterbenden Rasse gehören, wo Menschen und damit persönliche Kontakte fehlen, sinkt automatisch die Kundenloyalität. Automaten und Sprachcomputer können zwar Menschen ersetzen, diese aber nicht loyalisieren. Zur Illustration einige wenige Beispiele:

Die teuerste Musik kommt aus der Warteschleife. Investigative Sprachautomaten („Wenn Sie … sprechen wollen, drücken Sie die …") ersparen den Unternehmen zwar Zeit und Geld, aber sie kosten Kunden. Denn wer durch sprachgesteuerte Computer-Ansagen irren muss, gibt dafür seine Zeit und sein Geld, vor allem aber Geduld und Nerven. Und das lässt sich schon lange nicht mehr jeder bieten!

Kundenkontakte werden an Call-Center wegdelegiert (damit man endlich seine Ruhe vor Kunden hat?). Der Kunde wird quasi ghettoisiert und systematisch daran gehindert, mit den gewünschten Mitarbeitern des Unternehmens direkt zu sprechen. Stattdessen wird er mit Sprüchen zugetextet, die vom Bildschirm stammen und so gar nicht zu seinem Anliegen passen wollen.

Um Personal zu sparen, werden Kaufwillige ins Internet zwangsverfrachtet: „Hier können Sie mit niemandem telefonieren. Schicken Sie uns eine E-Mail." Der frustrierte Kunde schickt keine E-Mail, der geht gleich ganz woanders hin, denn er hat die Wahl. Und irgendjemand macht das sicher besser.

Im Handel gehen Kunden heutzutage nicht nur auf Schnäppchen-Jagd, son-dern vor allem auf die Jagd nach einem bedienungsfähigen Verkäufer. Und wer endlich einen ergattert hat, wird diesen gegen eine Horde lauernder Kunden verteidigen müssen („Der gehört mir, den brauch ich jetzt 'ne Weile, nein, Sie können auch nicht mal nur 'ne kleine Frage stellen!"). Einkaufen als verbale Kampfsportart – und das soll Kauflust wecken?

Bei vielen Banken wird der Aufbau einer persönlichen Geschäftsbeziehung systematisch unterbunden. Kunden sollen im Rhythmus der Technologie funktionieren. Oft wird man vom Schalter weg zu den Automaten gejagt. Oder man wird herumgeschubst und von Ansprechpartner zu Ansprechpart-ner weitergereicht. Und bei jedem Wechsel geht Wissen verloren. Und schließ-lich geht dann auch der Kunde.

Ein trauriges Bild: Im Kostenwahn wird die Menschlichkeit wegrationa-lisiert. Die Unternehmen haben sich dem Kunden entfremdet. Doch Geldscheine sind Stimmzettel. Und täglich wird neu abgestimmt. Wer ver-standen hat, wie Kunden ticken, was sie eigentlich brauchen und wie man sie glücklich machen kann, der hat ihre Stimmzettel verdient. Wenn den Kunden was nicht passt, bleibt ihr Portemonnaie eben zu. Und sie erzählen online der ganzen Welt, warum.

Kunden loyalisieren

Emotionen managen: Das ist eine der anspruchvollsten Aufgaben eines Ver-triebsmitarbeiters. Sein größtes Hindernis ist eine vom Controller verord-nete ‚Optimierung der Verkaufsprozesse', die Zeit für Gefühle als unnötig wegrationalisiert. Wer als Kunde allerdings ‚seinem' Verkäufer emotional und dauerhaft verbunden ist, der wird diese Loyalität auch auf das Produkt übertragen. Denn Loyalität entsteht viel leichter zwischen zwei Menschen als zwischen Menschen und mehr oder weniger automatisierten, anonymen Unternehmen.

„Guter Dienst am Kunden kann nicht automatisiert werden. Man muss sich Zeit für den Kunden nehmen", sagt Stephen Bechwar, der Geschäftsführer des durch seine lebenslange 100-Prozent-Service-Garantie bekannten, sehr erfolgreichen Versandhauses Lands' End.

Gerade bei Dienstleistern spielt die Interaktion zwischen Mitarbeiter und Kunde eine entscheidende Rolle. Je individueller die Leistung für den einzelnen Kunden erbracht wird und je unmittelbarer der Kunde-Mitarbeiter-Kontakt ausfällt, desto stärker ist das Gefühl emotionaler Verbundenheit. Und gerade dort, wo Produkte nicht mehr faszinieren können, da müssen es die Menschen tun.

Ein gutes Verkaufsgespräch ist der erste Schritt auf dem Weg zum loyalen Kunden. Und es lohnt sich, diesen Weg zu beschreiten. Denn Illoyalität – und nicht der so stark gefürchtete Konsumverzicht – ist die schärfste Waffe des Verbrauchers. Kundenloyalität steigert die Wertschöpfung, denn loyale Kunden kaufen öfter, sie kaufen mehr, und sie sind (meist) weniger preissensibel. Wer die Loyalität seiner Käufer gewinnt und dauerhaft bewahren kann, macht kontinuierlich steigende Umsätze und reduziert gleichzeitig seine Kosten. Und das ist noch nicht alles. Ein durch und durch loyaler Kunde kommt ja nicht nur immer wieder, er generiert auch Mundpropaganda. Als aktiver positiver Empfehler ist unser Kunde am profitabelsten, **so** wird das meiste Geld verdient. Empfehler sind Ihre besten Helfershelfer. Sie haben die größte Wirksamkeit und die geringsten Streuverluste. Denn Nutzermeinungen sind spannender als Unternehmerfakten.

Und schließlich: Wer sein Empfehlungsgeschäft wirklich im Griff hat, hat nicht nur eine Vielzahl begeisterter Empfehler, sondern macht die, die eine passende Empfehlung erhalten haben, zu treuen Kunden und neuen Empfehlern. So setzt sich eine Loyalitätsspirale in Gang, die sich immer weiter nach oben dreht. Der Weg dorthin führt über das emotionalisierende **und** kundenfokussierte Verkaufen.

2.
Erfolgreich durch
kundenfokussiertes Verkaufen

Früher standen die Käufer Schlange – und Verkäufer haben das abverkauft, was ihr Unternehmen produzierte. Heute gibt es von allem viel zu viel, wir haben Käufermärkte. Will heißen: Der Kunde (und nicht das eigene Produkt) ist heute der Held. Er stellt die Anforderungen und die Unternehmen führen sie aus – und zwar bitte möglichst sofort! Der Kunde hat heute die Macht – und damit das Sagen! Er muss nichts, aber er darf alles, sonst geht er! Nicht länger die Unternehmen, sondern deren Kunden bestimmen inzwischen die Spielregeln, nach denen ‚verkaufen' gespielt wird.

Im Überfluss und dort, wo die potenziellen Käufer schon fast alles besitzen, haben Verkäufer vor allem die Aufgabe, auf jeden Kunden individuell einzugehen, die Welt mit seinen Augen zu sehen, ihn glücklich machen zu wollen. Vor allem aber: Wünsche zu wecken, um einen Haben-wollen-Sog zu erzeugen. Wünsche, von denen der Kunde gestern noch nicht wusste, dass er sie heute haben wird. So sollte es beispielsweise ein Bäcker verstehen, seine Kunden nicht satt, sondern hungrig zu machen. Statt ‚Brot und Brötchen aus Meisterhand' heißt es dann besser: ‚Jeden Tag ein Sonntagsgenuss'.

Wie in früheren Zeiten Druck auf den Kunden zu machen (= Push-Selling) wird immer ineffizienter. Aggressivität und übergroße Hartnäckigkeit erzeugen Defensive. Wenn der Druck zunimmt, erhöht der Kunde seine Fluchtdistanz. Erst Vertrauen lässt ihn wieder näher kommen. Die alten Haudegen, die mit Brachialgewalt ihre auswendig gelernten Verkaufsgespräche durchboxen und dabei nicht selten die eigenen Interessen vor die der Kunden stellen, fallen mehr und mehr durch. Und Trainer, die immer noch oder gerade wieder Druckverkauf trainieren, die sollten endlich ausgemustert werden. Denn von aufgeklärten Verbrauchern wird Druckverkauf schon längst als solcher entlarvt. Und wer sich über den sprichwörtlichen Tisch gezogen fühlt, der wird sich früher oder später immer rächen.

Vom Push zum Pull oder: Sog- statt Druckverkauf

Die meisten Verkäufer überschätzen sich maßlos in Sachen Kundenorientierung. Produktverliebt wie eh und je erschöpfen sie ihre Kunden in aufwendigen Darbietungen, ertränken sie in Fachwissen und stehlen ihre kostbare Zeit.

Betrachten wir anschauungshalber eine typische BtoB-Präsentation, so läuft diese in etwa wie folgt ab: „Ich erläutere Ihnen zunächst einmal, wer wir sind und was wir für Sie tun können." Dazu auf den Folien 1 bis 20: das eigene Unternehmen groß im Bild, die Standorte, gern in Form einer befahnten Weltkarte, die Produktionsstätten aus der Luft fotografiert, die Meilensteine der Firmengeschichte, die Umsatzentwicklung, die Führungsmannschaft, die Produkte, noch mehr Produkte, die dazugehörigen Services, das Leitbild und so weiter und so fort. Nach circa 30 Minuten schließlich auf der letzten Seite: die bestehenden Kundenbeziehungen in Form eines Logofriedhofs. So lernt man dann: Hier kommt der Kunde zum Schluss. Dabei müsste er gerade im Vertrieb an erster Stelle stehen.

Exzellente Verkäufer sind nicht in das eigene Produkt, sondern in ihre Kunden ‚verliebt' – rein platonisch natürlich. Mit Feinfühligkeit versuchen sie, ihre Kunden und die Prozesse in deren Unternehmen substanziell zu verstehen. Mit emotionalisierenden Fragen, die wir in Kapitel acht näher kennenlernen werden, machen sie sich daran, die wahren Probleme ihrer Kunden zu ergründen. Ziel muss es sein, mit dem Kunden gemeinsam Lösungen zu erarbeiten, die er brauchen kann – und haben will.

Als Advokat ihrer Kunden kehren solche Vertriebler mit den spezifischen Kunden-Anforderungen in das eigene Unternehmen zurück, um über Abteilungsgrenzen hinweg maßgeschneiderte Konzepte zu erarbeiten und auf vollständige Erfüllung, möglichst sogar auf Übererfüllung zu drängen. Dabei geht es nicht nur um das technisch Machbare, sondern immer auch um die berühmte ‚Extra-Meile', die meist im Service-Bereich liegt. Solche Verkäufer helfen ihren nunmehr begeisterten Kunden, ihre Ziele zu erreichen, und vor allem: auch deren Kunden glücklich zu machen. Sie kümmern sich also nicht nur um ihre Kunden, sondern auch um die Kunden ihrer Kunden.

Verkäufer werden mehr denn je Antworten finden müssen auf die Frage: Was kaufen meine Kunden **wirklich**? Und was können sie **nur** bei mir kaufen? Und warum sollte mein Kunde ausgerechnet bei mir kaufen, wenn es nicht weit weg x andere gibt, die (fast) das gleiche bieten? Verkäufer müssen heute danach trachten, einen Sog (= Pull-Selling) zu erzeugen. Der Kunde muss Ihr Produkt unbedingt haben wollen; Ihr Angebot muss ihn wie magisch anziehen. Dann kommen die kaufkräftigen Kunden von ganz alleine.

Vom Push zum Pull: Die Entwicklung im Verkauf	
Vorgestern	**Produktverkäufer:** Versteht sein Produkt und fokussiert auf Produktfeatures.
Gestern	**Produktberater-Verkäufer:** Versteht die Situation des Kunden und fokussiert auf den Produktnutzen.
Heute und morgen	**Problemlöser:** Begibt sich in die Situation des Kunden und hilft, ihn erfolgreicher zu machen.
	Menschenversteher: Versteht den Kunden als rational und (mehr oder weniger verborgen) emotional handelnde Persönlichkeit; „verkauft" gute Gefühle, auch im BtoB-Geschäft.
	Botschafter des Kunden: Ist der vom Betrieb bezahlte Advokat des Kunden im eigenen Unternehmen.
	Networker: Geht mit den zu ihm passenden Kunden eine „Community" ein.

Die Bedeutung analytischer Fähigkeiten und fachlicher Fertigkeiten wird von Verkäufern nach wie vor maßlos überschätzt. Kunden dagegen setzen fachliches Know-how heute als ‚basic' ganz einfach voraus. Und obendrauf wünschen sie sich von ihren Verkäufern schon seit Langem Wahrhaftigkeit, Kommunikationsvermögen, Feingefühl und Empathie. Soziale Kompetenz und emotionale Intelligenz sind Haupterfolgsfaktoren im Vertrieb. Sie können sogar fachliche Defizite ausgleichen. Andersherum funktioniert es allerdings nie – von einem Unsympathen kauft man nichts. Sympathie dagegen schafft Zuneigung – und damit Kaufbereitschaft.

So ist es vor allem die Aggressivität, die aus dem Verkauf verschwinden muss. Und das fängt bereits mit der Wortwahl an, die bei vielen Verkäufern feindselig klingt: Kunden abschießen, die Vögelchen einfangen, den Sack zumachen und Deftiges mehr. Gefährlich, gefährlich! Denn Sprache prägt nicht nur die Einstellung, sondern auch das Verhalten. Gerade die so oft unreflektiert aus dem Amerikanischen übernommenen Begriffe wie beispielsweise ‚Hunter', also Jäger, sind problematisch. Wer auf Kundenjagd geht, sucht nach Beute. Nur: Welcher Kunde will schon gerne (leichte) Beute sein? Zudem sind ‚Hunter' meist höher angesehen als die im ‚Backoffice' (!) agierenden ‚Farmer'. Hunter werden als Trophäensammler mit interner Anerkennung überschüttet, sie sind die Stars und verdienen prächtig. Auf die Farmer wird mitleidig herabgeschaut, sie sind die B-Mannschaft, nicht gut genug für Angriff, Kampf und Zur-Strecke-Bringen. Und so empfindet es schließlich auch der Kunde. In vielen Unternehmen hat man das Gefühl: Ist man erst mal Kunde, dann ist man zweite Klasse. Folge: Die Wechselwilligkeit steigt schnell – und man zieht enttäuscht von dannen.

Die neuen Verkäufer hingegen kennen den Wert und die Wichtigkeit nachhaltiger Kundenloyalität und handeln danach. Nicht mehr das angriffslustige Verkaufen, bei dem einer dem anderen die Kunden wegschnappt, sondern der Aufbau langfristiger, partnerschaftlicher Kundenbeziehungen steht im Vordergrund. Ein Punkt beschäftigt dabei besonders: Wie mache ich meine Kunden zu Empfehlern meiner Angebote und Leistungen? Die komplette Vertriebsorganisation verfolgt mit allen Mitteln und Steuerungsinstrumenten systematisch dieses Ziel. Denn dies ist die intelligenteste Umsatz-Beschleunigungsstrategie der Welt.

Aus Umsatzjägern müssen also Problemlöser werden, die die Kundenziele im Auge haben. Denn ist der Kunde erfolgreich, dann ist es auch der Verkäufer. Solche ‚neuen' Verkäufer fragen nicht länger: „Wie kommen unsere Produkte zum Kunden", sondern: „Wie kommen die Kunden zu uns?" Sie denken unternehmerisch – für die eigene Firma **und** für den Kunden. Sie sind dem Kunden Strategie-Coach, Wissensmanager, Kostenspar-Berater und Zukunfts-Partner. So entwickelt sich Verbundenheit und damit auch Kundentreue. Und: Die neuen Verkäufer sind Team-Player, die Team-Erfolge teilen können, denn Verkaufen wird immer mehr zur Team-Aufgabe.

Insbesondere der BtoB-Verkäufer der Zukunft ist darüber hinaus ein exzellenter Beziehungsmanager: Seinem Geschick ist es überlassen, den optimalen sachlichen wie emotionalen Abgleich zwischen Buying Team und Selling Team herzustellen. Er sorgt langfristig dafür, dass die Chemie zwischen allen Verkäufern und Käufern, die zusammen am Tisch sitzen, stimmt. Persönliche, vertrauensvolle Beziehungen sind der beste Kitt in der Zusammenarbeit zweier Unternehmen. Beide Seiten müssen daher offen sein für soziale Kontakte – und den Mitarbeitern die nötige Zeit dafür geben.

Nur Verkäufer, die diese Kultur mittragen, können Loyalisierungsbarrieren bei den Kunden Stück für Stück abbauen. So gelingt es schließlich, tief in die oft weit verzweigten Kunden-Unternehmen einzudringen und über viele Jahre hinweg Anschlussprojekte und Folgeaufträge zu generieren. Gleichzeitig werden interne Empfehlungen ausgelöst, sodass auch das Vordringen in bislang unerreichte Unternehmensteile ermöglicht wird. Bei Ausschreibungen rückt man ganz automatisch an vorderste Plätze und das aufwendige Angebote-Ausarbeiten reduziert sich dramatisch.

Als Networker wird ein Verkäufer seine Käufer-Community organisieren und moderieren. Er wird Plattformen schaffen, auf denen seine begeisterten Kunden vertrauensvoll mit ihm und untereinander kommunizieren können. Bei Geschäftskunden ist er der ‚Community-Master', vergleichbar dem Web-Master im Internet. Er organisiert Wissen und Info-Flüsse derart, dass Kunden sich gegenseitig Tipps, Kniffe und Empfehlungen für eine optimale Zusammenarbeit geben können. Und er gibt seinen Kunden Steilvorlagen, damit sie untereinander gut über sein Unternehmen reden. Bei all dem gilt natürlich auch hier: Sympathie entscheidet. Die hartnäckigen Beziehungspflege-Versuche von Menschen, die man so gar nicht mag, sind ja immer ganz besonders lästig.

Problemlöser sein

Wenn ich Verkäufer frage, was ich bei ihnen kaufen kann, dann reden die meisten über ihre Produkte. Anders bei Würth. „Wir verkaufen keine Schrauben, wir lösen ein Kundenproblem", heißt es dort. Schon früh hat man am Firmensitz in Künzelsau begonnen, eng mit dem Produkt verbundene Serviceleistungen anzubieten, um den Kunden Zeit und Geld zu ersparen. So wurde Würth Weltmarktführer mit einem Low-interest-Produkt, das genormt, billig und – mit Verlaub – völlig unsexy ist.

Und nun sind Sie dran:

Was Kunden bei uns kaufen

Ein Unternehmen ist nur dann zukunftsfähig, wenn die Kunden gute Gründe für den Immer-wieder-Kauf und/oder für positive Mundpropaganda erkennen. Beides tun sie aber erst dann, wenn sie begeistert sind von den unternehmerischen Leistungen **und** von der Art und Weise des Umgangs. Fachliche Kompetenz ist eine Minimalanforderung, eine gute Produktqualität heutzutage kaum noch der Rede wert. Fast alle Produkte sind in kürzester Zeit kopierbar, Preise oft innerhalb von Sekunden. Am schwierigsten ist es, gewachsene, dauerhafte Kundenbeziehungen schnell zu kopieren – verbunden mit dem Wissen, wie man das macht.

Wer Problemlösungen verkauft, verabschiedet sich von seiner selbstzentrierten Sichtweise und taucht tief ein in die Kundenwelt. „Was ist Ihr brennendstes Problem?", wird er fragen, und: „Wovon träumen Sie?", und sich selbst: „Welche Lösungen bieten nur wir diesem Kunden – und was können wir deutlich nachvollziehbar besser als alle anderen?" Das Ziel lautet: Bester Problemlöser für seine Kunden zu werden. Und dazu muss man die Wünsche und Träume seiner Kunden kennen – oder zumindest erahnen.

Durch ein lösungsorientiertes Verkaufsgespräch wird dem Kunden oft erst so richtig klar, was einen Anbieter von den übrigen unterscheidet. Lösungen stellen den Kunden-Nutzen voran und deuten in eine gemeinsam florierende Zukunft. Und weil ein Lösungsanbieter als langfristiger, wertvoller Partner gesehen wird und nicht als austauschbarer Lieferant, fördert der Lösungsverkauf auch die Kundenloyalität.

Die Fragen in Abbildung 2 helfen Ihnen, solche lösungsorientierten und emotionalen Alleinstellungsmerkmale zu finden, die potenzielle Kunden hellauf begeistern sowie das begehrenswerte Empfehlungspotenzial aufbauen – und damit die Konkurrenz fernhalten. Fragen Sie bei der Suche nach Antworten unbedingt auch Ihre Kunden, was die mit Ihren Produkten machen, wer sie wie und wo einsetzt und wie es ihnen damit ergeht. Von Kunden kann man eine Menge lernen, wenn man kluge Fragen stellt!

Als der Geschäftsführer des Süddeutschen Verlags im Rahmen eines Vortrags die Erfolgsparameter einer erstmals aufgelegten Buchreihe erläuterte, berichtete er auch von einem Kunden, der wissen wollte, wie breit die komplette Sammlung sei. Auf erstauntes Nachfragen hin fand man heraus: Er suchte nichts zum Lesen, sondern dekorativen Füllstoff für seinen Wandschrank.

Jeder einzelne Mitarbeiter eines Unternehmens muss auf lösungsorientiertes Denken und Handeln ausgerichtet sein. Und all das muss immer wieder lautstark im Markt verkündet werden. „Wieso immer wieder?", fragen mich manchmal Verkäufer. „Unsere Kunden wissen doch, was sie an uns haben!" Ein womöglich folgenschwerer Irrtum, denn die meisten Kunden wissen es nicht. Oder sie haben es schon längst wieder vergessen. Was nicht wirklich emotional verankert und/oder existenzgefährdend wichtig ist, wandert schnell in die Versenkung.

Problemlösungen	Gute Gefühle
Welche kann der Kunde bei uns kaufen?	Welche kann der Kunde bei uns bekommen?
Welche kann der Kunde **nur** bei uns kaufen?	Welche bekommt der Kunde **nur** bei uns?
Welche sind für **diesen** Kunden relevant?	Welche sind für **diesen** Kunden relevant?
Was bringt ihm das genau?	Wie geht es ihm damit?
Wie lässt sich das glaubhaft kommunizieren?	Wie lässt sich das glaubhaft kommunizieren?

Abbildung 2: Die Menschen kaufen immer zwei Dinge: Problemlösungen und gute Gefühle.

Kundenzufriedenheit und Loyalität korrelieren nicht

Wieso nun Kunden **begeistern**? Zufriedenheit reicht schon lange nicht mehr! Zufrieden heißt befriedigend. Und das heißt: mittelmäßig, beliebig, austauschbar. Wer zufrieden ist, geht garantiert schauen, ob es nicht anderswo Gutes oder sehr Gutes gibt. Zufriedene Kunden sind **nicht** loyal, sie identifizieren sich **nicht** voll und ganz mit einem Anbieter und stehen seinen Leistungen relativ gleichgültig gegenüber. Wer **nur** zufriedene Kunden hat, ist übermorgen unternehmerisch tot. Denn erst, wenn ein Kunde begeistert ist, wird er blind und taub für fremde Angebote – und immun gegen Abwerbeversuche. Kaum zu glauben? Wer schwer verliebt ist, dem geht es genauso!

Wie ist das also in Ihrer Firma? Äußern Ihre Kunden spontane Begeisterung über die Zusammenarbeit? Oder rollen sie gequält mit den Augen, wenn man sie fragt? Mit einer gut gemachten Problemlösung bewegen wir uns schon tief in den emotionalen Bereich. Wer darüber hinaus auch noch starke Gefühle besetzt, wer einen ersten Platz im Kundenhirn besitzt, wer ein Monopol auf Gefühle hat, **der** macht das Rennen. Was also ist Ihre emotionale Visitenkarte, was ist Ihr emotionales Design? Markenführung und Vertrieb sind nun gefordert, die Kernemotionen ihrer jeweiligen Marke(n) festzulegen.

Wer in positiven Gefühlen badet und gut gestimmt ist, kauft bestimmt. Dem Menschen dagegen, der in schlechter Stimmung ist, dem kann man nichts verkaufen! Gute Gefühle werden unter anderem ausgelöst durch Wertschätzung, Anerkennung, Sicherheit, Bequemlichkeit und Lebensqualität. Je nach Kaufsituation kann es auch um folgende Beweggründe gehen: gut dastehen wollen, bewundert werden, jemandem einen Gefallen tun, etwas Sinnvolles verrichten, sein Gewissen beruhigen, sich gut fühlen, gut aussehen, Neid erzeugen, andere übertrumpfen können.

Die Überwindung negativer Gefühle – keine Angst oder Sorgen mehr haben zu müssen, weil das glückliche Ende naht – kann sich ebenfalls sehr positiv auswirken. *„Die Verschaltungen des Belohnungssystems werden immer dann aktiviert, wenn wir eine kontrollierbare Belastung erfolgreich bewältigt haben"*, schreibt der Neurobiologe Gerald Hüther in seinem wunderbaren Buch *Biologie der Angst*. Unser Organismus will **immer** hin zum guten Ergebnis, manchmal direkt über die Suche nach dem Glück und manchmal indirekt durch die Überwindung des Bedrohlichen. Sprechen Sie also positive Gefühle in Ihrem Verkaufsgespräch ganz konkret an – am besten schön verpackt in einem wirkungsvollen ‚Bild' oder im Rahmen einer plausiblen Geschichte.

Wenn Menschen emotional positiv berührt werden, suchen sie den Kontakt zu Mitmenschen und erzählen gern. So werden sie schließlich zu aktiven Empfehlern. Empfehlern gelingt es viel leichter, Ihre Angebote zu verkaufen, als jedem Ihrer Verkäufer. Empfehler haben einen Vertrauensbonus! Empfohlenes Geschäft ist quasi schon vorverkauft. Dies führt beim Empfehlungsempfänger zu einer positiveren Wahrnehmung, zu einer höheren Gesprächsbereitschaft, zu kürzeren Gesprächen, zu einer geringeren Preissensibilität und zu zügigen Entscheidungen. Und schnell zu neuem Empfehlungsgeschäft!

Die Werbeindustrie zeigt uns schon seit Langem, wie selbst hochaustauschbare Produkte erfolgreich werden: durch Emotionalisierung. Denken Sie nur mal an die Welt der Biere. Im Blindtest wird die jeweilige Lieblingsmarke selbst vom treuen Verwender meist nicht wiedererkannt. Und dennoch schwört er auf ‚sein' Bier. *„Für die größte Zielgruppe der Welt: Menschen mit Gefühlen"*, schreibt Porsche und macht Milliarden damit. *„Is it Love?"*, fragt Mini und fährt eine Erfolgsstory ein. *„Wohnst du noch oder lebst du schon"*, fragt Ikea fröhlich-lustbetont und wächst zweistellig. *„Wenn die Lust beim Verbraucher weg ist, dann verliert man auch ihn und er wird sich anderen Dingen zuwenden"*, meint dazu Bernd M. Michael, Präsident des Deutschen Marketing Verbandes und Ex-Chairman der Werbeagentur Grey.

Kundenfokussierung bis in den letzten Winkel des Unternehmens

Die neuen Kunden – gut informierte, hyperkritische, stets wechselbereite Anspruchsdenker – begnügen sich nicht mehr mit ‚ihrem Verkäufer' als alleinigem Ansprechpartner. Der Internet-geschulte, aktive Kunde startet heutzutage von sich aus eine Recherche tief in das verkaufende Unternehmen hinein. Selbstbewusst und offensiv geht er auf das Unternehmen zu und versucht, hinter die Kulissen zu schauen. Dieses mitunter schon aggressive Informations-Suchverhalten kommt auf kaum mehr zu steuernden Kommunikationswegen im Unternehmen an. Fast jeder im Unternehmen kann heute direkt oder indirekt zur Anlaufstelle für den Kunden werden. Deshalb braucht nicht nur das Sales-Team, sondern letztlich jeder einzelne Mitarbeiter im Unternehmen ein kundenfreundliches Verhalten. Daran müsste gerade der Vertrieb größtes Interesse haben.

Abteilungsbarrieren existieren sowieso nur in den Köpfen der Mitarbeiter. Ein Kunde denkt nicht in Abteilungen und Zuständigkeiten, er betrachtet ein Unternehmen immer als Einheit. Er entscheidet, wann er wie mit welchem Mitarbeiter in Kontakt tritt. Er will von jedem eine Spitzenleistung, da unterscheidet er nicht zwischen Innen- und Außendienst, zwischen Chef und Azubi. Und wenn auch nur ein einziger Mitarbeiter patzt, war aus Sicht des Kunden ‚der Saftladen' schuld.

Kunden-Wissen muss im ganzen Unternehmen frei verfügbar sein, sodass jede Abteilung und jeder Mitarbeiter, der vom Kunden kontaktiert werden könnte, darauf Zugriff hat und es für seine Verkaufsarbeit nutzen kann. Kunden haben sich schon längst an vernetzte Systeme gewöhnt. Sie erwarten von jedem im Unternehmen kompetente Antworten. Übrigens: Wo steck bei Ihnen das wertvolle emotionale Wissen über Ihre Kunden? In den Köpfen der Mitarbeiter oder in Ihren Datenbanken? Verlässt Sie erst das Wissen und dann der Kunde, wenn die wahren Beziehungsmanager, also Ihre Mitarbeiter mit guten Kundenkontakten, irgendwann kündigen?

Kundenfokussierung heißt, alle Ressourcen des Unternehmens auf **das** zu konzentrieren, was für dessen Fortbestand am wichtigsten ist: die Kunden. Dies bedeutet, die Perspektive zu wechseln, von außen nach innen, also vom Kunden her zu denken, sich die Brille des Kunden aufzusetzen, sich in seine Schuhe zu stellen und in seine Haut zu schlüpfen. Kundenfokussierung macht aus der guten alten ‚Unique Selling Proposition' (USP) eine ‚Unique Satisfaction Proposition' und aus dem ‚Point of Sale' (POS) einen ‚Point of Purchase' (POP). Alles wird aus dem Blickwinkel des Kunden betrachtet. Und dies ist nicht nur eine Frage von ‚wissen' und ‚können', sondern auch eine Sache des ‚Wollen-Wollens'. Gefragt sind:

- **eine kundenfokussierte Einstellung** (= was der Kunde spürt): Der Umgang mit Kunden macht echt Spaß, man ist tolerant und verständnisvoll, man wertschätzt die Kunden, man fühlt sich persönlich verantwortlich für deren Wohlergehen, man kann sich gut in ihre Lage versetzen und man tut das alles auch wirklich liebevoll, achtsam und gerne.

- **ein kundenfokussiertes Verhalten** (= was man tut, was also der Kunde auch sieht): Man ist sicher im Umgang mit Kunden, bereitet sich gut auf den Kunden vor, man spricht eine kundenfreundliche Sprache, man denkt für den Kunden mit, man unterstützt ihn aktiv und partnerschaftlich im Erreichen seiner Ziele, man befragt ihn über seine Bedürfnisse, man versucht, jeden machbaren Wunsch zu erfüllen. Oder, was noch viel hochwertiger ist, sogar zu antizipieren.

Die kundenfokussierte Einstellung ist dabei der vorrangige Aspekt. Denn die Einstellung färbt das Verhalten. Fehlt die Einstellung, wirkt das Verhalten schnell aufgesetzt und andressiert. Verkaufstrainings beschäftigen sich immer noch viel zu sehr mit dem Runterbeten von Verkaufstechniken. Selbst, wenn diese gut beherrscht werden: Sie bewirken nichts, wenn die Einstellung nicht stimmt. Allerdings: Nur nett allein reicht natürlich nicht. Das Fachliche muss ebenso stimmen. Dies ist allerdings, wie schon gesagt,

‚basic' und wird als selbstverständlich vorausgesetzt. Die Einstellung ist das Sahnehäubchen.

Dabei geht man von **den** Kunden aus, die man sich als Zielgruppe auserkoren hat, denen man einen unverwechselbaren, erklärbaren und relevanten Nutzen verschaffen kann. Am besten einen solchen Nutzen, den die Konkurrenz so nicht zu bieten hat. Das heißt keinesfalls, es Allen und Jedem recht zu machen! Es bedeutet vielmehr, klar zu definieren, wen man will und wen nicht. Und es bedeutet, den Kunden klar zu sagen, was man kann und was nicht. Eine nicht definierte oder zu breit gefasste Zielgruppe führt immer zu einer Allerwelts-Positionierung und zu einem heterogenen Kunden-Mix. Man steht für alles und nichts und wird austauschbar. In einem kunterbunten Bauchladen ist zwar für jeden was drin, aber niemand findet etwas ganz Besonderes.

Organisation folgt Emotion

Ein produktorientierter Vertrieb und regional organisierte Verkaufsstrukturen sind nicht länger zielführend. Sie müssen durch auf die Kunden ausgerichtete Strukturen ersetzt werden. Der lokale Firmensitz des Kunden oder seine Branchenzugehörigkeit darf nicht länger das entscheidende Kriterium dafür sein, welcher Sales-Mitarbeiter sein Ansprechpartner ist. Der Kunde bzw. sein Buying Team entscheidet künftig, wer diese wichtige Funktion bei ihm ausfüllen **darf**. Die ernsthafte Hinwendung zur Kundenfokussierung erfordert Strukturen, die auf Sympathie beruhen. Will heißen: Der Kunde bekommt den Verkäufer, den **er** haben will, der zu ihm passt, den er braucht, den er mag. Organisation folgt Emotion. Die zwischenmenschliche Beziehung entscheidet! Denn: Unternehmen können nicht loyalisiert werden, sondern nur Menschen.

Für manche Verkäufer, gerade für die hochdekorierten und star-allürigen unter ihnen, wird dies eine riesige Herausforderung sein. Denn nun wird unser Held, anstatt seinem Ego zu dienen, offen sagen müssen, dass er mit einem Kunden nicht ‚kann', und **dem** Kollegen den Vortritt lassen, bei dem die Wellenlänge stimmt. Eine Revolution für viele Vertriebsmannschaften, ein Segen für die Umsätze des Unternehmens. Ich kenne allerdings keine

Verkaufsstatistik, die schlechte Wellenlänge als Grund dafür anführt, weshalb ein Geschäft nicht zustande kommt. Alle diese Kunden rutschen in die Spalte ‚kein Bedarf' oder ‚zu teuer'.

Und wie sieht es mit Ihrem Provisionssystem aus? Ist es wirklich kundenfokussiert – oder eher verkäuferzentriert? Wer in die falschen Bonus- und Incentive-Programme gelockt wird, der fragt nicht länger: „Was muss ich tun, um meine Kunden glücklich zu machen?", sondern: „Was muss ich tun, um den Bonus zu erreichen?" Und dann werden dem Kunden nicht benötigte Waren aufgedrückt, es wird zu viel, zu wenig, zu früh oder zu spät verkauft. Wer für kurzfristige Erfolge bezahlt, bedient eine Nach-mir-die-Sintflut-Mentalität. Schlecht durchdachte Gratifikationssysteme laden zu Betrug und Manipulation geradezu ein. Denn jeder ist sich selbst der Nächste. So können falsch konzipierte Vergütungsmodelle nicht nur einzelne Unternehmen, sondern schließlich ganze Branchen in den Ruin führen.

Mehr denn je wird eine sozial und ökonomisch nachhaltige Sichtweise mit dauerhaft tragfähigen Geschäftsbeziehungen notwendig sein. Nur, wenn es einem Unternehmen dauerhaft gut geht, haben alle was davon: die Kunden, die Mitarbeiter, die Führungskräfte, die Anteilseigner, die Bank, der Staat und damit letztlich die Gesellschaft.

Wir befinden uns in einer Phase des wirtschaftlichen Umbruchs mit neuen Märkten und neuen Kunden. Und diese fordern neue Verkäufer. Das geht nicht nur den klassischen Außendienstler an. Auch Firmenchefs müssen sich heute auf den Weg zum Kunden machen – und damit das Verkaufen beherrschen. Sie fit zu machen, liebe Leser, für Ihre Kunden, das ist der Zweck der nächsten Kapitel. Beginnen wir mit dem Selbst-Tuning.

3.
Am Anfang steht das Selbst-Tuning

Wenn die Zeiten nicht so schlecht, die Preise nicht so hoch, die Wettbewerber nicht so aggressiv und die Kunden nicht so wählerich wären, ja dann … Halt! Erfolg oder Misserfolg entstehen im eigenen Kopf! Bevor es zum Kunden geht, heißt es also zunächst, sich mit sich selbst auseinanderzusetzen: Selbst-Bewusstsein (im wahrsten Sinne des Wortes) zu entwickeln, seine eigene Vision vom Erfolg zu finden und kontinuierlich an der Entwicklung seiner Persönlichkeit zu arbeiten. Selbst-Tuning könnte man das auch nennen.

Dazu ist es einerseits nötig, ganz regelmäßig – wie der Maler von seinem Bild – zurückzutreten, um aus sicherer Entfernung über sich nachzudenken. Das können Sie beispielsweise nach jedem Verkaufsgespräch tun. Fragen Sie sich ganz aufrichtig: ‚Wie war ich?', und sammeln Sie Ihre Plus- und Minuspunkte. Das machen Sie am besten schriftlich, dann wird es viel konkreter. Und dann schreiben Sie gleich **die** Sache dazu, und zwar nur eine, die Sie beim nächsten Mal (noch) besser machen wollen.

Andererseits brauchen wir externes Feedback, also Rückmeldungen darüber, wie wir auf andere wirken. Wir alle neigen doch sehr dazu, uns selbst durch die Brille selektiver Wahrnehmung zu betrachten und uns für besser oder schlechter als nötig zu halten. Und für manches sind wir geradezu blind, wir wollen oder können uns nicht erlauben, es zu sehen. Verhaltenstrainer nennen das ‚blinde Flecken'.

Bedanken Sie sich also bei jedem, der Ihnen ein ehrliches Feedback gibt – auch wenn es im ersten Moment weh tut. Gehen Sie durch diesen Schmerz hindurch, denn Sie erhalten etwas, das Sie weiterbringt. Und das ist in der Tat ein Geschenk. Wer wirklich weiterkommen will, sollte um Feedback geradezu betteln. So verlieren Sie Ihre Selbst-Blindheit und üben, sich aus einer anderen Perspektive wahrzunehmen.

So lernen Sie nicht nur Ihr Verbesserungspotenzial kennen, Sie erfahren auch mehr über Ihre Stärken. Diese gilt es herauszufiltern, da sie uns helfen, mit problematischen Situationen gut fertig zu werden und nach konstruktiven Lösungen zu suchen. Denn jede Schwierigkeit bietet zwei Möglichkeiten:

- Sie können sich als Opfer der Umstände sehen, in Selbstmitleid schwelgen, sich ständig ärgern, über Pannen klagen und jammern, nach den üblichen Sündenböcken suchen, auf Hilfe von außen warten und schließlich verzweifeln

oder

- Sie können die Situation als persönliche Herausforderung betrachten, aktiv werden und all Ihre Talente mobilisieren, um selbstständig und eigenverantwortlich zu einer Lösung zu kommen und damit Herr der Dinge zu sein.

Wer beispielsweise mit einer Reifenpanne liegenbleibt, kann mit dem Schicksal hadern, weil – typisch – kein Mensch anhält und hilft, die Frau mal wieder vergessen hat, den ADAC-Beitrag zu zahlen, und auf die Werkstatt – wie konnte die nur solche Winterreifen montieren – kein Verlass ist. Klar: Der wichtige Kundentermin ist geplatzt, schon der zweite diese Woche, beim letzten Mal hatte die Bahn Verspätung. Kein Wunder, dass die Quartalszahlen nicht stimmen, wenn man so vom Pech verfolgt wird. Jetzt noch schnell ein Foto von der ganzen Misere machen, damit der Verkaufsleiter das auch glaubt, der hängt einem sowieso schon im Nacken. Aber das kennt man ja, in der letzten Firma war es genauso.

Gewinner sehen solche Situationen als Trainingseinheit für persönliches Wachstum, sie bedanken sich, dass es mal wieder was zu lernen gibt, und machen sich Schritt für Schritt an die Lösung. *„Die Situation ist mein Coach und ich bin ihr Schüler"*, nennt das der Psychologe Jens Corssen. Schwierige Verkaufssituationen und unbequeme Kunden können die besten Lehrmeister sein. Und gerade die großen Herausforderungen des Lebens haben, im Rückblick betrachtet, oft etwas Gutes. Wenn man bereit ist, sie als solche anzunehmen.

Eine Frage der Einstellung

Kinder können etwas, was viele von uns verlernt haben. Für Kinder ist das Leben ein Spiel. Sie spielen es lustvoll und lachend, mit unbändiger Freude und ansteckender Begeisterung. Und sie sind Lernmaschinen. Beobachten Sie nur mal Babys beim laufen Lernen. Sie fallen um und stehen hundert Mal wieder auf. Und wir Erwachsene? Wir bleiben manchmal schon beim ersten Hinfallen entmutigt und lustlos liegen. An unserem Hirnpotenzial liegt das jedenfalls nicht. Unser Hirn, das ist längst bewiesen, ist eine lebenslange Baustelle. Wir hören nie auf zu lernen. Was uns so oft blockiert, ist die Einstellung.

Haben Sie schon einmal im Stau gestanden und sich dabei mächtig geärgert? Klar, werden Sie sagen, vor allem dann, wenn Staus zu Ihrem täglichen Vor-und-nach-der-Arbeit-Programm gehören. Nur: Hat sich hierdurch der Stau verändert? „Wer sich ein Auto kauft, kauft den Stau gleich mit", sagt dazu mein Autohändler. Ob Sie begeistert und damit positiv durchs Leben und an Ihre Arbeit gehen, ist eine Frage der Einstellung. Und diese Einstellung können Sie wählen. Frage: Steht vor Ihrer Einstellung ein großes Pluszeichen (= Ja, ich will!) oder ein Minus (= Nein, das geht nicht, ich kann nicht.)? Jede Situation hat immer zwei Seiten, also auch eine gute. Sieger agieren, Verlierer vermeiden.

Vielleicht kennen Sie die Geschichte von dem alten Indianer, der den Kindern erzählt, in jedem von uns wohne ein böser und ein guter Wolf, und beide streiten ständig miteinander. „Und welcher wird gewinnen?", fragen die Kinder. Die Antwort des Indianers: „Der, dem du Nahrung gibst!"

Dieses Phänomen kennen wir als die sich selbst erfüllende Prophezeiung. Machen Sie es sich also schön in Ihrem ‚Oberstübchen', betreiben Sie Gedankenhygiene. Lassen Sie sich nicht von unguten Gedanken fesseln. Nehmen Sie Negatives nicht in sich auf und stoppen Sie Ihren inneren Negativ-Dialog. Üben Sie das positive Selbstgespräch. Denn Gedanken sind magnetisch! Negatives zieht Negatives an – und im Positiven funktioniert das genauso. *„Ich freue mich, wenn es regnet, denn wenn ich mich nicht freue, regnet es auch"*, sagt der bayerische Humorist Karl Valentin.

Also: Verlieben Sie sich in das Leben! Das tut nicht nur Ihnen selbst, sondern auch Ihrer Umgebung gut.

Weniger Erfolgreiche ...	Sehr Erfolgreiche ...
• verdrängen die Existenz von Problemen, bis es zu spät ist (*„Ich* habe kein Problem!" oder „Keine gute Idee!" oder „Das haben wir nie so gemacht!"). • verdrängen die Relevanz eines Problems oder reden es klein („Das ist doch wirklich völlig unbedeutend!" oder „Andere sind auch nicht besser!"). Oder sie ergreifen mit „geht nicht" die Flucht. • negieren die Lösbarkeit eines Problems, bremsen sich aus („Da kann man nichts machen!"). • zweifeln an ihrer Kompetenz oder geben anderen die Schuld am eigenen Misserfolg („Dafür bin ich nicht gut genug!" oder „Mein Chef lässt mich ja sowieso nicht"!). • sprechen viel über Negatives, von (großen) Schwierigkeiten, über Misserfolge. • fühlen sich als Opfer der Umstände. **→ sind eher Pessimisten, rückwärts schauend und oft in einseitigen Sichtweisen und Details gefangen.**	• sehen den eigenen Problemanteil, übernehmen Verantwortung („Okay, da habe ich ein Thema/ein Problem!" oder „Gute Idee, da machen wir was draus!"). • nehmen das Problem ernst, sehen darin eine Chance oder ziehen Konsequenzen („Das ist ein sehr wichtiges Thema!" oder „Klasse, da hänge ich mich rein!"). • fokussieren auf die Lösbarkeit des Problems („Wo liegen die Chancen? Was ist machbar?"). • fokussieren auf ihre eigene Kompetenz („Das ist lösbar, das schaffe ich!" oder „Das packe ich auch noch! Schließlich habe ich in der Vergangenheit schon Vergleichbares gemeistert!"). • sprechen von herausfordernden Aufgaben, erzählen Erfolgsgeschichten. • agieren als Macher, haben Spaß. **→ sind eher Optimisten, nach vorne schauend und können mit Gelassenheit auf die reflektierende Meta-Ebene gehen.**

Abbildung 3: Erfolg entsteht im Kopf. Und seine Einstellung kann man wählen.

Ihr erster Gedanke beim Aufstehen könnte beispielsweise lauten: „Heute ist ein schöner Tag. Und heute gebe ich das Beste, das ich heute geben kann." So programmieren Sie sich täglich auf Erfolg. Machen Sie jeden Tag zu einem kleinen Kunstwerk. Fragen Sie sich regelmäßig: Was brauche ich, damit ich effizient arbeiten kann **und** damit es mir gut geht dabei? Schon nach ein paar Tagen werden Sie fröhlicher, lebendiger, optimistischer und schließlich gesünder, siegreicher und glücklicher sein. Zuhause genauso wie in der Firma.

Positive Geschichten erzählen

Kein Sportler würde ständig seine Negativ-Erlebnisse vorkramen, wenn er zum nächsten Sieg eilen will. Ganz im Gegenteil: Er führt sich seine größten Triumphe vor Augen. Das können Sie auch! Also: Nur keine falsche Bescheidenheit! Richten Sie Ihren Fokus auf das, was gut funktioniert.

Und wenn Ihnen wieder mal ein Jammerlappen über den Weg läuft, dann sagen Sie einfach: „Hör mal eben auf zu jammern, ich muss dich mal was fragen!" Dann erkundigen Sie sich nach etwas Positivem. Fragen Sie Menschen nicht „Wie war's denn heute?", das öffnet Tür und Tor fürs Lamentieren. Fragen Sie lieber: „Was ist denn heute gut gelaufen?" So fokussieren Sie auf Erfolge. Erfolgsgeschichten spornen uns an, sie machen kreativ und leistungsfähig. Sie beflügeln uns und setzen eine Menge Energien frei!

Welche Geschichten erzählen Sie eigentlich über sich? Und welche Rolle spielen Sie darin? Sind Sie Opfer oder Held, Erdulder oder Macher? Das Bild, das Sie von sich zeichnen, ist das Bild, das man von Ihnen haben wird. Also: Erzählen Sie, wie Sie erfolgreich sind, und was Ihr Erfolgsgeheimnis ist. Erzählen Sie **die** Geschichten, die man über Sie erzählen soll. Ganz klar: Ihre Geschichten müssen natürlich wahr sein, sonst wirken Sie irgendwie unglaubwürdig.

Und bei der Gelegenheit: Welche Geschichten erzählen Sie so über Ihre Firma? Was posaunen Sie womöglich bei Kunden alles aus? Illoyalität von Sales-Mitarbeitern ist das tödlichste Gift für ein Unternehmen. Also: Erzählen Sie Geschichten, die den Geist Ihres Unternehmens, Ihr Verständnis von Kundenorientierung, Ihre Lösungsansätze besonders gut wiedergeben! Stellen Sie dar, wie es Ihnen immer wieder gelingt, Kunden zu begeistern und glücklich zu machen.

Machen Sie es sich zur Gewohnheit, zu Beginn einer jeden Begegnung und an den Anfang eines jeden Meetings eine Erfolgsstory zu setzen. Die Menschen sind sehr empfänglich für gute Geschichten. Denn sie lehren uns, das Leben zu meistern. Erzählen Sie immer wieder neue Episoden Ihres Erfolgsstücks, unterhaltsam und bunt, mit Feuer in den Augen und gewaltiger Leidenschaft. Und erzählen Sie Wir-Geschichten, die den gemeinsamen Erfolg widerspiegeln. So stecken Sie auch Ihre Kollegen und Kunden an!

Sich täglich auf Erfolg programmieren

Für alle, die mit dem Klagen und Jammern endgültig Schluss machen wollen, hat Jens Corssen eine interessante Methode entwickelt. Er nennt sie: Zeuge seiner Jammerlieder sein. Dabei werden die häufigsten eigenen Klagelieder mit Überschriften versehen, wie beispielsweise: ‚Das ist doch nicht zu fassen!', ‚Immer ich!', ‚Das geht so nicht!', ‚Eine Unverschämtheit! Aber nicht mit mir!', ‚Was sind das bloß für Idioten.', ‚Mir reichts!' usw. Nummerieren Sie die Klagen durch, und immer, wenn Sie wieder eine anstimmen, sagen Sie laut und deutlich die Nummer. So machen Sie sich Denkmuster bewusst, schärfen Ihren Blick für eigene Blockaden und beginnen vielleicht sogar, sich darüber ein wenig zu amüsieren: Der erste Schritt zur Besserung ist somit getan.

Machen sie sich für neues Verhalten einen Schritt-für-Schritt-Plan, der immer im Heute beginnt: Heute esse ich mal nur Obst und Gemüse, heute trinke ich keinen Alkohol, heute nehme ich die Treppe und nicht den Aufzug. Oder: Ab heute betrachte ich Kunden xx als meine größte Herausforderung. Es macht einen himmelweiten Unterschied, ob Sie stöhnend sagen: „Heute **muss** ich wieder Kunden xx besuchen, oh Graus", oder aber: „Heute **will** ich Kunde xx besuchen und mal sehen, was sich machen lässt."

Eine gute Stimmung kann man trainieren wie einen gut gebauten Muskel. Genauso, wie Sie täglich etwas für Ihre Zahnpflege tun, die Balkonblumen gießen oder mit dem Hund Gassi gehen, so können Sie sich auch um Ihre Stimmung kümmern. Ich nenne das: Sein ‚Motto des Tages' wählen. Viele Themen bieten sich dazu an, wie beispielsweise:

- Heute ist mein Lächeln-Tag.
- Heute ist mein Danke-Tag.
- Heute ist mein Name-des-Kunden-Tag.
- Heute ist mein Schöne-Worte-Tag.
- Heute ist mein Freude-machen-Tag.

Am Lächeln-Tag schenken Sie dem Tag ein Lächeln, selbst, wenn es in Strömen regnet; Sie begrüßen sich selbst mit einem fröhlichen Hallo im Spiegel; Sie malen einen Smiley auf das Frühstücksei; Sie lächeln den staugeplagten Mitverkehrsteilnehmern zu; sie simsen der Freundin ein Lächeln; Sie winken dem Lieblingsfeind schon von Weitem zu ... und so weiter und so fort. Ein solcher Lächeln-Tag geht rasend schnell vorbei und Sie haben sich selbst und anderen viel Gutes getan. Denn einem echten Lächeln kann man sich kaum entziehen. Es ist der kürzeste Weg von Herz zu Herz.

Am Danke-Tag bedanken Sie sich ausdrücklich für alles und bei jedem. Üben Sie das so lange, bis es Ihnen in Fleisch und Blut übergegangen ist und ganz natürlich wirkt. Unser Denkapparat braucht mindestens 20 Wiederholungen, um etwas dauerhaft zu speichern. Durch das Wiederholen entstehen in unserem Gehirn neuronale Bahnen, die aus neuem Verhalten Routinen machen. Diese rutschen schließlich ins Unterbewusstsein und werden dort wie von selbst abgespult. Das kennen wir aus unzähligen Erfahrungen, angefangen vom kleinen Einmaleins übers Autofahren bis zu hochkomplexen Vorgängen, die zu unserem Beruf gehören.

Am Name-des-Kunden-Tag achten Sie besonders darauf, jeden den Sie treffen, ein Mal, zwei Mal, drei Mal mit Namen anzusprechen: am Anfang und am Ende des Gesprächs sowie an einem entscheidungswirksamen Punkt zwischendurch. Der eigene Name ist das wichtigste Wort im Leben eines Menschen. Seinen eigenen Namen zu hören erzeugt immer Wohlwollen und eine positive Grundstimmung.

Von Pessimisten kauft man nichts

Beginnen Sie gleich einmal mit einer Selbstpositionierung. Füllen Sie dazu das folgende Kästchen aus:

Ich sorge mit meiner Arbeit dafür, dass ...

Wer und was kommt in diesem Kästchen alles vor? Und welche Färbung haben Ihre Worte? Hören sie sich positiv oder negativ, klein oder groß an? Macht Ihre Arbeit Sinn? Erfüllt sie Sie mit Stolz? Trägt sie Ihre Zukunft?

Wir Menschen haben meist feine Antennen dafür, wie andere drauf sind. Gute Laune kann man nicht nur beim ersten Hinschauen sehen, sondern auch am Telefon hören. Und wie erfrischend ist es, jemandem mit guter Laute zu begegnen! Da fährt die eigene Stimmung gleich mit nach oben. Wenn Sie hingegen ein Verkäufer sind, der ständig Horrorgeschichten erzählt, erhalten Sie vielleicht Aufmerksamkeit, aber keine Aufträge.

Von Pessimisten kauft man nichts. Überprüfen Sie doch selbst einmal per einfacher Strichliste, wie viele positive und negative Geschichten Sie am Tag so erzählen. Wie oft reden Sie über das, was nicht funktioniert? Und wie viel läuft wirklich schief? Wie viele Kunden sind denn wirklich schwierig? Um wie viel besser ist die Konkurrenz denn tatsächlich? Oder hat sie vielleicht nur die Verkäufer mit der besseren Einstellung? *„Auf Dauer* *nimmt die Seele die Farben unserer Gedanken an"*, hat schon der römische Kaiser Marc Aurel gesagt. „Was läuft gut?", sollte also eine Frage sein, die Sie sich regelmäßig stellen.

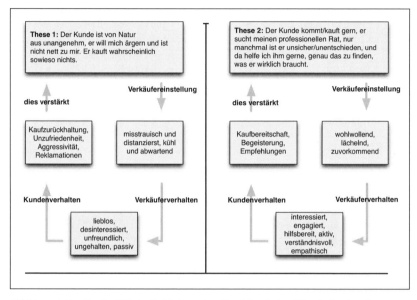

Abbildung 4: Das Kundenbild des Verkäufers oder: Die sich selbst erfüllende Prophezeiung

„Love it, change it or leave it!" So lautet eine alte Manager-Weisheit. Jammern kommt darin nicht vor. Wenn Sie sich nicht (mehr) mit Ihren Angeboten identifizieren können, verändern Sie was – oder suchen Sie sich was Neues. Jeder Kunde wird intuitiv spüren, ob Sie hinter der Sache, dem Unternehmen und seinen Preisen stehen. Wenn nicht, gehen sofort die Preisspielchen los, denn Sie zeigen eine schwache Leistung. Und warum sollte jemand für schwache Leistungen viel Geld bezahlen? Und wieso sollte ein Kunde kaufen, wenn Sie selbst sich Ihrer Sache nicht sicher sind?

Unser Gehirn ist mächtig und unglaublich kreativ – wenn wir es fordern. Wenn wir ihm allerdings ständig sagen, was alles nicht O.K. ist und was warum wie schlecht funktioniert, lähmen wir es und machen es faul. Es arbeitet auf Sparflamme und ist für die Lösungssuche blockiert. Fragen wir dagegen, wie etwas (dennoch) funktionieren kann, aktivieren wir unseren Denkapparat und motivieren ihn, nach guten Antworten zu suchen. Und Sie werden sehen, das tut er richtig gerne.

Viele Hirne sind allerdings die größte Zeit mit sich selbst beschäftigt, endlos kreist das Karussell der Gedanken. Wir grübeln über Probleme und Konflikte und fürchten oft das Schlimmste. Zu dumm! Denn das Leben kann ein fröhlicher Tanz sein, wenn es uns gelingt, zerstörerische, von Selbstzweifeln geplagte und damit erfolgshemmende Gedanken beiseite zu schieben. Weil wir meist selbst die Quelle unserer Unzufriedenheit sind. *„Ob du denkst, du kannst es oder du kannst es nicht: Du wirst in jedem Fall recht behalten"*, hat schon Henry Ford gesagt.

Unser Gehirn konstruiert Zukunft. Füttern Sie es mit dem richtigen Input, damit der richtige Output kommt. Wer positive Geschichten erzählt, bekommt Energie, wer negative Geschichten erzählt, verliert sie. Bleiben Sie nicht bei Menschen, die ständig schlecht drauf sind, meiden Sie Negativlinge! Umgeben Sie sich mit erfolgreichen, heiteren und positiven Menschen, die große Ziele haben, die überall Chancen sehen und so das Leben meistern. Achten Sie auf eine gesunde mentale Ernährung! Und auch auf Ihren Körper.

Gesunder Körper, frischer Geist, optimale Performance

Der Mensch ist für Bewegung geschaffen. Früher waren wir zehn bis zwölf Stunden am Tag unterwegs. Heute sitzen wir genauso lange rum: am Arbeitsplatz, im Auto, beim Kunden, vor dem Fernseher, am Computer. Aus Jägern wurden Kopfarbeiter. Auf diese veränderte Lebensweise ist unser Organismus nicht eingestellt – und reagiert mit allerlei Wehwehchen, die wir so gerne Zivilisationskrankheiten nennen.

Es gibt untrügliche Warnsignale, wenn die Grenze unserer Belastbarkeit erreicht ist. Entweder meldet sich der Körper, etwa mit Kopfweh, Ohrensausen, Hauterkrankungen, Rückenschmerzen, Schlafstörungen, Allergien

– oder es meldet sich die Psyche: Wir können uns schlecht konzentrieren, wir sind geistig abwesend, unser Leistungspotenzial kann nicht mehr voll abgerufen werden, wir geraten in beängstigenden Dauerstress.

Stress ist nicht nur ein Motivations-, sondern auch ein Produktivitätskiller. Er raubt wichtige Energie, die gerade heute so dringend gebraucht wird. Zu den zukünftigen Erfolgsfaktoren der Topp-Spieler eines Unternehmens zählen daher – neben dem Fachlichen – nicht nur soziale Kompetenz und eine kundenfokussierte Einstellung, sondern auch die Erhaltung der eigenen körperlichen, geistigen und seelischen Ressourcen. *„Die Rezeptur dafür ist eingänglich: Bewegen Sie sich, essen Sie das Richtige und betreiben Sie Gedankenhygiene"*, sagt die Medizinerin Maria-Angelika Gantzer.

Die meisten Menschen wissen, was dabei zu tun ist, doch die wenigsten tun, was sie wissen. Wenn es Ihnen in punkto Bewegung, Ernährung und Mental-Power auch so ergeht: Verzeihen Sie sich, dass es bisher nicht geklappt hat. Das macht Ihren Kopf frei für die folgenden fünf Schritte:

1. Performance als ‚Big Idea'
Entwickeln Sie Ihre persönliche Lebensvision, eine ‚große Idee' von dem, was Sie mit Ihrem Leben anfangen wollen, setzen Sie sich begehrenswerte Ziele. Schreiben Sie diese auf, und zwar als ‚Zielfoto' formuliert, also so, als ob Ihr Ziel schon erreicht sei. Lesen Sie sich dieses täglich laut vor, sprechen Sie oft darüber und lassen Sie vor Ihrem inneren Auge einen Film mit Happy End ablaufen. (In meinem Buch *Zukunftstrend Kundenloyalität* finden Sie übrigens eine sehr ausführliche Checkliste zum Thema Zielfindungsprozess.)

Dann definieren Sie Schritt für Schritt Ihre Teilziele. Und zwar positiv, realistisch und konkret. Zielsetzungen sind verbindliche Vorgaben für das Unterbewusstsein. Was Sie noch brauchen: Fleiß, Disziplin, Durchhaltevermögen und die Bereitschaft, Ihre Komfortzone zu verlassen. Und vor allem: Vorfreude auf das Ergebnis.

2. Der Baustein Bewegung

30 Minuten moderates Laufen mindestens drei Mal die Woche bringen Ihnen einen Schub an Kreativität, Vitalität, Konzentration und Ausgeglichenheit. Denn: Laufen hält nicht nur fit, es steigert auch den Ausstoß an Endorphinen, unseren Glückshormonen. Und: Wer mit Hilfe eines Pulsmessers im richtigen Pulsbereich läuft, durchflutet seinen Körper mit zehn Mal mehr Sauerstoff: eine Sensation für den gestressten Körper! Durch die regelmäßige Sauerstoffdusche verwandelt er sich förmlich in einen Zwölfzylinder.

3. Der Baustein Ernährung

Reichlich Flüssigkeit und richtige Ernährung beeinflussen unsere Stimmung, unsere Leistungsfähigkeit und unser Wohlbefinden. Kopfarbeiter müssen ihr Hirn mit Eiweiß füttern, nur Muskelarbeiter brauchen Fette. Unser Körper besteht aus 20 verschiedenen Eiweißbausteinen, den Aminosäuren. Eine davon, die Aminosäure Tryptophan, vertreibt Kummer und Sorgen und macht gute Laune. Tryptophan ist der Grundbaustein für das begehrte Serotonin – das Gelassenheitshormon. Es bewirkt Ruhe und Übersicht, reduziert Schüchternheit und stärkt das Selbstbewusstsein. Und es sorgt für das berühmte Siegerlächeln. Die Sieger im Leben haben beneidenswert viel Serotonin im Blut. Seine Produktion lässt sich durch Ernährung steuern, denn Tryptophan ist in unserer täglichen Nahrung vorhanden, vor allem in Fisch, Fleisch und Hülsenfrüchten.

Phenylalanin, eine weitere Aminosäure, vermag uns optimistisch zu stimmen, macht uns kreativ und leistungsfähig. Es ist unter anderem in Milchprodukten, Eiern, Fisch, Soja, Tofu und Dinkel enthalten. Wenn nach einer eiweißreichen Mahlzeit Phenylalanin direkt in die Blutbahn flutet, verursacht das blitzschnelle Stoffwechselschritte, bei denen das Hormon Noradrenalin gebildet wird. Unter seinem Einfluss wachsen den Nervenzellen Ästchen, sogenannte Dendriten. Die Dendriten haben nur ein Ziel: Kontakt zur Nebenzelle. Sie bilden Netzwerke von Datenautobahnen. Dadurch jonglieren die Gehirnzellen untereinander schneller und besser mit Informationen. Nicht die Anzahl der Gehirnzellen, sondern die Dichte dieses Netzwerkes ist entscheidend für unsere Lernfähigkeit und unser Gedächtnis.

Aminosäuren und Hormone bestimmen unsere Lebensfreude und pushen unsere Leistungsfähigkeit nach oben. Sie stellen entscheidende Koordinaten für den Aufstieg aufs Siegerpodest dar. Nur wer Super tankt, kann auch super Leistungen abrufen. Mit der richtigen Ernährung können Sie Körper und Geist regelrecht ‚tunen'. Weitere Ausführungen würden den Rahmen dieses Buches sprengen. Nur noch soviel: Essen Sie täglich frisches Obst, Salat und Gemüse in ‚rohen' Mengen. Und öfter mal (Wal-)Nüsse. Der ideale Snack für zwischendurch heißt **nicht** Schokolade, sondern: Apfel, Banane, Kiwi oder Orange – als ganze Frucht, nicht als Saft. Optimieren Sie, wenn nötig, Ihre Stoffwechsel-Situation mit Vitamin C, Zink und Magnesium.

4. Der Baustein Mental-Power

Tun Sie mehr von dem, was Ihnen gut tut, das aktiviert Ihre Positiv-Energien! Ausreichend Schlaf, kleine und größere Pausen sowie Auszeiten vom Alltag müssen sein, nur so können wir neue Kräfte sammeln. Wer nicht regelmäßig regeneriert, büßt einen Großteil seiner Leistungsfähigkeit und vor allem seine Lust am Tun ein. Kurzfristig geht die nötige Spannkraft verloren, langfristig ist die Gesundheit in Gefahr.

Die Natur hat im Laufe der Evolution eher die wachsamen, stets etwas angespannten Menschen herausgemendelt. Deswegen müssen wir das Gelassensein üben. Entspannungstechniken helfen uns, loszulassen und zu mehr Wohlbefinden zu gelangen. So wird auch Stress abgebaut. Erst wenn die Gedanken zur Ruhe kommen, erfolgt auch eine körperliche Entspannung. Und nur in diesem Zustand können wir uns neu programmieren. Kreativität kann nur in heiteren Hirnen entstehen.

5. Erfolg hat Belohnung verdient

Belohnen Sie sich, wenn Sie Ihrer Vision ein Stück näher gekommen sind. Und: Führen Sie Buch über Ihre Erfolge. Legen Sie sich dazu ein Erfolgsbuch an. Lesen Sie regelmäßig darin – gerade vor schwierigen Situationen. So programmieren Sie sich auf immer neue Erfolge.

Der Stress und die Olé-Technik

Kennen Sie das? Eine Stress-Situation – nennen wir sie brüllender Chef oder nörgelnder Kunde – trifft sie wie ein Medizinball direkt in der Magengrube. Je nach Schwere des Vorfalls wird der Mund trocken, das Herz klopft, Schweiß tritt aus den Poren, in die Muskeln schießt Blut, die Knie werden weich, die Atmung wird flach, wir mahlen mit den Zähnen. Wir möchten am liebsten einen lautstarken Gegenangriff starten (und manchmal tun wir das auch) oder wir ergreifen mit eingezogenem Kopf die Flucht. Oder aber: Wie gebannt kriegen wir kein Wort über die Lippen. Wieso eigentlich?

Unser Körper agiert wie zu Steinzeit-Tagen, als wir noch Mammuts jagten und mit Säbelzahntigern zu kämpfen hatten. Stoff fürs Museum? Der frühhistorische Killer ist nicht wirklich ausgestorben. Er tarnt sich heute als Projekt mit engem Zeitplan, als gnadenlose Kostenschraube oder als listiger Kontrahent am Verhandlungstisch. Unser Jagdzeug haben wir gegen den Anzug getauscht. Die Krawatte ist die Keule des Mannes, die zugeknöpfte Weste sein Panzer. Auf der Autobahn gehen wir ,wilde Tiere' jagen. Und die Debatten im Sitzungszimmer ersetzen die Raufereien von früher: Wir feuern mit Verbal-Attacken. Und zwar mit solchen, die persönlich verletzen sollen.

Bei einer akuten Stressbelastung kommt es zu einer vermehrten Adrenalin-Ausschüttung, auf die wir früher mit Angriff oder Flucht reagierten. Vor allem durch Bewegung wird Adrenalin schnell wieder abgebaut. Hält die Bedrohung länger an, wird ein zweites, länger im Blut verbleibendes Hormon aktiv: das Kortisol. Dauerhafter Stress wird hauptsächlich durch Kortisol getragen. Kortisol hat leider eine immunschwächende und damit krankmachende Wirkung. Heutzutage sind wir nun einem Dauerbombardement der allgegenwärtigen Stressoren, also stressauslösenden Faktoren, ausgesetzt. Unser Lebensrhythmus, die kompetitive Berufswelt, der Mangel an Bewegung und falsche Essgewohnheiten lassen einen Abbau der Stresshormone auf natürlichem Weg meist nicht mehr zu. Sie verbleiben im Körper und können zu weitgreifenden, ungesunden Veränderungen führen. Es sei denn, wir kennen einen Schutzmechanismus. Ein solcher kann reichlich Bewegung sein – und die Olé-Technik.

Die Olé-Technik wurde speziell für Verbal-Attacken entwickelt. Hat ein solcher Angreifer nicht ein wenig die Eigenschaft eines Stieres, der in der Stierkampf-Arena wutschnaubend auf den Torero zustürmt, um ihn auf die Hörner zu nehmen? Der hat nur zwei Möglichkeiten, seine Weichteile zu retten: Haltung annehmen, tief durchatmen, ganz fokussiert sein und dann: Ein Schritt nach rechts oder ein Schritt nach links und olé geht der Stier an ihm vorbei. Und dann wartet unser Torero hoch konzentriert darauf, was als Nächstes passiert.

Probieren Sie das doch bei der nächsten Attacke gleich einmal aus: Mit einer kleinen Seitwärtsbewegung und einem gedachten olé, olé, olé landet die negative Energie des Angriffs nicht mehr in Ihrer Magengrube, sondern irgendwo im Kosmos! Und Sie können sich nun auf den Kern des Problems und eine vernünftige Lösung konzentrieren. Denn gerade in Angriffssituationen brauchen Sie einen kühlen Kopf, damit Sie nicht in den ‚synaptischen Spalt' geraten. Das ist die Situation, wie weiter vorne erläutert, bei der die Verbindungsstellen zwischen den einzelnen Hirnzellen blockiert sind, wodurch die Denkfähigkeit eingeschränkt wird. So entstehen unter anderem Lampenfieber und Prüfungsangst.

Die von manchen (ewig gestrigen) Trainern als ‚Kampfrhetorik' hochgejubelten Schlagfertigkeitstechniken („So behalten Sie immer Oberwasser!") führen in Verkaufsgesprächen meist nur scheinbar zum Ziel. Wegen des ‚synaptischen Spalts' ist das Gegenüber vielleicht erst mal mundtot gemacht und lässt sich überrumpeln. Wer allerdings so zum Schlag ausholt, muss damit rechnen, dass der Kontrahent sich rächt. Denn unser Hirn will immer im Ausgleich sein. Wer mir Böses tut, den werde ich bestrafen, wo ich nur kann. Wer sich verbal zurechtgestutzt fühlt, wird also an passender Stelle seine Waffen zücken: vorzugsweise im Preisgespräch oder bei der Auftragsvergabe.

Nehmen Sie besser die Olé-Technik. Sie ist eine Art Geheim-Kodex, mit dem sie es schaffen, Aggressionen nicht persönlich zu nehmen. So sind Sie unangenehmen Situationen nun nicht mehr schutzlos ausgeliefert, sondern sie haben eine Lösung, die Sie womöglich sogar zum Schmunzeln bringt. Und dem Zauber eines wahren Lächelns kann man sich selbst dann kaum verschließen, wenn man sauer ist. Oder in der Sprache der Hormone: Adrenalin wird durch Glückshormone weggespült. Mit der Olé-Technik werden Sie auch dann gelassen bleiben können, wenn der nächste ‚Säbelzahntiger' um die Ecke kommt.

Schließlich lässt sich die Olé-Technik natürlich auch im Privatleben anwenden. Sie werden kaum glauben, wie kalt Sie auf einmal ein ‚Autofahrergruß' und andere Unfreundlichkeiten des öffentlichen Lebens lassen. Und selbst zu Hause geht es plötzlich viel stressfreier zu.

Wie man seinen Sympathiefaktor erhöht

Sympathie und Antipathie entwickeln sich in den ersten Sekunden eines Zusammentreffens und haben nicht unbedingt etwas mit der vor uns stehenden Person zu tun. Denn zunächst werden, wie bereits erläutert, völlig unbewusst emotional markierte Vorerfahrungen abgerufen und auf Ähnlichkeiten mit der neuen Bekanntschaft abgeglichen. Positive Vorerfahrungen erbringen einen Sympathiebonus, negative hingegen mahnen zur Vorsicht. Die Person ist uns dann unsympathisch. Da wäre es doch günstig, die Prinzipien zu kennen, die uns helfen, schon im Moment des Kennenlernens seinen Sympathiefaktor zu erhöhen. Hier sind sie:

• Augenkontakt statt Blickkontakt
• das echte Lächeln
• die nötige Distanzzone
• das Händeschütteln
• das erste Wort

Verknüpft werden sollten diese fünf Punkte mit der grundsätzlichen Bereitschaft, anderen Menschen Sympathie entgegenzubringen. So sagt es auch eine alte Verkäufer-Weisheit: „Man muss Menschen mögen", um erfolgreich zu sein. Gerade Sympathie lässt sich ja ausgesprochen schlecht vortäuschen.

Der rituelle Augenkontakt

Wenn uns ein sympathischer Mensch in die Augen schaut, wird in unserem Hirn die Wohlfühl-Substanz Dopamin ausgeschüttet. Dies ist übrigens besonders dann zu messen, wenn Verliebte sich anblicken. Oder wenn eine schöne Frau einem Mann in die Augen schaut: Sobald sie wegschaut, erlischt der Effekt. Nun geht es im Business höchst selten um das Mann-Frau-Thema und da gehört es auch nicht hin. Dennoch spielt der Blickkontakt als erstes Zeichen einer positiven Gesinnung eine wichtige Rolle. Untersuchungen an der Universität Wien haben gezeigt, dass der, der es nicht ehrlich meint, den Blick öfter abwendet, sich also nicht in die Augen und damit auch nicht in die ‚Karten' schauen lässt. Unser Unterbewusstsein wird das registrieren.

So wollen wir uns an dieser Stelle gleich mit dem Begriff ‚Augenkontakt' anfreunden. Ein Blickkontakt ist meistens flüchtig und wirkt damit weniger wertschätzend. Der ‚rituelle' Augenkontakt, den wir Menschen als angenehm empfinden, dauert etwa ein bis zwei Sekunden. Wer uns kaum oder nur flüchtig ansieht, sammelt genauso wenig Sympathiepunkte wie der, der uns (zu) lange anstarrt. Letzteres wird als Aggressionssignal gedeutet. Männer machen übrigens ihre Rangordnung unter anderem über den Augenkontakt aus. Beim Zusammentreffen von Profi-Boxern vor dem Kampf hat sich dieses Ritual noch erhalten.

Höhergestellte können ihre Verachtung für einen Menschen zum Ausdruck bringen, indem sie ihn keines Blickes würdigen. So wird diesem jedes Fünkchen Selbstwertgefühl aus dem Herzen geeist. Ein halbherziger oder hektischer Blickkontakt verbreitet unnötige Unruhe und vermittelt das Gefühl, auf dem Sprung zu sein. Ein intensiver Augenkontakt verknüpft mit einer ausgeglichenen Stimmlage sorgt demgegenüber für Ruhe und Präsenz. *„Der bedeutendste Mensch ist immer der, der dir gerade gegenübersteht"*, hat der Theologe und Philosoph Meister Eckhart bereits im 13. Jahrhundert gesagt. Und genau dieses Gefühl vermittelt man durch einen guten Augenkontakt.

Die wunderbare Wirkung eines echten Lächelns

„Wenn du jemanden ohne Lächeln siehst, so schenke ihm deines", empfiehlt ein alter Sinnspruch. Von allen emotionalen Signalen ist ein Lächeln das ansteckendste. Fast so zuverlässig wie ein Echo kommt es zurück. Es kostet nichts und bringt doch viel, wenn man es teilt. Es öffnet Kundentüren und Mitarbeiterherzen. Es baut Hemmschwellen ab und lässt Vertrauen entstehen. Es ist ein Friedensangebot und signalisiert: „Ich meine es gut! Ich bin dein Freund!"

Ein Lächeln entmachtet Misstrauen und Angst. Es half schon den Steinzeitmenschen, die richtige Entscheidung zu treffen. Denn ein Feind schaute grimmig. Zwischen Zähne fletschen und lächeln liegen nur ein paar Millimeter Muskelspiel. Wer da was verwechselte, dessen Gene schluckte die Evolution. ‚Strahlende' Menschen haben es leichter im Leben, denn sie verschenken Lebensfreude und damit Glückshormone. Und wir vergelten es ihnen mit Kaufen.

Manchmal benutze ich in meinen Seminaren eine Art Lachsack mit Ärmchen und Beinchen. Eine Teilnehmerin hatte eine größere Stückzahl davon gekauft. Sie engagiert sich für behinderte Menschen und verschenkte einen dieser Muntermacher an eine 80-jährige Dame, die an den Rollstuhl gefesselt war. Diese wollte von dem Kinderkram zunächst nichts wissen, doch dann entschloss sie sich, das Kerlchen fortan statt einer Klingel zu benutzen. Immer, wenn sie mit dem Rollstuhl unterwegs war und durchs Gewühl musste, betätigte sie nun den Lachsack. Wie von Zauberhand erhielt sie nurmehr Gelächter statt Murren zurück. Was früher eine reine Qual war, nämlich sich durch Menschenmengen zu bewegen, wurde nun zur Freude ihres Lebens.

Jede Form erlebter positiver und damit gefahrloser zwischenmenschlicher Resonanz scheint unsere cerebralen Motivationssysteme zu erfreuen. In besonderer Form gilt dies für das Lächeln, Schmunzeln und Lachen. Gemeinsames Lachen verbindet und schafft ein positives Wir-Gefühl. Lächelnd kann man selbst unangenehme Dinge besser ertragen. So kennen wir das entwaffnende Lächeln – es baut Aggressionen ab. Lachen aktiviert das Gehirn. Es fördert das Lernen und die Kreativität. Die dabei ausgeschütteten Endorphine lassen uns optimistisch und voller Tatendrang in die Zukunft schauen. Ein wunderbarer Nebeneffekt: Lachen macht schön von innen und hält gesund, denn Glückshormone verjagen Stress und stärken die Immunkraft.

Allerdings: Jedes ‚Muss-Lächeln' wird von unserem Unterbewusstsein als solches enttarnt. Es wird übrigens in einer ganz anderen Hirnregion erzeugt als das wahre Lächeln. Erst beim echten Lächeln lachen die Augen mit. Nur dieses ist mit einem guten Gefühl verbunden: Bei dem, der es gibt, und bei dem, dem es gilt. Und nur ein echtes Lächeln beantworten wir spontan mit einem Lächeln unsererseits. Bei Kindern ist dies ganz besonders gut zu beobachten. Es ist übrigens unmöglich, an etwas Böses zu denken und gleichzeitig mit den Augen zu lachen. Versuchen Sie's! Und wie schwer es ist, ein Lachen ganz ohne Grund, also künstlich zu erzeugen, davon können Fotografen ein Lied singen.

Nur so am Rande: Vielleicht finden wir Delfine auch deshalb so besonders sympathisch, weil sie uns anzulächeln scheinen. Sie haben ja keine Gesichtsmuskulatur, ihr Maul ist von Natur aus nach oben gestellt. Dies signalisiert uns: Ich bin dein Freund. Deshalb würde wohl niemand Delfinfleisch essen. Einen Freund setzt man nicht auf den Speiseplan. Eine Forelle wohl, ihre Mundwinkel gehen nach unten.

Die schützenden Distanzzonen
Menschen haben, das ist dem Leser sicher bekannt, drei zu respektierende Distanzzonen: die 4-Meter-Fluchtpunkt-Zone, die ‚öffentliche' 1-Meter-Zone und die ‚intime' 50-Zentimeter-Zone. Wir reagieren mit Aggression, Starre oder Rückzug auf jeden, der die notwenige bzw. als angemessen erachtete Distanzzone nicht einhält. Leider bewegen sich, wenn auch meistens unbewusst, Führungskräfte oft in die 1-Meter-Zone ihrer Mitarbeiter hinein. Oder sie fassen diese (wie einen Besitz) sogar an, um ihren Machtanspruch zu demonstrieren. Da kann ich nur raten: Finger weg! Respektieren Sie als Chef unbedingt die Distanzzonen und das Revier Ihrer Mitarbeiter. Greifen Sie nicht über deren Schulter in den PC, nehmen Sie ungefragt nichts von deren Schreibtisch, wühlen Sie nie in deren Unterlagen. Im Umgang mit Kunden gilt natürlich Entsprechendes.

Beim ersten Kennenlernen bewegt man sich immer außerhalb der 1-Meter-Zone. Nur die eigene Familie, enge Freunde oder Menschen, denen wir sehr viel Vertrauen entgegenbringen, dürfen näher kommen. Auf einer Party oder bei einem betrieblichen Anlass tritt man nicht zu einer Gruppe, deren Mitglieder eng beieinanderstehen. Denn das signalisiert Vertraulichkeit, und da haben Fremde nichts zu suchen. Im öffentlichen Raum hält man, insbesondere dann, wenn wenig Menschen zugegen sind, den größtmöglichen Abstand. Wir Menschen sind Fluchttiere. Und Abstand gibt uns Sicherheit – vor allem dann, wenn niemand da ist, der uns im Ernstfall helfen könnte.

So ist etwa Lampenfieber vor einer freien Rede nichts anderes als die Angst, ein aufgebrachtes Publikum könnte sich auf einen stürzen. Deshalb sind Rednerpulte so beliebt. Sie bieten Schutz vor der Meute. Kein Wunder also, dass unemotionale, aus einem Versteck heraus vom Papier abgelesene Ansprachen so wenig bewirken. Sie schaffen unnötig Distanz. Um Freundschaftssignale zu senden, gilt es, Barrieren einzureißen und alles Trennende zwischen sich und den Kunden abzubauen. Bis zur 1-Meter-Zone.

Das Händeschütteln
Auch das Händeschütteln ist ein Relikt aus alten Zeiten und will heißen: Schau her und komm fühlen, ich bin dein Freund, ich trage keine Waffen! Der ideale Händedruck ist nicht der überfeste, sondern der, bei dem sich die Hände in der Mitte zwischen beiden Personen senkrecht treffen und die Handinnenflächen sich ganz berühren. Probieren Sie es einfach mal aus. Ein solcher Händedruck signalisiert: nichts in der hohlen Hand versteckt. Wir wollen immer die offenen Hände unseres Gegenübers sehen. Bei Gesprächen im Sitzen sind sie am besten auf dem Tisch, im Stehen auf Gürtelhöhe und **nicht** in der Hosentasche. Am Rednerpult werden sie durch Gesten gezeigt.

Wie aus solch dezidiertem Wissen eine Erfolgsstory werden kann, beschreibt Hans-Georg Häusel in seinem Buch ‚Think limbic!'. Ein maroder Betrieb war durch einen Management-Buy-out übernommen worden. Doch die neuen Besitzer taten sich schwer, das Vertrauen ehemaliger und neuer Kunden zu gewinnen. Selbst regelmäßige Besuche brachten nur zögernd Erfolg. Da entschied man sich zu einem Event, bei dem die Entscheider-Kunden zum Gerätetauchen an einen See in der Nähe Berlins eingeladen wurden. Einer der beiden neuen Inhaber, selbst ein Tauchlehrer, nahm jeden Kunden persönlich auf seinen ersten Tauchgang mit nach unten. Dabei stellt man sich im Abstand von etwa einem Meter auf und nimmt sich bei der Hand. Man schaut sich in die Augen und diese schauen freundlich, optimistisch und wohlwollend drein. Auf dem Weg nach unten verständigt man sich durch O.K.-Zeichen und Kopfnicken. Der intensive Kontakt, das Gefühl, in guten Händen zu sein, und das von Erfolg gekrönte kleine Abenteuer sorgte für einen starken positiven emotionalen Marker. Vor allem aber: Das Ergebnis war phänomenal! Die Umsätze explodierten und Preiszugeständnisse, früher als erste Bedingung genannt, waren nicht mehr nötig.

Die Stimme und das erste Wort

Beim ersten ausgesprochenen Wort – in aller Regel ist es die Grußformel verbunden mit dem Namen unseres Gesprächspartners – geht es vor allem um eins: um eine angenehme, ruhige mittlere bis tiefe Tonlage mit warmem, vollem Klang. Dies signalisiert die friedvolle Absicht. Wenn Sie an Freundschaft oder Freundlichkeit denken, wirkt die Stimme automatisch positiv. Ist hingegen Adrenalin im Blut, klingt die Stimme flach, ein wenig schrill, gepresst oder schneidend. Dies lässt auf Angst oder Aggressivität schließen. Die Stimme verrät mehr noch als Gestik und Mimik, wie wir uns gerade fühlen. Sie ist verantwortlich für die Stimmung, die wir verbreiten. Also: Klingt Ihre Stimme fest und zuversichtlich? Zeugt sie von einer lauteren Absicht und einer wertschätzenden Gesinnung? Hoffentlich!

Im sogenannten Eigenton entfaltet jede Stimme einen ganz besonderen Zauber. Sie bekommen ihn so heraus: Denken Sie an ein leckeres Essen, dass man Ihnen serviert und sagen Sie genussvoll *hmmmh*. Stimmtrainer empfehlen, vor jedem Gespräch und vor jeder Präsentation die Stimme mit einem gesummten Hmmmh zunächst in den Eigenton zu bringen. Dort steckt das höchste Vertrauenspotenzial. Verändern Sie in einer gegebenen Situation einmal ganz bewusst die Stimmlage und schauen Sie, was passiert! Im ‚Brustton der Überzeugung' gesagt, kommen Ihre Worte am besten an. Gerade Frauen sprechen oft mit einer zu hohen Kopfstimme, das wirkt piepsig, kleinlaut und schwach. Nicht zuletzt wird ja über die Stimmlage determiniert, wer ‚oben' und wer ‚unten' ist. Der Rangniedere passt sich dabei, natürlich unbewusst, der Stimmlage des Ranghöheren an oder geht mit seiner Stimme nach oben.

Schon allein durch den Klang einer Stimme entstehen Rückkoppelungen in den cerebralen Emotionszentren des Gegenübers. Mit unserem stimmlichen Ausdruck beeinflussen wir andere, ob wir das wollen oder nicht. So erzeugt eine gehetzte, angespannte oder angstvolle Stimme nicht nur Stress, Anspannung und Angst im eigenen Körper – sondern auch im Körper des Gegenübers. Bei einer positiven Stimmlage funktioniert das natürlich genauso. Zuständig dafür sind die bereits erwähnten Spiegelneuronen.

Nichts macht erfolgreicher als der Erfolg

‚Auf der Glückswelle reiten', das funktioniert. Die Erklärung dafür ist einfach: Wer Erfolg hat, hat Endorphine im Blut. Endorphine, die Botenstoffe des Glücks, aktivieren und beflügeln. Sie umgeben uns mit einer Aura des Erfolgs. Sie machen Frauen schön und Männer stattlich. Sie verleihen uns eine geradezu charismatische Wirkung. Und sie lassen uns von Sieg zu Sieg eilen. Siegen erzeugt Resonanz – vor allem bei Siegern. Sieger kaufen am liebsten von Siegern. Die Evolution belohnt Erfolgsmodelle.

Hier zusammenfassend einige Aspekte, die jedem Verkäufer helfen können, siegreich zu sein:

- **Positive Ausstrahlung:** Sie wirken energiegeladen und sympathisch, man schließt sich Ihnen/Ihren Argumenten gerne an. Ihr Charme verzaubert.
- **Begeisterungsfähigkeit:** Sie wirken so motivierend, dass sich andere davon anstecken lassen. Ohne Begeisterung kann nichts Großes gelingen.
- **Empathie:** Sie können sich gut in andere hineindenken bzw. nachempfinden, warum andere so fühlen oder reagieren, wie sie es tun. Bei emphatischen Menschen wird einem ganz warm ums Herz.
- **Selbstsicherheit:** Sie wirken überzeugend, glaubwürdig und zuversichtlich, weil Sie an sich selbst keine Zweifel haben. Man spürt die Mission in dem, was Sie sagen und tun. Das gibt auch anderen Sicherheit.

- **Integrität:** Sie machen deutlich, dass Sie Ihren Zielen folgen, Ihre Vorhaben souverän umsetzen und Ihren Werten treu bleiben. Man vertraut Ihnen ‚blind'.
- **Entschlossenheit:** Sie machen deutlich, dass Sie sich mit ganzer Kraft für das einsetzen, was Sie für richtig erachten.
- **Überzeugungskraft:** Ihr persönliches Auftreten wirkt kraftvoll und authentisch, ja geradezu charismatisch. Sie vermitteln einleuchtend den eigenen Glauben an das Angebot, dass Sie verkaufen. Man hört auf Sie und befolgt Ihren Rat.

Eins noch: Ansehen hat nicht zuletzt auch etwas mit dem Aussehen, also der Optik zu tun, die wir ansehen. Die Natur bevorzugt die prächtigeren Exemplare – auch bei der Spezies Mensch. Es ist nachgewiesen, dass schöne Menschen mehr verdienen und auch eher Karriere machen. Denn sie erfreuen unser Gehirn – und dafür werden sie mit ‚Stimmzetteln' belohnt.

4.
Die Menschen sind alle verschieden

Die Menschen sind alle verschieden. Jeder denkt, fühlt und handelt anders als andere. Und keiner ist wie Sie. Wir alle neigen ja gerne dazu, zu glauben, andere sähen die Welt ein wenig wie wir. Und dann sind wir immer wieder bass erstaunt, wie jemand eine so völlig andere Sicht der Dinge haben kann. Doch so wie jedes Gesicht einzigartig ist, so ist auch das Gehirn bei jedem Individuum anders gebaut.

Dem Individuum auf der Spur

Die Menschen zu typisieren, sie also in Kategorien einzuteilen, ist so alt wie die Menschheit selbst: Wir kennen die zwölf Tierkreiszeichen, das chinesische Jahreshoroskop, das keltische Baumhoroskop, in der indischen Ayurveda-Medizin die drei Dosas. Hinter all diesen Ansätzen steckt der Wunsch, die Menschen schneller zu verstehen, um gute, richtige, überlebenswichtige Entscheidungen treffen zu können.

Dabei hat uns die analytische Psychologie verschiedene Typenlehren beschert. Als Vater vieler Persönlichkeitsmodelle gilt Carl Gustav Jung. Während er und andere Psychoanalytiker ihre Erkenntnisse vornehmlich aus der Beobachtung kranker Menschen zogen, entwickelte der Amerikaner William M. Marston seine berühmten rot-dominanten, gelb-intuitiven, blau-gewissenhaften und grün-stetigen Typen auf der Basis Gesunder. Seit einigen Jahren werden in der Wirtschaft – und dort speziell in der Personalentwicklung sowie im Vertrieb – Persönlichkeits-Struktur-Diagramme verwendet, die unter Namen wie Herrmann-Dominanz-Instrument (HDI), DISC, Insights usw. vertrieben werden. Markt- und Zukunftsforscher setzen dem ganzen die Krone auf, indem sie uns Verbraucher immer wieder neu verschlagworten: Da gibt es urban villagers, affluent kids, asia trash girls ...! Je schillernder der Begriff, desto mehr Aufmerksamkeit.

Mir erscheinen im Umgang mit Menschen die ‚limbischen Instruktionen‘, die der Psychologe Hans-Georg Häusel in seinen Büchern eingehend beschreibt, sehr hilfreich. Er nutzt dabei die Erkenntnis der modernen Gehirnforschung, die ja besagt, dass das Limbische System unser wahres inneres Machtzentrum ist und wesentlich größeren Einfluss auf unser Verhalten hat als unser Groß- oder Denkhirn. Zum Limbischen System gehört eine

Reihe unterschiedlicher Strukturen im Zwischen-, Mittel- und Endhirn. Sie sind Orte des Entstehens von Affekten, positiven und negativen Gefühlen, der Gedächtnisorganisation, der Aufmerksamkeits- und Bewusstseinssteuerung und der Kontrolle vegetativer Funktionen.

Den limbischen Tango tanzen

Häusel unterscheidet drei limbische Instruktionen, die er (hier stark verkürzt) wie folgt skizziert:

Die Balance-Instruktion

Sie sagt:
* Vermeide jede Gefahr!
* Vermeide jede Veränderung, baue Gewohnheiten auf!
* Vermeide jede Störung und Unsicherheit!
* Strebe nach innerer und äußerer Stabilität!
* Vergeude nicht nutzlos Energie!

Der Balance-Typ ist höflich, freundlich, zurückhaltend, zuverlässig, konservativ und eher misstrauisch. Er neigt zur Vorsicht und hat Angst vor Entscheidungen. ‚Nur keine Experimente' ist sein Motto. Routinen und ein vertrautes Umfeld geben ihm Sicherheit. Er spricht in der Man- oder Wir-Form. Er hat einen ausgeprägten Sinn für Gerechtigkeit. Harmonie und Konsens sowie das soziale Eingebundensein in eine Gruppe, sein Team, seine Familie und Freunde sind ihm wichtig. Er ist sensibel, aber auch skeptisch, manipulierbar, unentschlossen oder gar phlegmatisch. Er ist wenig belastbar und leicht überfordert. Seine Instruktionen bewahren ihn vor Gefahren und sorgen für Stabilität, verschließen sich aber vor (notwendigen) Veränderungen. Balance-Typen finden wir besonders bei Frauen und bei älteren Menschen. Denn mit zunehmendem Alter reduzieren sich die Mengen an ausgeschüttetem Testosteron und Dopamin. So werden die Menschen vorsichtiger. Die pathologische, also krankhafte Ausprägung des Balance-Typs ist die Depression.

Die Verkäufer-Strategie beim Balance-Typ heißt: genügend Zeit und eine Politik der kleinen Schritte. Veränderungen brauchen Zeit. Seine Kooperation ist recht leicht zu gewinnen, wenn man auf Bewährtes setzt, durch Fakten Sicherheit schafft, Strukturen vorgibt und eine persönliche Beziehung aufbaut. Erschrecken Sie ihn nicht mit Enthusiasmus und überschäumender Leidenschaft, passen Sie sich seiner ruhigen Art an und lassen Sie ihm Zeit. Ein ordentliches Auftreten, das Vermitteln von Kompetenz und Zuverlässigkeit, eine gute Vorbereitung und Detailkenntnisse sind ein Muss. Halten Sie ‚Beweise' für Ihre Aussagen parat und machen Sie sich Notizen.

Und solche Worte wählen Sie:
- Das amortisiert sich in genau drei Monaten.
- Wir haben das für Sie bis auf die letzte Stelle durchgerechnet.
- Sie brauchen dabei in Ihrer Organisation nichts zu verändern.
- Wir machen das wie immer. Nur jetzt noch präziser.
- Damit gehen Sie wirklich auf Nummer sicher. Es ist zertifiziert.
- Diesen Artikel verkaufen wir am meisten. Es ist der Klassiker.
- Die Basisprodukte stammen aus kontrolliertem Anbau.
- Lassen Sie uns eine Lösung finden, mit der wir beide zufrieden sind.
- Ich habe mich viele Jahre mit dem Thema beschäftigt. Schon seit 1990 ...
- Frau X aus Ihrer Abteilung ... arbeitet schon länger damit – und sie ist sehr zufrieden.
- Bitte fragen Sie. Ich nehme mir gerne Zeit für ein ausführliches Gespräch.
- Folgende Details sind besonders wichtig ...
- Hier habe ich Ihnen eine Studie zum Thema mitgebracht.
- Sie brauchen sich dann um nichts weiter zu kümmern.
- Dafür übernehmen wir eine Garantie.

Die Dominanz-Instruktion

Sie sagt:
- Strebe nach oben und setze dich durch!
- Vergrößere deine Macht!
- Verdränge deine Konkurrenten!

- Erhalte deine Autonomie!
- Sei aktiv! Und besser als andere!

Den Dominanz-Typ erkennt man an seinem ‚Auftritt', er ist nicht zu übersehen. Er ist ein Macher mit hoher Durchsetzungskraft – und sehr leistungsbetont. Er spricht mit lauter Stimme, in der Ich-Form, effekthaschend und gestikulierend. Er sucht öffentliches Ansehen, Macht und Prestige. Er liebt Statussymbole. Er wirkt arrogant, oft aggressiv und sehr selbstsicher. Er will beherrschen und kontrollieren. Er ist sachorientiert, seine emotionale Kompetenz ist gering. Er hat nur ein Ziel: nach oben! Seine Instruktionen sorgen für Entscheidungsfreude, für Fortschritt, aber auch für Konflikte. Auf andere wirkt er hart. Bei vielen Führungskräften ist die Dominanz-Instruktion sehr ausgeprägt. Denn Dominanz-Typen brauchen Leute unter sich. Dominante Chefs sind zwar umsetzungsstark, doch hemmen sie die Entwicklung ihrer Mitarbeiter. Im Verkauf sind sie harte Verhandler. Sie ziehen in den Kampf und wollen den Sieg. Sie lieben und verachten gleichzeitig ‚Opfer' mit geringem Widerstand. Die pathologischen Ausprägungen des Dominanz-Typs sind Machtrausch und Größenwahn.

Die Verkäufer-Strategie beim Dominanz-Typ heißt: Lassen Sie ihm seinen Status. Ohnmacht, also im wahrsten Sinne des Wortes ohne Macht zu sein, macht diesen Typ krank. Er braucht Selbstbestimmung. Zeigen Sie starkes Interesse an seinen Belangen, erkennen Sie seine Wichtigkeit an, pflegen Sie seine Eitelkeit. Er wünscht sich eine bevorzugte Behandlung. Geben Sie ihm das Gefühl, etwas Besonderes, etwas Besseres zu sein. Bringen Sie Ihre Sache klar und präzise auf den Punkt. Setzen Sie ein Siegerlächeln auf. Lassen Sie sich nicht provozieren oder in die Enge treiben. Fassen Sie sich kurz und stehlen Sie ihm nicht seine kostbare Zeit. Fokussieren Sie auf Ergebnisse.

Und solche Worte wählen Sie:
- Das verschafft Ihnen einen uneinholbaren Vorsprung.
- Ich kann Ihnen dafür ein Exklusivrecht einräumen.
- Das ist mit Abstand die leistungsfähigste Maschine, die es am Markt gibt.
- Im Sinne einer erstklassigen Lösung schlage ich Ihnen vor …
- Folgende entscheidenden Vorteile haben Sie, wenn Sie …

- Sie haben drei Optionen: Erstens ... zweitens ... drittens ...
- Eine beeindruckende Idee ...
- Eine Gewinnerstrategie ...
- Ihre Idee gefällt mir am besten.
- Um Ihnen hier entgegenzukommen ...

Die Stimulanz-Instruktion

Sie sagt:
- Suche nach neuen, unbekannten Reizen!
- Vermeide Langeweile! Suche nach Abwechslung!
- Entdecke und erforsche deine Umwelt!
- Sei anders als die anderen!
- Genieße das Leben!

Dieser Typ ist offen, gesellig, neugierig, unkompliziert, flexibel, konstruktiv, tolerant und vor allem kreativ. Seine Vitalität, sein Optimismus, sein Wissensdurst und sein Freiheitsdrang sind offensichtlich. In ihm steckt ein Turbo. Obwohl er eine eigene Meinung hat und diese auch vertritt, ist er Neuem gegenüber aufgeschlossen und experimentierfreudig. Sein Hirn arbeitet schnell. Er ist lösungsorientiert, begeisterungsfähig, verantwortungsbereit und kooperativ. Seine Instruktionen sorgen für Pioniergeist, Innovationen und Spaß, aber auch für Unzuverlässigkeit, Risiko und Chaos. Er sucht nach Abwechslung und nimmt das Leben leicht. Routinen sind ihm zuwider. Er wirkt ungeduldig, flatterhaft, rastlos und unzuverlässig. Er missachtet Grenzen und ist wenig plan- und zielorientiert. Er hat einen Mangel an Führungswillen. Für seine Mitmenschen kann er sehr anstrengend sein. Die pathologische Ausprägung des Stimulanz-Typs ist die Manie.

Die Verkäufer-Strategie beim Stimulanz-Typ heißt: Fragen Sie nach seinen Ideen. Ferner: Vor- und Nachteile deutlich machen, Wahlmöglichkeiten aufzeigen, neue oder alternative Methoden ansprechen, seinen Spieltrieb anregen. Seine Kooperations- und Wechselbereitschaft ist groß. Agieren Sie lebendig und interessiert, dialogisieren Sie, erzählen Sie Geschichten. Nehmen Sie ihm lästige Details ab und bleiben Sie am Ball, denn er ist sehr flatterhaft. Und: Bitten Sie ihn um seine Vorschläge, er ist ein kostenloser Unternehmensberater.

Und solche Worte wählen Sie:

- Sie sind der erste, dem ich das anbiete.
- Dieses Produkt bietet völlig neue, ungeahnte Möglichkeiten.
- Das sind geniale Vorteile für Sie und Ihre Mannschaft.
- Von diesem Ergebnis profitieren beide Seiten.
- Toll, was Sie da erreicht haben, ich bin ganz begeistert.
- Das hört sich wahnsinnig interessant an.
- Ihre Idee finde ich sehr spannend. Lassen Sie uns doch gleich überlegen, wie wir das umsetzen können.

Haben Sie schon einige Ihrer Kunden erkannt? Aufgabe der Mitarbeiter mit regelmäßigen Kundenkontakten kann es nun sein, die eigenen Kunden nach diesem Typen-Schema zu klassifizieren. Und dann heißt es, sich Gedanken darüber zu machen, wie ein auf den jeweiligen Typen abgestimmtes Verkaufsgespräch gestaltet werden kann.

Wenn Sie etwa SchuhverkäuferIn wären, mit welchen Worten würden Sie dem jeweiligen Typ ein Paar Schuhe verkaufen? Hier meine Argumentationsvorschläge:

- **Balance:** ein klassischer Schuh, bequem und aus solidem Material, bestehend aus ..., Sie werden jahrelang Freude daran haben, er passt gut zu Ihrer bestehenden Garderobe. Und er ist gerade im Preis reduziert.
- **Dominanz:** sehr exklusiv, beste Verarbeitung, das hochwertigste Modell, das wir haben. Ein Schuh für Erfolgsmenschen, damit fallen Sie garantiert auf, er zeigt erstklassigen Geschmack.
- **Stimulanz:** das neueste Modell aus Mailand, ein ganz besonderes, einzigartiges Modell, sehr ausgefallen, geradezu extravagant. Sie wären die Erste, die es kauft. Ein richtiger Lustkauf!

Wichtig bei all dem: Die Suche nach dem limbischen Profil kann nur eine grobe Orientierungshilfe sein, um Gesprächspartner in ihrem Verhalten besser einschätzen zu können. Menschen sind in aller Regel ein komplexer Mix aus allen drei Typen, wobei einer davon meist vorherrschend ist. Die ganze Bandbreite seines Ansatzes hat Häusel in einer sogenannten Limbic Map zusammengeführt.

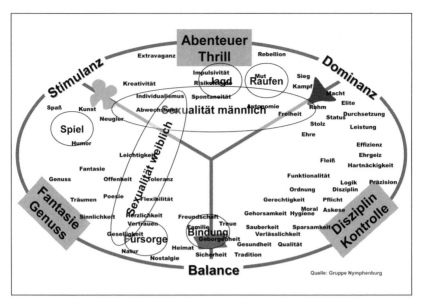

Abbildung 5: Die Limbic Map. © Dr. Hans-Georg Häusel, Gruppe Nymphenburg

Es kann übrigens sehr hilfreich sein, sich auch einmal selbst infrage zu stellen, um seine eigene Typ-Konstellation zu entdecken. Denn wer über sich selbst gut Bescheid weiß, hat schon halb gewonnen. Einen ausführlichen kostenpflichtigen Test mit schriftlicher Ergebnisanalyse gibt es unter *www.limbic-personality.com*.

Schließlich gilt es noch zu definieren, wer mit wem gut harmoniert. Denn es sind in Wahrheit oft emotionale Unverträglichkeiten, die für Kundenschwund sorgen, wobei der Kunde dies selten so sagen wird. Und die sogenannten ‚schwierigen Kunden' sind vielleicht nur für einen selbst so schwierig. Wenn man sie mit einem passenden limbischen Typen zusammenbringt, werden sie – welch wunderbare Wandlung – manchmal geradezu zahm. Und wer passt nun zu wem? Ähnlichkeiten ziehen sich an. Denn was mir ähnlich ist, damit kenne ich mich aus. So mag Stimulanz Stimulanz und Balance findet Balance sympathisch. Die Ausnahme: Bei zwei Dominanten gibt es immer ein Gerangel um oben und unten.

Der kleine Unterschied

Die emanzipatorisch geleitete Gleichmacherei zwischen Mann und Frau ist unter verkäuferischen Gesichtspunkten falsch. Denn alle zwischenmenschlichen Erfahrungen und die Hirnforscher zeigen: Frauen fühlen, denken und handeln anders als Männer, männliche und weibliche Kommunikation funktionieren verschieden. Doch das Gender-Marketing, in dem es um das Herausarbeiten solcher geschlechterspezifischen Unterschiede geht, kommt nur schleppend in Gang. Dabei ist es höchste Zeit, sich mit diesem Thema auseinanderzusetzen! Die Kauf- und Entscheidungskraft der Frauen wird in vielen Branchen nach wie vor massiv unterschätzt. Beispielsweise treffen Frauen über 80 Prozent aller Kaufentscheidungen im Konsumentenbereich, sagt die *Female Forces-Studie* vom Zukunftsinstitut. Und wenn selbst dieses Argument nicht zieht, dann vielleicht folgendes: Wo Frauen sind, da sind auch Männer.

Bei aller Vorsicht vor Verallgemeinerungen hier ein paar Hinweise: Frauen gehen weniger zielgerichtet vor, sie sammeln Informationen weniger strukturiert und geben sie auch weniger strukturiert weiter. Männer lieben klare Ansagen, Frauen blumig klingende Umschreibungen. Sie sind – und das ist hormonell bedingt – weniger risiko- und entscheidungsfreudig, dafür fürsorglicher und konsensfähiger. Sie preferieren mehr das weiche und sanfte. Sie benutzen einen differenzierteren Wortschatz und reden deutlich mehr. Derbe Sprache erschreckt sie. Sie fühlen sich recht schnell angegriffen und verletzt. Während sich Männer im Konfliktfall bis aufs Messer bekämpfen, reagieren Frauen beleidigt.

Männer wollen sich messen. Frauen wollen Konsens. Soziale Aspekte stehen bei letzteren im Vordergrund. Wenn sie mit am Besprechungstisch sitzen, dreht sich vieles um die Frage: „Wie geht es den Menschen dabei?" Frauen nehmen sich der Harmonie willen oder aber, um gute Beziehungen zu schützen, eher zurück. Wenn Frauen Entscheidungen treffen, bleibt **das** Hirnareal länger aktiv, das sich mit der Fehleranalyse und mit potenziellen Gegenreaktionen beschäftigt. Während Männer sich wichtig machen, unbeirrt und siegessicher auftreten, zweifeln Frauen leichter und rechnen mit Gegenwind. Sie stellen sich selbst infrage, suchen Fehler eher bei sich – und verkaufen sich so unter Wert. Man nennt dies auch das Dornröschen-

Syndrom: Warten, bis man wachgeküsst, also entdeckt wird. Viele Frauen scheitern nicht an ihrem Können oder ihrer Leistungsbereitschaft. Sie scheitern an ihrer Bescheidenheit und ihren Selbstzweifeln. Wenn allerdings Frauen die männliche Hirnarchitektur verstehen und dieses Wissen für ihre Zwecke einzusetzen meistern, sind sie unschlagbar.

Auf dem Weg nach oben behindern sich Frauen also vielfach selbst. Sie tun sich aber auch deshalb so schwer, weil sie die Regeln karriereförderlicher Machtspielchen ganz einfach nicht verstehen, weil sie ihren Platz in der Gruppe nicht suchen, die Befehlskette überspringen, den Oberen das angesagte Anbetungsritual verweigern und nicht in ihrem Schlepptau laufen. Wie gut, dass Ségolène Royal nicht Frankreichs neue Präsidentin wurde, meine Alice Schwarzer in einem Interview, da hätten die Männer nur wieder rumgegockelt. Frauen sind sich auch viel zu schade, um im ‚Menschenschach' verheizt zu werden. Denn Frauen geht es um die Sache, nicht um Positionen. Frauen jagen Wissen, während Männer ihre Gegner jagen.

All dieses Wissen kann bei Verhandlungen sehr wichtig sein. Hier im Überblick einige Aspekte zu den Unterschieden eines typisch weiblichen bzw. typisch männlichen Kommunikationsverhaltens:

Eigenschaften	Frauen	Männer
Stimme	leise und hoch (wirkt schwach)	laut und tief (wirkt stark)
Wortschatz	größer; reden viel und ‚um den heißen Brei'; differenziertere, detailliertere und sorgfältigere Wortwahl, intensivierend	kleiner; reden wenig und kommen auf den Punkt; Wortwahl direkter, unbedachter, mit Kraftausdrücken durchsetzt
Geschriebene Sprache	Verbalstil, kurze Sätze und einfache Worte, blumig	Substantivierungen, lange und komplexe Sätze, strukturiert
Gesprächsanteil	reden weniger und kürzer	reden öfter und länger
Unterbrechen andere	selten	häufig
Bestimmen das Thema	selten	häufig

Eigenschaften	Frauen	Männer
Diskussionen	kooperativ, konsensorientiert	konfrontativ, konfliktorientiert
Fragen	aus Interesse	um Thema zu besetzen
Entscheidungen	zögerlich	vorantreibend
Hierarchie	Beziehungsgleichgewicht	oben und unten
Weichmacher (eigentlich, vielleicht, nicht wahr ...)	viele	wenige
Rückmeldesignale (aha, ach so, klar, prima ...)	oft	selten
Aufforderungsstil	indirekt und wenig dominant: Könnten Sie ... es würde mich freuen; viel bitte und danke	direkt und dominant: Können Sie ... es freut mich ...; wenig bitte und danke
Sprachrituale	bedanken, rechtfertigen und entschuldigen sich häufiger, machen sich schlecht	neigen zum Opponieren aus Prinzip, setzen Wissen als Positionierungsfaktor ein, entschuldigen sich wenig
Sprachinhalt	reden mehr über ihre Probleme; emotional; benutzen Umgangssprache	reden mehr über ihre (Helden-) Taten; abstrakt, nüchtern; benutzen Fachsprache
nonverbal	senden mehr nonverbale Zeichen und können sie auch besser decodieren	schwacher nonverbaler Ausdruck, Fehlinterpretationen beim Decodieren
Beziehung	Wir (gemeinschaftsorientiert)	Ich (selbstzentriert)
Selbstwert	machen sich schlecht, unterschätzen sich	prahlen, überschätzen sich
Marotten	andere erziehen wollen, ungefragt helfen, nicht nein sagen können, Wünsche vage umschreiben, Kritik persönlich nehmen, hinten herum über andere reden, schmollen	nicht zuhören, Ratschläge erteilen, Gefühle trivialisieren, unbedingt Recht haben wollen, andere niedermachen, Rückzug auf die ‚einsame Insel'

In Anlehnung an: Helmut Ebert u.a.: Die Bedeutung von Sprache und Geschlecht in der Unternehmenskommunikation (Handbuch Kommunikationsmanagement, Januar 2006)

Frauenversteher werden

Was macht Frauen so anders? Hierzu geben uns die Hirnforscher folgende Antworten:

- Teile des Balkens, der unsere beiden Hirnhälften verbindet, sind bei Frauen dicker als bei Männern. Die Vernetzung beider Hirnhälften ist hierdurch höher.
- Während Frauen in beiden Hirnhälften ein Sprachzentrum besitzen, nutzen Männer bei der Kommunikation vor allem die analytischere linke Hemisphäre.
- Der Hormonhaushalt wird unterschiedlich gesteuert. Die Vorherrschaft weiblicher Hormone verändert das Fühlen, Denken und Handeln.
- Farb-, Geruchs- und Geschmackswahrnehmungen sowie das periphere Sehen, das frequenzielle Hören und die Feinmotorik sind verschieden.
- Die Spezialisierung der Hirnhälften ist bei Männern stärker ausgeprägt. Testosteron beeinflusst die linke Hirnhälfte und bewirkt das Schritt-für-Schritt-Denken sowie den ‚Tunnelblick'. Es positiviert und treibt an. Es fördert das ‚Eckige'.
- Östrogene wirken stärker auf die rechte Hirnhälfte. Sie führen zu einem ganzheitlichen und gleichzeitig detailstarken, vernetzten Denken, zum Wir-Gefühl, zu Fürsorge, zu Empathie und zu mehr Phantasie, aber auch zu größerer Vorsicht und zu mehr Zweifeln. Sie fördern das ‚Runde'.

Es ist beispielsweise inzwischen vielfach belegt, dass Männer weniger Zeit fürs Einkaufen verwenden, dass sie zielstrebig die Gänge entlang eilen, den Regalen weniger Blick-Stopps schenken und damit weniger Vielfalt sehen, schnell ungeduldig und genervt reagieren und sich zu allem Überfluss auch noch jeder Hilfe verschließen. Was die Aufenthaltsdauer betrifft, haben Untersuchungen aus den USA dem Einzelhandel sehr interessante Erkenntnisse gebracht: So bleiben durchschnittlich

- 8 Minuten und 15 Sekunden: Frauen in weiblicher Begleitung
- 7 Minuten und 19 Sekunden: Frauen mit Kindern
- 5 Minuten und 2 Sekunden: Frauen allein
- 4 Minuten und 41 Sekunden: Frauen mit Männern

Männer, so erzählt mein Autohändler, umrunden zunächst ihr Objekt des Interesses, begutachten die breiten Reifen, den Auspuff, die windschnittige Form und werfen dann einen Blick unter die Motorhaube. Schließlich drehen sie an allen Knöpfen. Frauen interessieren sich für die Farbe, die bequemen Sitze, den geräumigen Kofferraum. Viele Frauen reden mit ihrem Auto und geben ihm einen Namen. Für sie ist das Auto so etwas wie ein Familienmitglied. Für Männer hingegen der Jagdgefährte.

Hans-Georg Häusel stellte bei einer Untersuchung zum Einkaufsverhalten in Sportgeschäften fest, dass weibliche Joggingfans ihren Erstbesuch in der Bekleidungsabteilung starten, um zunächst mit viel Geschmack das passende Dress auszuwählen, während männliche Neu-Jogger schnurstracks in die Sportschuh-Abteilung eilen, wo sie sich vor allem für die funktionale Seite – wie beispielsweise für den Aufbau der Sohle und die Schockdämpfung – der Laufschuhe interessieren.

Was können diese Hinweise für Ihre eigene Arbeit bedeuten? Was müssten Sie gegebenenfalls verändern? Die einfache Frage „Wie attraktiv ist unser ... für Frauen" bringt Sie schon mächtig voran. Sicher ist: Im Verkaufsgespräch spielen die geschlechterspezifischen Unterschiede eine bedeutende Rolle. Im Klartext: Sie brauchen zwei unterschiedlich strukturierte Verkaufsgespräche. Und da stehen Verkäufer vor der zugegebenermaßen nun wirklich schwierigen Ausgabe, sich in das jeweils andere Geschlecht hineinzudenken.

Wenn beispielsweise Männer an Frauen verkaufen, stellen sie häufig ihre eigene Sichtweise in den Vordergrund. Dies ist in vielen Anzeigen, Werbeprospekten und Fernsehspots mit erschreckender, manchmal geradezu sexistischer Deutlichkeit zu sehen. In einem Radiospot, in dem es um den Absatz von Sonnenliegen ging, stöhnten diese beispielsweise lustvoll vor sich hin und erzählten sich gegenseitig, welch tolle Mädels sich gerade auf ihnen räkelten. Die Frau als sexuelle Beute: Ein typisches Männerdilemma. Simple Frage: Wer kauft wohl hauptsächlich Sonnenliegen?

„Unternehmen, die marktwirtschaftlich denken und handeln müssen, können es sich keinen Moment länger leisten, eine so große und wichtige Zielgruppe wie die Frauen zu ignorieren", schreibt Diana Jaffé in ihrem Buch

Der Kunde ist weiblich. „*Und diejenigen, die die Frau als Kunde bereits entdeckt haben, müssen sich fragen, ob sie das Richtige tun.*"

Dabei sind die folgenden Fragen hilfreich:

- Was wissen wir über die Unterschiede zwischen männlichen und weiblichen Kunden?
- Befragen und beteiligen wir Frauen, um zu erfahren, wie Frauen ticken?
- Haben wir unsere Kundendaten schon einmal geschlechterspezifisch analysiert? Und was lernen wir daraus?
- Wie gut integrieren unsere Vertriebsstrategien und -strukturen weibliches Denken und Handeln?
- Sind unsere Produkte, wenn wir sie auch an Frauen verkaufen, auf Frauenwünsche, Frauendenke und Frauenhände ausgerichtet? Und woher wissen wir das?
- Haben sich unsere Verkäufer auf weibliche Kommunikationsmuster eingestellt? Berücksichtigen sie weibliches Sozialverhalten? Werden Frauen (beispielsweise auch Sekretärinnen) bevormundet und eingeschüchtert oder aber wertgeschätzt und respektiert?
- Haben wir das hohe Loyalisierungs- und Empfehlungspotenzial bei Frauen bereits erkannt? Und wie nutzen wir es?

Eines ist jedenfalls logisch: Wenn im Verkauf Emotionen immer wichtiger werden, muss man endlich die ans Ruder lassen, die davon am meisten verstehen: die Frauen.

5.
Über die verbale und nonverbale Kommunikation

Das persönliche Gespräch hat – weil teuer – in den letzten Jahren in vielen Branchen immer mehr an Stellenwert eingebüßt. Nach dem Motto: ‚Nur noch A-Kunden erhalten persönlichen Besuch, B-Kunden werden am Telefon betreut, C-Kunden per Post' wurde der Kundenbestand von Kostenrechnern in rein betriebswirtschaftlich rentable Kanäle zwangsverfrachtet – meist ohne dass der Kunde je eine Wahl gehabt hätte. So kann nur vorgehen, wer von dem, was Menschen zutiefst bewegt, keine Ahnung hat. Vielleicht ist der A-Kunde die ständigen Besuche längst leid und wird in Zukunft weniger kaufen. Und aus einem C-Kunden könnte ein lohnender Key-Account werden, würde sich endlich mal jemand persönlich um ihn kümmern.

Der meiste Umsatz wird in der Regel gemacht, wenn Kunden nach eigener Wahl mehrere Info- bzw. Kaufkanäle kombiniert nutzen können. Sagen nicht **Sie** dem Kunden, wie die Dinge bei Ihnen zu laufen haben, fragen Sie den Kunden, was dieser will! Das ist Permission-Marketing. ‚Erlaubtes Marketing' wechselt die Blickrichtung. Dort sagt der Kunde, welche Werbung er von wem, wann und in welcher Form haben will und wie oft sie kommen darf. Und dort entscheidet der Kunde, mit wem er wann und wie oft sprechen will.

Unternehmen sollten jede Chance nutzen, eine mündliche, möglichst sogar persönliche Kommunikation zu pflegen. Wer beispielsweise viel e-mailt, dem sei geraten, nach etwa fünf Mal mailen zwischendurch zum Telefonhörer zu greifen. Denn der kurze, knappe Stil von E-Mails könnte beim Empfänger zu Missverständnissen führen. Ein kleines Telefonat macht wieder klar Schiff.

Die Technologisierung jeglicher Kommunikation ist aus Loyalitätssicht ein Horror-Szenario. Wer dabei nur an seine Kosten denkt, denkt zu kurz! Den Spagat zwischen High-Tech und ‚Neandertaler' sollten die Unternehmer zugunsten der Menschen und nicht zugunsten der ‚Technik' entscheiden. Das sieht zwar im Quartalsbericht nicht immer so günstig aus, sichert aber das langfristige Überleben am Markt.

Die höchste Qualität der dialogischen Kommunikation und damit die größte Emotionalisierungs- und Loyalisierungschance hat das direkte zwischenmenschliche Gespräch – wenn man es gut zu führen versteht. Die Erfolgshierarchie sieht im Übrigen so aus:

1. **Das persönliche Gespräch**
2. **Das telefonische Gespräch**
3. **Das schriftliche Gespräch** (per Angebot oder Mailing)
4. **Das elektronische Gespräch** (per E-Mail oder Webseite)

Alle vier Bereiche müssen unter den Gesichtspunkten des emotionalisierenden und des loyalisierenden Verkaufens sowie einer hirngerechten Ansprache neu überdacht werden. Im Folgenden wollen wir uns, schon allein aus Platzgründen, ausschließlich um das persönliche Gespräch kümmern.

Mensch vor Sache

Jedes Gespräch, das man führt, ist nur so gut wie das Gefühl, das es am Ende bei den Beteiligten hinterlässt. Manchmal reicht ein einziges Wort oder eine falsche Geste, und der Erfolg ist dahin. Denn jede Kommunikation überträgt nicht nur Informationen, sondern auch Emotionen. Deshalb kommt es nicht nur darauf an, was man sagt, sondern vor allem, **wie** man etwas sagt. Dazu George Bernard Shaw: *„In der rechten Tonart kann man fast alles sagen; in der falschen nichts. Das einzig Heikle daran ist, den richtigen Ton zu finden."* Für den Gesprächserfolg bedeutet dies: Kopf **und** Herz wollen angesprochen werden. Wir mögen die Menschen, die uns mögen. Und: Wir kaufen nicht bei denen, die wir nicht mögen. Und: Sie können das tollste Produkt der Welt haben; wenn ich Sie nicht leiden kann, empfehle ich Sie nicht.

Verhandlungspartner sind zuallererst Menschen. Sie werden von Gefühlen, ethischen und moralischen Vorstellungen geleitet, die von den Ihren sehr verschieden sein können. In jedem zwischenmenschlichen Gespräch heißt es also: Immer zuerst die Beziehungsebene klären, dann erst die Sachebene. Stimmt die Beziehungsebene nicht, ist auf der Sachebene wenig zu erreichen. Wir alle suchen ständig nach Signalen, die uns sagen, ob der andere uns mag. Wir alle hungern nach Aufmerksamkeit, Anerkennung, Wertschätzung und Respekt. Denn nur als ‚geliebtes' Mitglied einer Gemeinschaft können wir überleben. Ausgestoßen und allein in der Wüste – das wäre der sichere Tod.

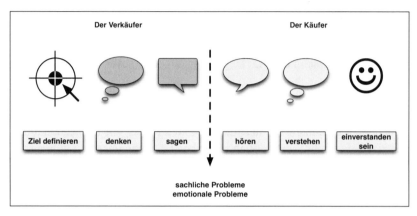

Abbildung 6: Wie Kommunikation funktioniert. Emotionale Probleme wiegen oft schwerer als sachliche.

In aller Regel bringt der Kunde bereits zu Beginn eines Gesprächs zum Ausdruck, inwieweit er offen ist für ein eher emotionales Gespräch – oder ob er ein zurückhaltendes, nüchternes Gespräch vorzieht. Und damit gibt er bereits etwas über seine Gefühlslage preis. Im ersten Fall wird er herzlich und wohlwollend wirken, im zweiten Fall geht es mit einem knappen „Was haben Sie denn heute mitgebracht?" sofort zur Sache. Die sachliche Variante wird etwa von den meisten Einkäufern vorgezogen. In jedem Fall: Gehen Sie niemals von sich aus! Erschlagen Sie den ‚Unterkühlten' nicht mit überschäumender Begeisterung und aufgesetzter Gefühlsduselei. Und: Fallen Sie niemals in das Klagen des Kunden über Negativ-Szenarien wie die Konjunkturlage ein; das würde ein Verkaufsgespräch nur unnötig überschatten.

Die emotionale Seite und damit die persönlichen Anliegen erfordern oft deutlich mehr Aufmerksamkeit als Sachliches und Fachliches. Allerdings wird in aller Regel nur Letzteres offengelegt. Die emotionalen Aspekte, wenn sie dem Gesprächspartner überhaupt bewusst sind, werden gerne verdeckt und ,unter Wasser' gehalten. Wie ein Gummiball drängen sie aber immer wieder nach oben. Also: Schärfen Sie Ihre Wahrnehmung und erforschen Sie die zugrunde liegenden Gefühle der Verhandlungspartner. Wer schon einmal an einem See war, der weiß, dass man, wenn man den Blickwinkel ändert, oft bis auf den Grund schauen kann. Und Fischer gehen ganz nach oben in den Mast, um aus hoher Warte zu erspähen, wo die Heringsschwärme stehen.

Sachliche Probleme lassen sich in aller Regel offen diskutieren, den emotionalen Problemen dagegen können Sie sich im Gespräch zur ganz vorsichtig nähern. Das ist wichtig zu wissen, denn wer sich bedroht oder beleidigt fühlt, wer Angst hat, sein Gesicht zu verlieren, wer ein unspezifisch ,komisches' Gefühl sich breit machen spürt, kann kaum noch konzentriert zuhören, geschweige denn sich komplexen Argumenten anschließen. Er macht ganz einfach zu.

In solchen Fällen lässt sich nur noch eines tun: Den wahren Ursachen auf den Grund gehen, ganz behutsam sozusagen mal ein Steinchen über die Mauer werfen, um zu sehen, ob auf der anderen Seite Wasser ist. Das hört sich dann beispielsweise so an: „Ihre fachlichen Vorbehalte habe ich jetzt verstanden. Gibt es denn neben … und … noch etwas anderes, wo Sie der Schuh drückt? Ich habe das Gefühl, irgendwie ist Ihnen nicht ganz wohl bei der Sache. Worum geht es Ihnen denn noch?"

Haben sich die Menschen erst einmal von der Seele geredet, was sie wirklich bewegt, werden sie sich anschließend viel leichter der Sache zuwenden können. Und auch dort lauern noch jede Menge Gefahren. Denn die Menschen hören nicht, was sie hören sollen, sondern das, was sie hören wollen. Jeder schafft sich seine eigene subjektive Wahrheit. Und weil nicht sein kann, was nicht sein darf, wird herausgefiltert, was passt und man ist blind und taub für das, was nicht dazu gehört. Dies mag manchmal unlogisch oder geradezu irrational erscheinen. Allerdings: Ihr Gesprächspartner glaubt an seinen Standpunkt als den einzig ,richtigen' – genauso, wie Sie das auch tun. So kann es schnell zu Missverständnissen kommen.

All das lässt sich nur durch einfühlsame Kommunikation klären. Kommunikationsexperten schätzen, dass etwa 70 Prozent der Fehler in Betrieben und etwa 80 Prozent der verlorenen Geschäfte auf Mängel in der Kommunikation zurückzuführen sind. Wer immer wieder feststellt, dass man ihn nicht versteht, der kann nicht „Mein Gott, sind die alle schwer von Begriff!" sagen. Er muss vielmehr seine Senderqualitäten überprüfen.

Worte sind die Kleider unserer Gedanken

Worte sind wie Pfeile: Erst einmal abgeschossen, kann man sie nicht mehr zurückholen. Sie treffen voll ins Schwarze, manchmal aber auch grob daneben. Jedes Wort erzeugt eine Art Bild in unserem Hirn – und ist eher positiv oder eher negativ besetzt. Selbst völlig unbekannten Wörtern und real nicht existierenden Wortschöpfungen wird eine emotionale Qualität zugeordnet. In meinen Seminaren mache ich gerne den Test mit zwei Kunstworten: **manumba** und **zakete**. Die Teilnehmer sollen irgendetwas zeichnen, das ihnen dazu einfällt. Das Ergebnis: Bei manumba sind die meisten Zeichnungen von runder Natur, bei zakete sind sie spitz und eckig.

„Die Sprache ist die Kleidung der Gedanken", sagt der englische Schriftsteller Samuel Johnson. Welche Art von Wörtern benutzen Sie? Ihre Wortwahl entlarvt Sie sofort. Ein positives Gesprächsklima zu schaffen bedeutet auch, mit Sprache achtsam umzugehen. In der nebenstehenden Übersicht finden Sie Formulierungen aus dem Verlierer- und Gewinner-Vokabular.

Kürzlich war ich in einem Hotel, in dem man morgens noch von einem Menschen – und nicht von einer Maschine – telefonisch geweckt wurde. „Wie schön, ein Mensch weckt mich", sagte ich. „Kein Problem", war die Antwort. Als ich später beim Frühstück was wollte, war es wieder kein Problem. Etwas länger im Zimmer bleiben war kein Problem, die Rechnung neu schreiben war kein Problem, den Wagen aus der Garage holen, Sie ahnen es schon, war auch kein Problem. Ich nenne es seitdem das ‚Problem-Hotel'. Keiner der Mitarbeiter hat sich je darüber Gedanken gemacht, welch negativen Schleier diese Wortwahl über jeden Gästekontakt legt. Es macht auf Dauer einen himmelweiten Unterschied, ob wir ständig ‚kein Problem' oder besser ‚klar, gerne' sagen. Und dieser Unterschied wird sich in der Kasse bemerkbar machen.

Verbannen Sie aus Ihrem Wortschatz zunächst die sogenannten Weichmacher. Das sind Wörter wie: vielleicht, eigentlich, wahrscheinlich, womöglich, sag ich mal so, möchte ich sagen, man könnte meinen usw. Die machen nicht Ihre Sprache weich, sondern Sie schwach. Gerade Frauen benutzen gerne solche Wörter. Es ist Ausdruck ihrer manchmal zögerlichen, auf Harmonie zielenden, konsensbereiten Art. Wenn aber der Verkäufer schon zögerlich wirkt, wie soll dann der Kunde schnell entscheiden?

Streichen Sie kategorisch Redewendungen wie ,ehrlich gesagt' oder ,nun mal ehrlich'. Belügen Sie ansonsten Ihre Gesprächspartner? Achten Sie bei Ihren Gesprächen auch auf Ihre womöglich negativen Lieblingswörter (nein, nie, nur, erst, ja aber, warum, kein Problem usw.), und merzen Sie diese – am besten mithilfe Dritter – gnadenlos aus. Integrieren Sie so oft wie möglich positive Wörter wie: es wäre schön, ich schlage vor, ich bitte Sie, das ist gut, danke, prima, ja gerne, sehr gerne, sehr einverstanden …. Und: ,Gerne' sollte dann auch wie ,gerne' klingen.

Verlierer-Sprache	Gewinner-Sprache
nein, nicht, leider	ja, bitte, danke, (sehr) gerne, klar gerne, … (schade)
man	ich, wir, Sie, wir beide gemeinsam
Wie hießen Sie noch gleich?	Herr …, Frau … (der korrekte Name des Kunden)
aber, ja aber, trotzdem, nur	und außerdem, darüber hinaus
würde, könnte (Konjunktive)	wird, kann (Indikative)
nicht schlecht, nicht schlimm, na ja	sehr gut, klasse, prima, schön, ausgezeichnet
eigentlich, vielleicht	konkret, absolut, selbstverständlich
billig	preiswert
teurer	hochwertig, wertvoll
Kosten	Investition, Konditionen
(kein) Problem, Schwierigkeit, Misserfolg	Herausforderung, Frage, Aufgabe, Thema, Chance, Anliegen

Verlierer-Sprache	Gewinner-Sprache
Falsch! Da haben Sie nicht richtig aufgepasst!	Da habe ich mich unklar ausgedrückt.
Das geht nicht! Dafür bin ich nicht zuständig!	Ich kümmere mich gerne darum!
Sie müssen ... Sie dürfen	Ist es Ihnen recht ...? Darf ich vorschlagen ...?
Das ist Blödsinn! Sie irren sich!	Da liegt wohl ein kleines Missverständnis vor.
Ich versuche Ihnen gerade zu erklären ...	Mit anderen Worten ...
Wie ich Ihnen schon einmal sagte ...	Wie gut, dass Sie noch einmal danach fragen!
Ich irre mich nie!	Das tut mir leid. Bitte entschuldigen Sie!
Das ist doch wirklich kein Grund, sich so aufzuregen!	Ich kann Ihre Aufregung gut verstehen.
Das glaube ich Ihnen nicht!	Mir ist noch nicht ganz klar ...
Ist das etwa Ihr Ernst?!	Wenn ich Sie richtig verstehe, ...
Wissen Sie überhaupt, mit wem Sie es zu tun haben?	Ich brauche da Ihre Hilfe!
Da muss ich Sie korrigieren!	Ihre Ansicht ist sehr interessant.
Sie werden doch wohl zugeben müssen ...!	Ergänzend sehe ich noch folgenden Punkt ...
Das können Sie gar nicht wissen/ beurteilen!	Interessant! Wie sind Sie darauf gekommen?
Jeder vernünftige Mensch weiß doch heute ...	Dazu würde ich gern ihre Meinung hören!
Begreifen Sie doch endlich!	Was schlagen Sie vor?
Wollen Sie sonst noch was?	Haben Sie weitere Fragen?
Das ist jetzt völlig unerheblich!	Ja, das macht Sinn.
Sie sind ausgesprochen schwer zu erreichen!	Ich freue mich, Sie am Telefon zu haben.

Abbildung 7: Gewinner- versus Verlierersprache

Viele Verkäufer haben Lieblingsphrasen wie ‚Sie dürfen' oder ‚Sie müssen'. Eliminieren Sie das rigoros aus Ihrem Wortschatz. Dürfen ist Kindersprache. Und Kunden müssen gar nichts. Viele werden sich innerlich weigern, selbst wenn der Verkäufer in der Sache Recht hat. Und wie lässt sich das ‚Muss' nun umgehen? „Es ist sehr sinnvoll, wenn Sie …", könnten Sie sagen oder: „Besonders empfehlenswert ist …". Eine solche konfliktfreie Kommunikation ermöglicht es Ihnen sogar, über notwenige Übel zu sprechen, ohne dass es zu Spannungen kommt.

Und wenn es mal so richtig schwierig wird in der Kommunikation, dann sagen Sie einfach, wie es Ihnen selbst gerade geht. Das nennt man eine ‚Ich-Botschaft'. Gefühle und damit die eigene potenzielle Verletzbarkeit zu zeigen, bedeutet: Abschied zu nehmen vom Supermann-Image des Verkäufers – und Mut. Doch gerade damit öffnet man womöglich Tür und Tor für einen wahrhaftigen, fruchtbaren, loyalisierenden Dialog – vor allem bei Kunden, die gerne mauern.

Ein stiller Bote erzählt

Ein beiläufiger Blick oder eine knappe Geste sagt oft mehr als tausend Worte. Den Emotionen, die sich in Mimik und Gestik widerspiegeln, messen wir weit mehr Bedeutung zu als dem gesprochenen Wort. Ständig übermittelt unser Körper Signale. Sie werden meist unbewusst ausgesandt und vom Gesprächspartner auch unbewusst aufgenommen. Die Körpersprache hat unglaubliche Macht. Und sie wird oft gnadenlos unterschätzt.

Einen sehr beeindruckenden Test machte – zur Freude seiner Studenten – Professor Siegfried Vögele, der deutsche Direktmarketing-Papst, immer wieder gerne. Er hatte ein Wort kreiert, das es nicht gibt: epibrieren. So ging er beispielsweise in eine Gaststätte und fragte mit verkniffenem Gesicht und gestenreich: „Wo kann ich denn hier mal ganz schnell epibrieren?" Fast immer ging der Wink in Richtung … Toiletten.

Wir sind äußerst empfänglich für Hinweise, die uns die Gefühle unserer Mitmenschen verraten, die zeigen, wie sie gerade drauf sind. Im Zweifel vertrauen wir der Körpersprache. Der Körper lügt nicht, sagt dazu der

Volksmund. Die Körpersprache haben wir viel früher beherrscht als das gesprochene Wort. Sie hat Signalwirkung (Autofahrergruß), sie unterstützt mit Gesten das Gesagte (Wendeltreppe) und sie drückt Gefühle aus (strahlende Augen). Unaufhörlich ist unser Oberstübchen damit beschäftigt, die feinen Signale der Körpersprache unserer Mitmenschen zu deuten. Ziel ist es, nach günstigen bzw. ungünstigen Vorzeichen zu suchen. Die Ergebnisse können von größtem Nutzen sein. So ist es nicht verwunderlich, dass die Hirnforschung boomt. Denn sie verspricht uns die Aussicht, den Menschen in Echtzeit beim Denken und Fühlen zuzuschauen. Und immer mehr technische Applikationen werden entwickelt, die dort, wo wir an unsere Sinnesgrenzen stoßen, beim Analysieren helfen.

Wer etwa mit dem VOIP-Anbieter Skype telefoniert, kann sich den Skype-eigenen KishKish Lie Detector herunterladen. Dieser soll das Stress-Level des Gesprächspartners messen. Während der ersten Sekunden des Telefonats eicht sich das Gerät auf die Stimme des Anrufers ein. Veränderungen in der Tonalität, die selbst einem geübten und aufmerksamen Ohr entgehen könnten, werden in der Folge durch vier Indikatoren angezeigt, über die sich eine Nadel bewegt. Und wenn der Stress in der Stimme ein bestimmtes Level übersteigt, blinkt zusätzlich ein rotes Lämpchen auf.

Mit dem heute viel besseren Wissen über das, was bei all dem im Limbischen System passiert, verstehen wir nun auch, was Albert Mehrabian, emeritierter Professor für Psychologie an der Universität Los Angeles und anerkannter Kommunikationsexperte, schon vor vielen Jahren herausfand: Dass nämlich – zumindest bei wenig komplexer Kommunikation und gerade am Anfang des Kennenlernens – Meinungen wie folgt vermittelt werden:

- zu 7 Prozent mit Worten
- zu 38 Prozent über Tonfall und Stimme
- zu 55 Prozent nonverbal, also durch Optik, Mimik und Gestik

Wenn zwei Menschen dasselbe sagen, ist es noch lange nicht das gleiche. Das bedeutet, dass wir sowohl auf solche Wörter achten müssen, die positive Assoziationen hervorrufen, als auch auf die Tonalität unserer Stimme, die bezeichnenderweise für eine gute Stimmung sorgt. Gestik und Mimik tragen nicht nur zu einem besseren Verständnis bei, wie wir in fernen

Ländern mit fremden Sprachen unschwer feststellen können, sie sind wohl auch maßgeblich für gute oder weniger gute Gefühle verantwortlich. Bei uns selbst – und bei anderen.

Interessant: Dort, wo uns die deutende Kraft der Körpersprache fehlt, also im Internet und beim Simsen, hat man Symbole, die sogenannten Emoticons, erfunden, um unseren Gefühlen Ausdruck zu geben, sei es :-)) so oder ;-((so.

Der Körper: Bühne unserer Emotionen

Rein wissenschaftlich betrachtet besteht jede Empfindung aus einer Summe neuronaler und chemischer Reaktionen. Diese hinterlassen mehr oder weniger feine Spuren im Körper, die nicht nur für dessen Besitzer spürbar werden, sondern die auch für den aufmerksamen und ein wenig geschulten Betrachter sichtbar sind. So werden Gefühle öffentlich – sie lassen sich lesen.

Der amerikanische Neuropsychologe Antonio R. Damasio bezeichnet den Körper als Bühne unserer Emotionen. Er nennt die Veränderungen auf dieser Bühne ,somatische Marker', weil sie körperlich (= somatisch) markieren, was das Gehirn emotional verarbeitet. Positive somatische Marker sind beispielsweise das ruhige und tiefe Atmen, ein wohliges Kribbeln im Bauch, der sich weitende Brustraum, ein Lächeln, das übers Gesicht huscht. Negative Marker sind unter anderem das hastige Atmen, das flaue Gefühl im Magen, der Kloß im Hals, die Genickstarre. Die positiven, also angenehmen Marker sagen uns: ,Weiter so!', die negativen, also unangenehmen Marker sind Signale für: ,Kämpfe!' oder ,Fliehe!'. Es ist also gut, unseren Körper zu befragen, was er von einer Sache hält, und zu lernen, auf die feinen Stimmen (= Stimmungen) unseres Körpers zu hören.

Der Psychologe Friedemann Schulz von Thun spricht an dieser Stelle vom ,inneren Team'. *„Ein Miteinander und Gegeneinander finden wir nicht nur zwischen den Menschen"*, sagt er in seinem Buch *Miteinander reden, „sondern auch innerhalb des Menschen."* So rät er, die inneren Stimmen, die sich jeweils zu Wort melden, zu identifizieren und ihnen Namen zu geben.

„Jetzt bloß keine Emotionen!" könnte der ‚Rationalist' in Ihnen beispielsweise sagen oder „Immer passiert so was mir!" das Opferlamm oder „Lass dich jetzt bloß nicht provozieren!" der coole Typ. Meist hat einer dieser inneren Gesellen die Oberhand und fährt, sobald er etwa einen provokanten Satz hört oder eine abfällige Geste wahrnimmt, die er auf den Tod nicht ausstehen kann, ganz spontan das ‚übliche' Programm hoch: einlenken, abwehren, sich rechtfertigen, mauern, beleidigt sein, erstarren, aufbrausen, toben – je nachdem.

Wenn wir nun all dies wissen, sind wir unseren Körperreaktionen nicht mehr schutzlos ausgeliefert, sondern können uns diese viel besser bewusst machen – und steuernd eingreifen. Sobald wir nun, wenn beispielsweise der Kunde nach dem Preis fragt, eine Trockenheit im Hals und das Zusammenziehen im Bauch spüren, werden wir **nicht** mehr automatisch unser Rückzugsprogramm („Ich habe die Preise nicht gemacht, da fragen Sie mal besser unseren Marketing-Heini!") oder aber einen Angriff („Ja was glauben Sie denn, wie teuer alles geworden ist!") starten. Vielmehr werden wir nun bewusst und willentlich in den positiven Bereich wechseln können und gelassen die richtigen Worte finden.

All diese Übungen helfen auch, die Stimmung unseres Gesprächspartners an seiner Körpersprache abzulesen. Dabei gilt: Die Menschen sind alle verschieden – auch was ihre Körpersprache betrifft. Einige Signale, wie das Lachen, sind auf der ganzen Welt gleich, andere hängen mit dem Kulturkreis zusammen. Körpersprache kann immer nur in Zusammenhang mit der Situation interpretiert werden. Manche körpersprachlichen Angewohnheiten eines Individuums haben sich geradezu zu Eigenheiten entwickelt. Und natürlich lässt sich Körpersprache bewusst und manipulativ einsetzen – auch von Seiten der Kunden. Da heißt es, seine nonverbale Wahrnehmungsfähigkeit zu schärfen!

Im Verkauf bedeuten all diese Überlegungen nun zweierlei:

1. Ein Verkäufer muss sich sehr intensiv mit seiner eigenen Körpersprache auseinandersetzen.

Das ist kein leichtes Unterfangen. Denn während wir angestrengt nach klaren Gedanken und klugen Worten suchen, laufen Gestik und Mimik parallel, meist unbewusst und schwer kontrollierbar. Bei Menschen, die wir als authentisch erleben, sagen Sprache und Körpersprache das gleiche. Bei allen anderen neigen wir zur Vorsicht, unter Umständen sogar zum Argwohn („Ich habe so ein komisches Gefühl, hier stimmt was nicht."). Und wenn wir nicht sicher sind, vermeiden wir das Risiko einer falschen Entscheidung – und kaufen erst mal nicht.

Ein fachlich hochkompetenter Außendienst-Mitarbeiter aus der Software-Branche, mit dem ich einmal unterwegs war, hatte seine mangelnden Verkaufserfolge einzig und allein seiner negativen Körpersprache zu ‚verdanken'. Weil er sich wohl fachlich überlegen fühlte, hatte er – ohne dies zu wissen – eine ganze Reihe von ‚wegwerfenden' Handbewegungen im Repertoire: Er fegte Argumente vom Tisch, warf sie über die Schulter oder schnipste sie mit den Fingern weg. Je mehr die Gesprächspartner auf ihre Sicht der Dinge pochten, umso schlimmer wurde das. Erschwerend kamen noch der belehrende Oberlehrer-Finger und das bedrohliche Mit-dem-Kuli-auf-sein-Gegenüber-Zeigen hinzu. Und wenn der Kunde sprach, kratzte er sich am Kopf, so, als bekäme er Hautausschlag von dem, was sein Gegenüber sagte. Fazit: Viele Kunden kauften nicht.

Dies zeigt, wie wichtig es für einen Verkäufer ist, immer mal wieder innezuhalten, sich selbst zu beobachten und sich bewusst zu machen: ‚Wie wirkt meine Körpersprache gerade auf meinen Gesprächspartner?' Um mehr über die Wirkung seiner eigenen Körpersprache zu erfahren, bietet sich das ehrliche und konstruktive Feedback wohlmeinender Zeitgenossen an – oder die Kamera. Der Verkaufserfolg wächst garantiert, wenn wir stärker auf eine positive Körpersprache achten.

Manchmal werde ich gefragt, ob der bewusste Einsatz von Körpersprache denn nicht manipuliere. Natürlich tut er das! Man kann mit allem auf eine ‚schwarze‘ oder eine ‚weiße‘ Art und Weise, also unlauter oder lauter umgehen. Vor allem aber kann man sich mit einer bewusst eingesetzten Körpersprache auch selbst manipulieren. Denn Körpersprache ist gleichzeitig Ursache und Folge der eigenen Gedanken. Bei positiven Gedanken verändert sich auch die Körpersprache positiv.

Viele von Ihnen haben sicher im Rahmen eines Verkaufstrainings schon mal den Kuli-Test gemacht: Dazu macht man den Mund breit, schiebt dann einen Kuli quer zwischen die Zähne und beißt locker darauf. Viele fangen spontan an zu lachen. Vor allem, wenn sie anderen zuschauen.

Was da geschieht? Unser Organismus kontrolliert sich ständig selbst. Wie ein Scanner fährt er den eigenen Körper ab und stellt beispielsweise fest: ‚Oh, sie lächelt! Also wird es ihr gut gehen.‘ Und schon werden alle Körperfunktionen auf ‚es geht gut‘ eingestellt. Und diese positive Einstellung springt schließlich auf den Kunden über. Bei guter Stimmung wird das Kaufen **und** das Verkaufen leichter!

2. Ein Verkäufer muss sich sehr intensiv mit der Körpersprache seiner Kunden auseinandersetzen.

Während eines Verkaufsgesprächs sind ständig die Reaktionen der Gesprächspartner zu beobachten. Wird beispielsweise eine negative Mimik erkannt, gibt es nur eins: Sofort zu reden aufhören, denn die Argumente werden das Gegenüber nicht erreichen. In angespanntem Zustand, an einem verhärteten Gesichtsausdruck sichtbar, kann man Informationen weit weniger gut aufnehmen als in lockerer Atmosphäre. Sitzt unser Gesprächspartner quasi unbeweglich von Anfang bis Ende da, haben unsere Argumente ihn, im wahrsten Sinne des Wortes, nicht bewegt, also nichts bewegt. Bringen Sie Bewegung ins Spiel, verbal oder auch real. Aktivieren Sie den Kunden, gehen Sie von A nach B oder sorgen Sie für Entspannung: durch Humor, etwas zu essen/trinken – oder eine gute Frage.

Allein diese wenigen Überlegungen zeigen, wie wertvoll es ist, sich mit dem Thema Körpersprache intensiv auseinanderzusetzen. Dazu verweise ich gerne auf die einschlägige Literatur. Die Körpersprache des Verkäufers wird seine wahre Gesinnung verraten. Sie wirkt immer dann aufgesetzt, wenn die Einstellung nicht stimmt. Wenn verbale und nonverbale Kommunikation nicht kongruent sind, dann werden Kunden unsicher. Und wer unsicher ist, kauft sicher nicht.

6.
Schritt für Schritt
zum Verhandlungserfolg

Nicht wer objektiv besser ist, sondern wer dies subjektiv besser kommunizieren kann, bekommt meist den Zuschlag. Nicht das bessere Konzept gewinnt, sondern die bessere ‚Story'. Bevor es also zum Kunden geht oder der Kunde zu ihnen kommt, müssen Verkäufer sich fragen: Wie kann ich angenehm und aufmerksamkeitsstark anders und deutlich besser verkaufen als andere – denn gute Produkte haben viele.

Jeder Verkäufer muss sich mit den ‚neuen' Kunden auseinandersetzen. Denn: Die Kunden haben sich verändert. Wir haben sie zu Smart Shoppern, zu Variety Seekern (mit dem Porsche durch den McDrive) und zu Anspruchsdenkern erzogen. Spätestens seit Toyotas ‚Nichts ist unmöglich' erwartet der Verbraucher, dass sich jeder Wunsch erfüllen lässt: innovativ, in Topp-Qualität, mit verbessertem Service, und all das für weniger Geld. Diese Anspruchshaltung überträgt sich gnadenlos auf den Vertriebsmitarbeiter: Kompetent soll er sein, souverän, im Verkaufen ein Profi. Fragen muss er auf der Stelle beantworten können, Preiszugeständnisse soll er im Koffer haben und Geduld muss er mitbringen – denn die Entscheidung kann dauern! Und: Neben den immer härter werdenden Konditionen-Verhandlungen sitzen im BtoB-Geschäft ganze Buying Teams und manchmal gar die ärgsten Konkurrenten mit am Tisch.

Bei all diesen Anforderungen kommen Verkäufer mit Menschenversteher-Wissen am ehesten weiter. Außerdem braucht es eine zielgerichtete, planvolle und strukturierte Vorgehensweise, die richtige Einstellung sowie ausgiebiges Üben. Völlig kontraproduktiv sind hingegen auswendig gelernte Gespräche sowie vom Computer abgelesene Telefonleitfäden.

Die Struktur eines Verkaufsgesprächs

Wer ein erfolgreiches Verkaufsgespräch führen will, benötigt

- ein erreichbares Ziel
- eine gute Vorbereitung (Pre-Sales)
- einen guten Start (erster Eindruck)
- eine gute Fragetechnik
- eine gute Argumentationstechnik

- ein gutes Preisgespräch
- eine gute Einwandbehandlung
- eine gute Abschlusstechnik
- ein gutes Ende (letzter Eindruck)
- ein gutes Follow-up (After-Sales)

In den folgenden Kapiteln werden wir uns mit den einzelnen Schritten ausführlich beschäftigen.

Natürlich werden je nach Situation ganz unterschiedliche Verkaufsgespräche geführt. Bei manchen Dienstleistern kommt der Kunde zum Ort des Geschehens. In vielen anderen Branchen gehen die Verkäufer zum Kunden. In beiden Fällen kann aber die dargestellte Struktur sehr hilfreich sein, um Spitzenergebnisse zu erzielen. Wie die Sprossen einer Leiter zeigt sie den Weg nach oben. *„Die Sprosse einer Leiter ist nicht dazu da, sich darauf auszuruhen, sondern dafür, den Fuß eines Menschen so lange zu halten, bis er höher steigen kann"*, so der englische Naturforscher und Philosoph Thomas H. Huxley.

Der Kunde bestimmt das Vorgehen

Machen Sie sich immer wieder bewusst, dass keine zwei Gespräche gleich verlaufen, sondern ganz individuell auf den jeweiligen Kunden ausgerichtet werden müssen. Und bedenken Sie bei aller Wertschätzung für das, was Sie Ihrem Gesprächspartner sagen wollen: Nicht der Verkäufer, sondern der Kunde spricht mehr als zwei Drittel der Zeit. Werden Kunden zu diesem Thema befragt, sagen diese: Die Verkäufer reden zu viel. Übrigens: Werden Mitarbeiter befragt, sagen diese: Unsere Chefs kommunizieren zu wenig.

Je mehr der Kunde von sich erzählt und je offener er dabei agiert, desto größer sind Ihre Chancen, ihm das Passende anzubieten. Wenn Sie mit einem offenen Magengeschwür zum Arzt gehen, ihm aber nur vage etwas von Bauchgrummeln erzählen, wird der wohl kaum die richtige Therapie für Sie finden können. Und so wie der Arzt eine Fülle von Behandlungsmethoden und Medikamenten kennen muss, so benötigen Sie eine Vielzahl von möglichen Vorgehensweisen, Verhandlungstechniken und Tools, um sich ganz individuell auf jeden einzelnen Kunden einstellen zu können – und zwar sowohl in rationaler als auch in emotionaler Hinsicht.

Eine Vielzahl von Anregungen finden Sie in den nächsten Kapiteln. Lassen Sie sich davon nicht verwirren, probieren Sie bei passender Gelegenheit immer mal wieder die eine oder andere aus. Ein Stabhochspringer wird auch nur besser, indem er sich die Messlatte Zentimeter um Zentimeterchen höher legt.

Meta-Ebene und Erfolgstagebuch

Eins noch: Behalten Sie während Ihrer Verkaufsgespräche ständig Ihr Ziel im Auge. Betrachten Sie den laufenden Gesprächsprozess mit Abstand und gehen Sie immer mal wieder auf die sogenannte Meta-Ebene. Helikopter-View wird sie bisweilen genannt. Fragen Sie sich also öfter: „Was passiert hier gerade?", um die Kontrolle über das Geschehen zu behalten, eventuell überschäumende Emotionen zu bändigen und den erfolgreichen Ausgang zu steuern. Dabei gilt es, das große Ganze im Blickfeld zu haben. Dies hilft Ihnen auch bei der am Ende so wichtigen ehrlichen Selbstreflexion: „Wie war ich? Was lief besonders gut? Welche neuen Erkenntnisse habe ich gewonnen? Was will ich beim nächsten Mal besser machen?"

Machen Sie sich hierzu Notizen in einem Erfolgstagebuch. Es gibt eine ganze Reihe guter Gründe, sich ein solches Buch zuzulegen:

• Sie fokussieren automatisch auf Ihre Stärken, weil Sie sich ständig damit beschäftigen, was Sie gut machen und worauf Sie stolz sein können.
• Sie vergessen keine früheren Erfolge.
• Sie beschäftigen sich darüber hinaus mit den Dingen, die optimierbar sind.
• Sie setzen sich selbst ein wenig unter Druck, weil Sie spätestens am Abend Einträge in Ihr Erfolgsbuch machen wollen.
• Sie schöpfen Kraft aus dem Niedergeschriebenen vor neuen großen Herausforderungen.

Studien haben übrigens ergeben, dass wer von Hand schreibt, statt eine Tastatur zu bedienen, das Notierte besser verinnerlicht und besser behält.

Was bei Präsentationen zählt

Weil insbesondere im BtoB-Geschäft Präsentationen immer wichtiger werden, hier noch eine kurze Übersicht, wie man Präsentationen erfolgreich macht. Man benötigt:

- ein erreichbares Ziel
- eine gute Vorbereitung
- einen unüblichen Start
- eine spannende Inszenierung
- eine überzeugende Botschaft
- rationale und emotionale Argumente
- Humor, Bilder und Geschichten
- Interaktion mit dem Publikum
- ein gutes Ende
- eine gute Nachbereitung

In Kapitel neun finden Sie dazu weitere Erläuterungen.

7.
Die Pre-Sales-Phase

Eine gute Vorbereitung sei 80 Prozent des Erfolgs, heißt es so schön. Ob diese Zahl tatsächlich niedriger oder gar noch höher ausfällt, ist von Fall zu Fall verschieden. Meine Erfahrungen in den unterschiedlichsten Branchen zeigen allerdings: Vorbereitung und Einstimmung auf ein Verkaufsgespräch werden oft zeitlich unterschätzt und erhalten vielfach nicht den Stellenwert, der notwendig wäre. Viele Verkäufer gehen zu blauäugig in ein Gespräch und glauben, das was sie drauf haben, reicht – und der Rest sei Improvisation. Und wenn es dann wieder mal nicht geklappt hat, müssen die üblichen Sündenböcke herhalten.

Denken Sie nur mal daran, wie viel Zeit ein Leistungssportler in die Vorbereitungen steckt, um sagen wir mal, im entscheidenden Moment eine Strecke von 100 Metern unter zehn Sekunden zu laufen. *„Je mehr ich übe, desto mehr Glück habe ich"*, meint dazu der Profigolfer Bernhard Langer. Oder vergegenwärtigen Sie sich, wie viele Stunden täglich ein Musiker übt, um schließlich in einem großen Konzertsaal aufzutreten. *„Wenn ich einen Tag nicht übe, merke ich den Unterschied. Wenn ich zwei Tage nicht übe, merken es meine Freunde. Wenn ich drei Tage nicht übe, merkt es das Publikum"*, hat der weltberühmte Geiger Yehudi Menuhin einmal gesagt. Unser Gehirn baut sofort zurück, was nicht regelmäßig benutzt wird. ‚Use it or loose it' heißt das Prinzip.

Bevor Sie einen Kunden besuchen: Stellen Sie sicher, dass er will, derzeit braucht und auch bezahlen kann, was Sie anbieten. Ermitteln Sie, wie gut er bislang mit anderen Anbietern zusammenarbeitet, und klären Sie, ob ihr Gesprächspartner zu den Entscheidungsträgern gehört. So lässt sich bereits im Vorfeld ermitteln, ob die Wahrscheinlichkeit, einen Abschluss zu machen, hoch oder niedrig ist. Viele Verkäufer verplempern ihre eigene und die Zeit ihrer Kunden, weil nicht ausreichend vorqualifiziert wurde. Oder sie vertun ihre Energie mit dem Erstellen von Angeboten, die zu nichts führen. Damit blockieren sie auch Mittel und Ressourcen für die wirklich Erfolg versprechenden Kunden. Nicht die Zahl der erhaltenen Termine zählt, sondern deren Qualität.

Viele Unternehmen arbeiten hierbei mit der Vierfelder-Portfolioanalyse, die von der Boston Consulting Group (BCG) entwickelt wurde. Dabei werden die Kunden, die sich in den einzelnen Feldern wiederfinden, klassischerweise als ‚poor dogs', ‚question marks', ‚stars' und ‚cash cows' bezeichnet. Vor solchen Termini kann ich nur warnen. Was denken Sie, was eine Cash Cow sagt, wenn sie erfährt, dass sie *so* bei Ihnen genannt wird? Wenn Sie also mit der Portfolio-Methode arbeiten wollen, denken Sie sich unverfängliche Begriffe aus. Und definieren Sie die Kriterien für die Bezeichnung der Achsen sorgfältig.

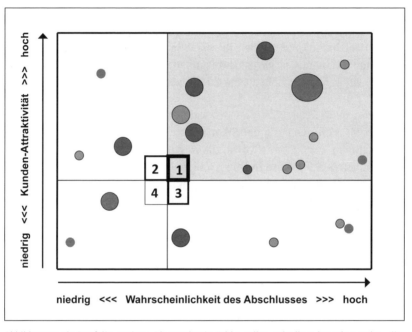

Abbildung 8: Die Portfolio-Analyse. Die Kunden in Feld 1 sollen unbedingt besucht werden, die Kunden in Feld 2 und 3 unter gewissen Umständen, die Kunden in Feld 4 in keinem Fall. Durch Größe und Farbe der Kreise können weitere Dimensionen eingebaut werden.

Die Vorbereitung auf das Unternehmen

Sammeln Sie Informationen aus den Medien und aus dem Internet. ‚Googeln' Sie das Unternehmen, nutzen Sie dazu vor allem die News-Funktion bei Google. Lesen Sie auf der Webseite unbedingt auch die Pressemeldungen des Unternehmens, dort steht viel über Neuigkeiten und Erfolge. Bestellen Sie Broschüren und den Geschäftsbericht, letzterer ist oft eine wahre Fundgrube für verkaufsrelevante Informationen. Hier nur ansatzweise einige Fragen, denen Sie nachgehen können: Welche Produkte werden hergestellt, welche Zielgruppen bedient? Welche Marktstellung hat das Unternehmen heute? Welche Zukunftspläne gibt es? Wie erfahren Sie frühzeitig etwas über Innovationen, Geschäftsausweitungen, Fusionen oder Liquiditätsengpässe? Gab es/gibt es schon eine Zusammenarbeit? Umsatzvolumen? Probleme?

Machen Sie sich auch mit der Sprache des Unternehmens vertraut. Jedes Unternehmen hat Schlüsselworte, die in deren Publikationen ständig auftauchen. Binden Sie diese in Ihre Argumentation ein. Nachdem ich einmal einen besonders schwierigen Auftrag bekam und wissen wollte, warum, sagte mir mein Kunde: „Wir hatten das Gefühl, Sie sprechen unsere Sprache."

Im Business-Bereich geht es darum, mit Ihrer Lösung Ihren potenziellen Kunden erfolgreich zu machen. Dazu müssen Sie nicht nur verstehen, wie dessen Unternehmen funktioniert, sondern Sie müssen auch seinen Markt und vor allem seine Kunden verstehen. Wie kann Ihre Leistung dazu beitragen, die Kunden Ihrer Kunden glücklich zu machen? Schließlich überlegen Sie im Rahmen der Vorbereitung, welche Studien, Tests usw. Ihnen nützlich sein können, welche Referenzen Sie anbieten wollen, welche Erfahrungsberichte verfügbar sind. Es kann ja sein, dass Ihr Gesprächspartner nach ‚Beweisen' fragt.

Wissen über die Mitbewerber

Beispielhaft könnten folgende Fragen interessieren: Welche Konkurrenz-produkte gibt es? Was weiß ich genau über sie? Habe ich sie selbst getestet? Welche objektiven Stärken und Schwächen haben sie? Mit welchen Mitbewerbern arbeitet mein Kunde zusammen? In welchem Umfang? Zu welchen Konditionen? Seit wann? Wie zufrieden? Bestehen Abhängigkeiten? Gibt es Probleme?

Es ist ein weit verbreiteter Irrtum, zu glauben, man könnte sich an praktisch alle Kunden der Konkurrenz heranmachen. Jedes Unternehmen hat eine bestimmte Anzahl an Kunden, die diesem selbst ohne Austrittsbarrieren durch und durch loyal verbunden sind. Solche Kunden haben in aller Regel eine hohe Abwanderungsresistenz. Daher ist zunächst einmal zu analysieren:

• Wie hoch sind Begeisterung und Identifikation der Kunden des Wettbewerbers?
• Wie hoch ist die Zahl der dort abwanderungsbereiten Kunden?
• Welche konkreten Gründe könnten einen Wechsel bewirken?

Es kann übrigens sehr interessant sein, sich diese Fragen auch einmal in Zusammenhang mit seinen eigenen Kunden zu stellen – bevor es zu spät ist.

Finden Sie ein gesundes Mittelmaß, wenn es um die Konkurrenzbeobachtung geht. Meine Erfahrungen zeigen, dass die Konkurrenz oft unterschätzt und die eigenen Leistungen übergeschätzt werden. Man redet sich quasi den Feind klein, damit die Angst geringer wird. Andere wiederum fokussieren zu stark auf die Mitbewerber. Sie sitzen wie die Katze vor dem Loch und warten darauf, was wohl als nächstes geschieht. Das ist defensiv. Hier wird nur reagiert. Eine offensive Strategie bündelt die Energie des eigenen Unternehmens in Richtung Einzigartigkeit, Vorreiter-Rolle und Unkopierbarkeit.

Die Vorbereitung auf den/die Gesprächspartner

Wissen über seine potenziellen Gesprächspartner ist Gold wert. Mit den folgenden – und je nach Situation vielen weiteren Fragen – können Sie sich auseinandersetzen:

- Wer weiß was über ihn?
- Was haben wir schon in der Datenbank?
- Wie tickt er als Fachmann? Und als Mensch?
- Wie/mit wem/womit arbeitet er bisher?
- Wie kann ich seine Ziele unterstützen?
- Was sind seine fachlichen/sachlichen/persönlichen Anliegen?
- Welche Fakten benötigt er?
- Welchen Nutzen kann ich ihm bieten?
- Was könnte ihn an unserem Angebot faszinieren?
- Was könnten seine Fragen/Einwände sein?
- Wie kann ich ihn emotional berühren?
- Wessen Interessen vertritt er?
- Wer muss noch mit ins Boot?

Im BtoB-Geschäft sind eine ganze Reihe weiterer Fragen von Bedeutung (denn längst nicht immer sitzen die wahren Entscheider mit am Verhandlungstisch):

- Wer ist der heimliche Meinungsführer?
- Wer hat in welcher Frage Experten-Macht?
- Wer hat ein Sperr-Votum?
- Wessen Wort gibt den Ausschlag?
- Wer ist formeller, wer informeller Entscheider?
- Welche persönlichen Beziehungen bestehen zwischen den Mitgliedern des Buying Teams?
- Wer kann mit wem – oder gerade nicht?
- Wer ist an welchem Punkt besonders empfindlich?
- Welche persönlichen Vorteile/Nachteile ergeben sich jeweils im Fall einer Zu- oder Absage?
- Wie laufen die internen Abwicklungsprozesse?
- Wer trägt das größte Risiko im Falle einer Fehlentscheidung?

- Mit wem hat das Unternehmen bisher wie erfolgreich gearbeitet?
- Gibt es eine Lieferanten-Bewertung?
- Welche Konkurrenzangebote liegen vor?

Viele Hardseller verderben es sich bereits beim ersten Kontakt mit der Sekretärin. Mal kommen sie schleimspurlegend im Schafspelz daher und scheinen Kreide gefressen zu haben, mal arrogant und wichtigtuerisch. „Es handelt sich um ein bedeutsames Gespräch auf Geschäftsleitungsebene", so wird die Sekretärin angeraunzt. Verbinden Sie mich jetzt!" Eine Frau merkt (sich) so was.

Auch wenn die Sekretärin nicht direkt die letzte Kaufentscheidung fällen wird, so fällt sie doch viele kleine Entscheidungen auf dem Weg dorthin. Und wenn ein Verkäufer diese Info-Drehscheibe verärgert, kommt unser Angebot unter Umständen verfälscht, verspätet oder eben gar nicht an. Hat er aber ihr Herz gewonnen, so hat er eine Loyalisierungsverbündete der treuesten Sorte. Dann liegen unsere Briefe oben auf, die Bestandteile unserer Angebote befinden sich in der richtigen Reihenfolge, die Termine mit uns stehen deutlich und unverrückbar im Kalendarium und werden nicht mal eben verschoben. Und unsere nette Frau Müller kann in einem kleinen Pläuschchen mit der Sekretärin herausfinden, wo es womöglich noch hakt.

Die Schlüsselfragen, die vor jedem Verkaufsgespräch zu stellen sind, lauten:

- Wer genau ist der Kunde? Wie ‚tickt' er emotional?
- Was will und braucht er wirklich?
- Was ist gut und richtig für ihn?
- Was hält er von unserer Leistung? Was fängt er damit an?
- Wie können wir helfen, unsere Kunden erfolgreich und damit glücklich zu machen?

Und wie erfahren Sie all das? Nicht am grünen Tisch, nicht durch Studien und Statistiken, sondern nur durch einen regelmäßigen, vertrauensvoll offenen Dialog mit dem Kunden! Wir können den Menschen nur vor die Stirn schauen! Kundenfokussiert verhandeln heißt: Nicht glauben, zu wissen, was der Kunde nötig hat und nützlich findet, sondern ihn fragen. Manchmal gibt Ihnen ein klitzekleines Wissensdetail den Vorsprung, den Sie brauchen, um Ihrer Konkurrenz eine Nasenlänge voraus zu sein. Hierbei hilft ein Informationsnetzwerk oder die Recherche im Internet. Gerade solche Anstrengungen werden öfter als gedacht mit einem Auftrag belohnt. *„The key to success in business is to know something that nobody else knows"*, hat Aristoteles Onassis einmal gesagt.

Ein besonderer Tipp: Suchen Sie nach einem Foto des Kunden. Nehmen Sie es mit, so erkennen Sie Ihren Ansprechpartner sofort, wenn er auf Sie zukommt – und er fühlt sich geschmeichelt ob solcher Mühe. Das gibt wertvolle Pluspunkte.

Mein Zahnarzt, der seine Praxis in einer Münchener Prominenten-Gegend hat, sammelt beispielsweise Presseartikel in der Karteikarte seiner Patienten. Die zeigt er ihnen, wenn sie zur Behandlung kommen. So hat er sich schon viele Privatpatienten-Herzen erobert.

Suchen Sie auch nach Informationen über ‚Mensch Kunde', die Ihnen die Warmwerde-Phase am Anfang des Gesprächs erleichtern. Wer, weil er nichts parat hat, mit Sprüchen wie „Finden Sie es heute auch so heiß?" oder „Sind Sie auch schon in der Krise?" aufläuft, fällt jetzt bereits zurück. Wichtig auch, sich wohltuend von all denen zu unterscheiden, die krampfhaft im Besprechungszimmer nach einem Anknüpfungspunkt suchen. Wenn zum 100sten Mal das Golfturnier-Foto herhalten muss – das nervt. Einer meiner früheren Kollegen aus dem Einkauf hatte für solche Fälle ein Schild parat, auf dem stand: Bitte jetzt keine Gespräche über Golf!

Die Vorbereitung auf das Gespräch

Wenn Sie alles über Ihren Gesprächspartner gesammelt haben, stellen Sie zwei Stühle auf – einen für sich, einen für ihn. Setzen Sie sich zunächst auf Ihren Stuhl und argumentieren Sie laut. Dann setzen Sie sich auf den Stuhl Ihres fiktiven Gesprächspartners und sprechen aus seiner Perspektive. Überlegen Sie, warum er Ihnen überhaupt seine kostbare Zeit schenken sollte, was das ganz Besondere an Ihrem Angebot gerade für ihn ist, aus welchen Gründen er Ihrem Lösungsansatz zustimmen könnte – oder aus welchen Gründen eher nicht. Überlegen Sie auch, was er dabei denkt und fühlt. Das mag Ihnen zunächst albern erscheinen, doch versuchen Sie es mal. Diese Übung real und nicht nur im Kopf zu machen, gibt Ihnen ganz neue Sichtweisen – und persönliche Sicherheit.

Legen Sie sich unbedingt vor dem Gespräch geeignete Fragen, Nutzenargumente, Antworten auf mögliche Einwände und Abschluss-Sätze zurecht. Üben Sie das Preisgespräch und auch die sogenannten Sie-Formulierungen („Das Gespräch mit Ihnen hat einen besonderen Grund …" anstatt: „Ich rufe an, weil …"). Wiederholen Sie all dies immer wieder **laut** im Auto auf dem Weg zum Kunden. Auch albern? Dann denken Sie nur mal an einen Schauspieler. Was auf der Bühne so perfekt aussieht, wurde nächtelang vor dem Spiegel geprobt, laut rezitiert und in unzähligen Proben so lange geübt, bis es publikumsreif ist. *„Über Nacht berühmt wird man nur dann, wenn man über Tag hart daran arbeitet"*, sagte dazu Howard Carpendale.

Zur Vorbereitung kann auch gehören, dass Sie Ihren Gesprächspartner auf das Gespräch und Sie und Ihr Angebot vorbereiten. Senden Sie ihm Vorab-Informationen, geben Sie einen Hinweis auf Ihre Webseite, senden Sie Muster und Proben. So kann Ihr Gesprächspartner sich auf Sie einstellen und hat sich schon ein wenig mit Ihnen vertraut gemacht. Das erleichtert den Einstieg, man beginnt quasi schon auf einer gemeinsamen Basis, die Zeit des ‚Fremdelns' ist verkürzt.

Eins noch zum Schluss: Versuchen Sie, bereits im Vorfeld oder spätestens zu Beginn des Termins herauszufinden, wie viel Zeit Sie zur Verfügung haben. Nichts schlimmer als eine Präsentation, durch die Sie hecheln müssen, oder ein Verkaufsgespräch, bei dem Sie ausgerechnet in der Abschlussphase unter Zeitdruck geraten.

Die eigene Vorbereitung

Zur Vorbereitung auf einen Kundentermin gehören so banale Dinge wie: die passenden Verkaufsunterlagen zusammenstellen, Präsentationskoffer packen, zusätzliche Handouts für unangekündigte Gesprächsteilnehmer mitnehmen, Visitenkarten einstecken und ähnliches. Dazu gehören auch die gepflegte Erscheinung, gute Manieren und das richtige Outfit. „Der Anzug redet lauter als der Mund", sagt eine alte Verkäuferweisheit. Überlegen Sie also, wo und mit wem das Gespräch stattfinden wird. Am besten haben Sie notfalls noch eine zweite Garnitur dabei.

Ich habe selbst einmal einen wichtigen Auftrag verloren, weil ich im dunklen Kostümchen und mit Stöckelschuhen nach dem Gespräch bei einem Bäckerei-Filialisten durch die mehlige Backstube geführt wurde. Die Bäckermeister konnten sich wohl einfach nicht vorstellen, dass ich für ihr Training die Richtige sei.

Zur Vorbereitung gehört auch, sich Gesprächsziele zu setzen. Dies sollte in jedem Fall schriftlich geschehen. Ein gedankliches Ziel ist, wie jeder gedachte Gedanke und jedes gedankliche Bild, immer etwas vage. Das merkt man erst, wenn man es aufschreiben will. Legen Sie so Ihr Maximalziel und auch ein Minimalziel fest, damit Sie zum Beispiel, wenn schon nicht mit dem großen Auftrag, dann wenigstens mit ein paar Empfehlungen nach Hause kommen. Machen Sie sich danach, am besten wiederum schriftlich, einen Aktionsplan. Definieren Sie also die Taktik, mit der Sie Ihr Ziel erreichen wollen. Denken Sie dabei auch an die Ziele, die der Kunde hat.

Formulieren Sie neben Ihrem Zielplan (best case) auch ein Ausstiegsszenario (worst case): Was passiert schlimmstenfalls, wenn die Gespräche zu keinem Ergebnis führen? Unter welchen Umständen lassen Sie die Verhandlungen platzen? So verlieren Sie Ihre Angst vor dem Scheitern. Denn nicht jedes Verkaufsgespräch ist von Erfolg gekrönt. Manchmal ist es sogar besser, aufzugeben. Mit einer klaren Ausstiegsoption können Sie entschlossener und bestimmter auftreten.

Kurz bevor es losgeht, stimmen Sie sich schließlich mental ein. Freuen Sie sich auf das Gespräch, Ihren Gesprächspartner – und auf Ihr Lampenfieber. Der Kick macht Sie hellwach und Ihre Performance steigt. Falls die Aufregung zu groß wird: Atmen Sie bewusst tief und langsam in den Bauch. Legen Sie hierzu Ihre Hand auf das Zwerchfell, es muss sich fühlbar wölben. Dann mehrfach sieben Sekunden einatmen – sieben Sekunden ausatmen. Trinken Sie reichlich Wasser, das spült das Adrenalin aus dem Blut. Wenn

Sie eine größere Präsentation vor sich haben: Gehen Sie in den Waschraum, warten Sie, bis Sie alleine sind und dann schneiden Sie kräftig Grimassen im Spiegel. Schließlich mit einem ‚Stoßseufzer' die ganze Anspannung loslassen – und dann lächeln. Seien Sie zuversichtlich, denken Sie an frühere Erfolge. Es wird auch diesmal klappen.

Neben dem Inhaltlichen machen Sie sich jetzt noch einmal die so wichtigen körpersprachlichen Aspekte bewusst:

Ihre **Körperhaltung** ist verantwortlich für das Selbstbewusstsein, das Sie ausstrahlen. Nehmen Sie sowohl im Stehen als auch im Sitzen eine ‚königliche' Haltung ein: den Körper zu ‚wahrer Größe' strecken, Schultern zurück, Becken gerade. Und am Scheitelpunkt des Kopfes denken Sie sich einen Faden, der Sie nach oben zieht. Achten Sie darauf, dass das Kinn unten bleibt, damit Sie nicht hochnäsig wirken. Und gewöhnen Sie sich einen dynamischen Gang mit ausreichender Schrittlänge an. Wer trippelnd oder zögerlich zur Tür hereinkommt, was soll man von dem kaufen?

Ihre **Stimme** ist verantwortlich für die Stimmung, die Sie verbreiten: Klingt sie fest und zuversichtlich, zeugt sie von Sachverstand und guter Laune? Lernen Sie, im Brustton der Überzeugung zu sprechen! Dabei benutzen Sie den Brustraum als Resonanzkörper. Üben Sie, in den Bauch zu atmen, damit Sie nicht kurzatmig und damit unsicher wirken.

Die **Tonalität**, also das auf und ab Ihrer Stimme macht es spannend, Ihnen zuzuhören: Reden Sie mal lauter, mal leise, mal schneller, mal betont langsam! Nuscheln Sie nicht! Spielen Sie mit den Klangfarben Ihrer Stimme, legen Sie ab und an auch einmal etwas Geheimnisvolles hinein. Akzentuieren Sie Wichtiges und machen Sie (vielsagende) Pausen. Was Frauen beachten sollten: Am Ende des Satzes geht – außer bei Fragen – die Stimme nach unten. Und zum Namen: Sprechen Sie Ihren eigenen und den des Gesprächspartners laut und deutlich aus – letzteren mehrmals während des Gesprächs.

Die **Mimik** ist die Sprache des Gesichts. Sie sagt oft mehr als tausend Worte. Kontrollieren Sie Ihre Mimik regelmäßig vor dem Spiegel und immer wieder auch während des Gesprächs. Entspannen Sie Ihr Gesicht, die Stirn und die Nackenmuskeln. Die Augen sind der Spiegel der Seele – sie sollten vor Begeisterung strahlen! Und arbeiten Sie mit der Nicktechnik, nicken Sie Ja! Viele Verkäufer schütteln den Kopf, wenn sie über ihre Angebote sprechen. So kauft der Kunde nicht.

Ihre **Gestik** unterstreicht das Gesagte. Wer keine Gestik benutzt, wirkt kraftlos und unbeteiligt. Variieren Sie die Dynamik der Gesten in Einklang mit der Tonalität Ihrer Stimme! Vermeiden Sie jede Hektik und alles Zappelige! Die Handflächen sollten beim Gestikulieren sichtbar sein. Wenn Sie vor größeren Gruppen sprechen, müssen die Gesten ausladender werden. Bei Gesprächen im Sitzen sind die Hände immer auf dem Tisch. Denn Menschen wollen wissen, was mit den Händen ist, sie könnten Waffen tragen. Legen Sie den Kuli nach dem Schreiben sofort wieder ab, sodass Sie damit nicht bedrohlich vor dem Gesicht anderer herumfuchteln können. Und schnipsen Sie nicht mit dem Bügel des Kulis, das wirkt wie das Entsichern einer Waffe.

Achten Sie auch auf ein angemessenes Distanzverhalten. Respektieren Sie die Territorien aller Beteiligten. Und: Legen Sie sich einen angenehm festen Händedruck zu! Das kann man üben.

Referenzen als Türöffner

„Wer nutzt dieses Angebot denn schon und vor allem: Welche Erfahrungen hat er damit gemacht? Ist der Anbieter kompetent und hält er seine Versprechen ein?" So oder anders lauten die meist unausgesprochenen Fragen eines Interessenten auf der Suche nach Seriosität und Sicherheit. Gut, wenn die passenden Antworten aus dem Mund eines begeisterten Kunden kommen. Denn wer heutzutage konsumiert oder investiert, glaubt eher den Botschaften vertrauenswürdiger Dritter als den Hochglanzbroschüren von Herstellern und Anbietern am Markt.

Wirkungsvolle Referenzen – neudeutsch oft auch Testimonials genannt – die in mündlicher, schriftlicher oder audiovisueller Form über die Qualität eines Anbieters berichten, sind heutzutage unverzichtbar. Wer im Geschäft erfolgreich sein oder neue Branchen erobern will, kommt mit einer eindrucksvollen Referenzliste und den dazugehörigen Erfolgsstorys schnell weiter. Je bekannter die Namen auf der Liste sind, desto besser. Sie machen einen Anbieter ‚salonfähig'.

Hierzu Helmut Sendlmeier, CEO der Werbeagentur McCann Erickson Deutschland: *„Kunden wissen sehr wohl, was eine Agentur im Endeffekt ausmacht: eine großartige Kundenliste. Sie ist die gelebte Referenz für qualitativ hochwertige Arbeit und gewachsenes Vertrauen."*

Manchmal erhält man positive Kundenaussagen schon allein dadurch, dass man sich im Anschluss an die Leistungserbringung schriftlich bedankt und etwas Individuelles hervorhebt, das einem in der Zusammenarbeit besonders gut gefallen hat. Denn Menschen sind hungrig nach Lob – und revanchieren sich gern für gute Gefühle. Auf Bewertungsportalen und in Blogs oder Internet-Foren lassen sich dank Google Blog Search (hoffentlich) positive Kommentare ausfindig machen. Über Google Alert erhält man Online-Kommentare übrigens regelmäßig zugespielt.

Wer sich ein gut gefülltes Schatzkästchen an Testimonials zulegen will, kann beispielsweise auch wie folgt vorgehen: Ein paar Tage bzw. Wochen, nachdem der Kunde Ihre Leistung erhalten hat, schreiben Sie ihm mit der Bitte, Ihnen zu sagen, was ihm daran ganz besonders gut gefallen hat, und zwar am besten so, als würde er einem unbeteiligten Dritten mündlich davon berichten. Sollten Sie überraschenderweise statt eines überschwänglichen Lobes an dieser Stelle herbe Kritik erhalten – auch gut! Dann hat der Kunde wenigstens ausgesprochen, was ihn bedrückt, anstatt still und heimlich abzuwandern, oder im Web der ganzen Welt zu erzählen, wie es um Sie steht.

Anstatt zu schreiben können Sie Ihre Bestandskunden auch anrufen bzw. besuchen und in ein Gespräch rund um das Positive an Ihrer Leistung verwickeln. Stellen Sie dazu etwa folgende Fragen:

• Was ist es, das Ihnen an unserer Leistung am besten gefällt?
• Was sind eigentlich für Sie die größten Vorteile bei uns?
• Wie war es früher, als Sie unsere Leistung noch nicht nutzten?
• Wie viel Zeit/Geld/Nerven sparen Sie denn mit unserer Leistung ein?

- Was ist eigentlich der wichtigste Grund, weshalb Sie schon so lange Stammkunde sind?

Sind die Antworten positiv, dann fragen Sie Ihren Gesprächspartner ganz begeistert, ob Sie das mal aufschreiben dürfen, um so einen Formulierungsvorschlag für ein Testimonial machen zu können. Versehen Sie dies mit einer plausiblen Begründung wie etwa der, dass Sie expandieren oder stärker mit seiner Branche zusammenarbeiten wollen. Senden Sie ihm dann den Text zur Freigabe zu. Dieser sollte entscheidungsrelevante Details sowie konkrete Zahlen und Fakten beinhalten. Bedanken Sie sich anschließend mit einer kleinen Aufmerksamkeit.

Wie man mit Referenzen gut umgeht

In den einzelnen Referenzen sollten idealerweise unterschiedliche Leistungsfacetten angesprochen werden. Ein Testimonial auf dem Briefpapier des Kunden ist übrigens besonders wertvoll. Zumindest aber sollten der volle Name, die Position, das Unternehmen und der Firmensitz genannt werden dürfen. Auch ein sympathisches Foto des Referenzgebers ist nützlich. Aber Achtung: Das Genehmigungsprozedere in großen Konzernen ist oftmals lang und beschwerlich.

Ein absolutes Tabu: Referenzen zu erfinden oder zu fälschen. Wenn Sie aus Gründen der Geheimhaltungspflicht oder aus Rücksicht auf den Kunden dessen Namen nicht nennen dürfen, kann man auch mit Kürzeln arbeiten. Sagen oder schreiben Sie dann aber unbedingt, dass Sie auf Wunsch eine Verbindung zu diesem Geschäftspartner herstellen können.

Nicht jede Referenz stellt automatisch eine Erfolgsgarantie dar. Erarbeiten Sie daher ein internes ‚Rating' Ihrer Referenzen nach Kriterien wie Marktposition, Aktualität, Glaubwürdigkeit usw. Interessent und Referenz müssen in jedem Fall – beispielsweise in Hinblick auf Größe, Branche und Regionalität – zueinander passen. So ist es eher kontraproduktiv, einem regional agierenden Mittelständler den internationalen Großkonzern als Referenz anzubieten. Wer fühlt sich schon gern als Lückenbüßer? Achten Sie auch darauf, dass Sie Ihrem Interessenten nicht ausgerechnet seine größte Konkurrenz als Referenz präsentieren. Und trennen Sie sich von Referenzen, die in die Negativschlagzeilen gekommen sind oder bekanntermaßen der Insolvenz entgegenschlittern. Trivial? Auf vielen Webseiten stehen noch Namen von Firmen, die es schon längst nicht mehr gibt.

In manchen Branchen gehört das Nennen von Referenzen bereits zum Standard. Schlecht ist der gestellt, der keine hat. Denn Fürsprecher mit klingenden Namen können bislang verschlossenen Türen öffnen. Passende Referenzen verhelfen bei einer Ausschreibung oft zu den nötigen Pluspunkten, weil sie die Entscheidungssicherheit erhöhen. Ein Testimonial sorgt beispielsweise dafür, dass aus einer austauschbaren Leistung eine einzigartige wird. Sind etwa die Angebote verschiedener Handwerker nahezu identisch, kann eine aussagekräftige Referenz am Ende den maßgeblichen Unterschied machen – und damit den Zuschlag bringen. Und nicht zuletzt: Positive Kundenstimmen fördern den Stolz der Mitarbeiter auf ihr Unternehmen.

Referenzen sind vor allem dort hilfreich, wo die Leistung zum Zeitpunkt des Vertragsabschlusses noch nicht existiert bzw. sehr komplex ist, wie etwa in der IT-Branche, im Wartungsdienst oder bei Beratungsunternehmen. Indem sie über ihre Erfahrungen berichten, helfen bestehende Kunden und Geschäftspartner, etwaige Unsicherheiten des Interessenten abzubauen. So sorgen Referenzen für Objektivität und Glaubwürdigkeit.

Gute Verkäufer haben immer Referenzschreiben dabei, brennen positive Kundenstimmen auf CD oder spielen beim Interessenten ein Video auf ihrem Laptop ab. Authentische Kundenaussagen lassen sich auch in Werbekampagnen und Anzeigenmotive einbauen bzw. im Internet wirkungsvoll platzieren. Sie dokumentieren aus Anwendersicht, wie ein Dienstleister arbeitet, wie gut eine Geschäftsbeziehung läuft oder wie toll ein Produkt performt. Testimonials transportieren Lob statt Eigenlob – und das ist kostbar wie Gold.

8.
Fragekompetenz entwickeln

„Wenn du eine weise Antwort verlangst, musst du vernünftig fragen", hat schon Johann Wolfgang von Goethe gesagt. Wer gut fragt, schenkt dem Kunden Redezeit und erhält wertvolle Hinweise für das weitere Vorgehen. Fragen sind im Rahmen des verstärkt emotionalen Verkaufens wohl das wichtigste Stilmittel. Denn mit Fragen kommen Sie den wahren Beweggründen Ihres Gesprächspartners am ehesten näher – ohne ihm zu nahe zu treten. Und damit legen Sie die beste Basis für den Abschluss. Nicht zuletzt lässt sich durch kluge Fragen auch klären, ob Ihr Gegenüber vertrauenswürdig und fair reagiert, denn nur dann sollte er als Geschäftspartner infrage kommen.

Vor allem sind Fragen nötig, um die Bedürfnisse des Kunden besser einschätzen und mögliche Kaufmotive herausfiltern zu können. Zunächst müssen Sie unbedingt wissen, was der Kunde eigentlich braucht – und haben will. Sammeln Sie also ausreichend Stoff für eine gezielte Argumentation! Das bedeutet: Keine Annahmen darüber zu machen, was der Kunde meint und auch nicht zu wissen glauben, was der Kunde nötig hat und nützlich findet, sondern fragen! Profi-Verkäufer kommen dabei mit wenigen gut gewählten Fragen zum Ziel. Denn Zeit ist für alle Beteiligten kostbar.

Mit klugen Fragen eröffnen Sie den Small-Talk und starten ganz zwanglos in die Warm-up-Phase eines Gesprächs. Zielgerichtete Fragen – und nicht die eigene Präsentation – stehen am Anfang des dann folgenden Verkaufsgesprächs. Im weiteren Verlauf helfen fokussierende Fragen, das Ja des Kunden sicher zu erreichen. Mit präzisen Fragen zum Vorgehen nach dem Abschluss stellen Sie sich ganz auf die Wünsche des Kunden ein. Und mit heiteren Fragen klingt das Gespräch dann aus.

Frage stellen – Mund zu – Augen und Ohren auf!

Wer fragt statt zu reden, schafft sich Wahrnehmungsraum. Im Gegensatz zum Monolog bringen gut gestellte Fragen Gespräche in Gang, um zu einem partnerschaftlichen Dialog und damit zu einem Miteinander zu finden. Mit klugen Fragen und echtem Interesse gehen Sie Ihrem Gesprächspartner nicht auf die Nerven – ganz im Gegenteil. Sie geben ihm vielmehr das Gefühl, auf ihn und seine Belange einzugehen. So schaffen Sie die nötige Vertrauensbasis und wirken sympathisch. Fragen öffnen und aktivieren den Kunden. Sie helfen ihm, passende Lösungen selbst zu finden. Behauptungen hingegen reizen zum Widerspruch.

Fragen sind auch hilfreich, um zielsicher in die richtige Richtung zu argumentieren, um Missverständnisse zu klären, um Widerstände schneller zu erkennen oder um eine Entscheidung herbeizuführen. Fragen ermöglichen ein konfliktfreies, diplomatisches Korrigieren des Gesprächspartners. Durch Fragen lässt sich eine gegenseitige Übereinstimmung laufend überprüfen. Und: Fragen schaffen eine Bühne, auf der der Kunde sich profilieren kann („Wie sind Sie eigentlich zu diesem Erfolg/in Ihre derzeitige Position/zu dieser Auszeichnung gekommen?").

Übrigens: Niemand **muss** auf Ihre Fragen antworten. Ihr Gesprächspartner kann Ihre Frage infrage stellen, sezieren, oder mit einer Gegenfrage reagieren. Manche Menschen tun dies einfach, um zu sehen, was daraufhin geschieht. Bleiben Sie völlig gelassen, wenn Ihnen das mal passiert. Zur Not hilft die Olé-Technik.

Hier noch ein paar zusätzliche Tipps:
- Jede Aussage und jede Behauptung lässt sich auch als Frage formulieren, nicht wahr?
- Bitten Sie um Erlaubnis, Fragen stellen zu dürfen.
- Fragen Sie, ob Sie sich Notizen machen dürfen. Mitschreiben ist wichtig, etwas Relevantes zu vergessen kann den Auftrag kosten.
- Kündigen Sie Fragen an: „In dem Zusammenhang mal eine Frage..."
- Stellen Sie intelligente Fragen – aus der Welt des Kunden.
- Fragen Sie kurz (maximal zehn Wörter), knapp, eindeutig und präzise!
- Dosieren Sie Fragen gut, sonst wirkt es wie ein Verhör.
- Unterstützen Sie Ihre Fragen nonverbal durch Gestik und Mimik.
- Warten Sie auf die Antwort. Geben Sie sich die Antwort nicht selbst.
- Quittieren Sie die Ihnen genehmen Antworten mit einem Lob.
- Zum gut Fragen gehört immer auch das gut Hinhören können.
- Fallen Sie Ihrem Gesprächspartner niemals ins Wort, lassen Sie ihn aussprechen, auch wenn Sie schon wissen, was er sagen will.
- Er hingegen darf Sie unterbrechen. Hören Sie dann sofort auf zu reden.
- Reflektieren und verbessern Sie ständig Ihre Fragekompetenz.

Gute Fragen hören sich zum Beispiel so an:
- Was erwarten Sie von unserem Gespräch? Geht es Ihnen eher um... oder um ...?
- Worauf legen Sie (in Zukunft) besonderen Wert?
- Was brauchen Sie genau, um dann entscheiden zu können?
- Wie wichtig ist denn dieser Punkt für Sie?
- Wie war das bisher? Wie können wir das toppen?
- Welche Erwartungen haben Sie an unsere Zusammenarbeit?
- Was soll Ihr neues ... denn alles können?
- Mit welchen Themen beschäftigen Sie sich im Moment ganz besonders?
- Denken Sie, das würde Ihnen Zeit sparen/Geld sparen/Vorteile bringen?
- Welche Ziele verfolgen Sie mit ...?
- Ist es das, was Sie wollen?
- Was muss passieren, damit sich das für Sie lohnt?
- Wie/wo/wie oft wollen Sie Ihr neues ... einsetzen?
- Was würde Ihr Kollege/Mitarbeiter/Chef/Partner dazu sagen?
- Wenn Sie an unserer Stelle wären, was würden Sie verändern?
- Nach welchen Kriterien entscheiden Sie, wenn die Angebote dann vorliegen?
- Inwieweit entspricht das Ihren Idealvorstellungen?

Zu jeder Frage gehört eine Antwort. Dazwischen liegt eine **Pause**. Die Pause ist ein höchst wirkungsvolles Stilmittel auf dem Weg zum Verkaufserfolg, denn sie gibt dem Gesprächspartner Zeit, das Gehörte zu verarbeiten und für sich nutzbar zu machen. In dem Moment, in dem unser Hirn speichert, kann es keine neuen Informationen aufnehmen. Dabei gibt es das Phänomen der gefühlten Zeit. Sie vergeht wie im Flug – oder scheint irgendwie stillzustehen. Während der Kunde mit hastigem Nachdenken beschäftigt ist, wird dem Verkäufer das Schweigen ganz lang. Nutzen Sie in diesem Fall die Drei-Sekunden-Regel, das heißt, nach Ihrer Frage zählen Sie innerlich drei Sekunden ab: 21 ... 22 ... 23. Auch nachdem der Kunde geantwortet hat, zählen sie nochmal: 21 ... 22 ... 23. So erhält er Zeit zum weiteren Reflektieren. Oft kommt jetzt noch ein Nachsatz – und nicht selten etwas wirklich Entscheidendes.

Übrigens: Professionelle Einkäufer sind oft Meister der Pausentechnik. Herr Einkäufer schweigt und schweigt und wartet ab. Dem Verkäufer kommen dabei ganz merkwürdige Gedanken: ,Ich bin ihm zu teuer.' ... ,Er hat ein besseres Angebot.' ... ,Er erwartet einen Rabatt.' Und in die Stille hinein beginnt eine freiwillige Selbstdemontage. Ohne Verhandeln, ganz allein durch Nichts-Sagen hat der Einkäufer einen Nachlass erreicht.

Klassische Frageformen

Manche Fragen sind erfolgreicher als andere. Mit den richtigen Fragen im richtigen Moment verbessern Sie die Beziehung zum Kunden und kommen Ihrem definierten Ziel schnell näher. Im Folgenden finden Sie – für gestandene Verkäufer zur Wiederholung und Vertiefung – die wichtigsten Frageformen und ihre Wirkung. Im Schaubild sehen Sie, in welchem Gesprächsteil sich welche Frage besonders anbietet.

Offene Fragen: Sie eröffnen eine Sichtweise und geben Raum für den Dialog („Was sagen Sie über ...? ... Was halten Sie davon? ... Wie stehen Sie dazu? ... Wo ist Ihr Unternehmen besonders stark? ... Welche Erfahrungen haben Sie mit? ... Welche Schwierigkeiten sehen Sie bei? ... An welche Lösungswege denken Sie? ... Wie sind Sie darauf gekommen?") Sie beginnen mit einem W (wer, was, wann, wo, wie ...). Durch offene Fragen kann man eine Menge erfahren, und das ist ja gerade am Anfang eines Verkaufsgesprächs sehr wichtig. Sie erfordern Konzentration beim Hinhören.

Präzisierungsfragen: Sie hinterfragen, konkretisieren oder verdichten einen Sachverhalt („Was meinen Sie ganz genau mit ,jedes Mal'? ... Welchen Teil unseres Angebots finden Sie *zu* teuer? ... Was ist denn im Einzelnen vorgefallen? ... Wie oft kommt das denn vor? ... Wo genau sehen Sie die Unterschiede?"). So reagieren Sie auf Pauschal-Aussagen wie: alle, jeder, immer, nie. Präzisierungsfragen sind insbesondere bei Anschuldigungen und bei Einwänden sehr nützlich. Eine Sonderform ist die Skalierungsfrage. Sie klärt, beispielsweise auf einer Skala von eins bis zehn, die relative Bedeutung: „Welcher dieser Punkte ist denn aus Ihrer Sicht der wichtigste – und welcher der am wenigsten wichtige?"

Problematisierungsfragen: Mit einer Problematisierungsfrage verstärken Sie die Aussage eines Kunden, wenn das für die spätere Argumentation wichtig ist. Verkäufer: „Wie lange haben Sie diesen Engpass denn schon?" Kunde: „Schon seit drei Wochen!" Verkäufer: „Sie sagten, **schon** seit drei Wochen. Wie äußert sich das denn ganz konkret?" So können Sie dem Gesprächspartner ein Problem deutlich vor Augen führen, ohne zu belehren. Ganz im Sinne des Sog-Verkaufs kommt er Ihrem Lösungsansatz dann von sich aus näher.

Hypothetische Fragen: Sie klären Möglichkeiten: „Wenn Sie die freie Wahl hätten, ... zu tun, wie würden Sie dann entscheiden"? (= Visionsfrage). „Nur mal angenommen, wie im Traum wäre dieses Problem von Tisch, was würden Sie dann tun?" (= Wunderfrage). „Angenommen, wir fragen Ihren Chef/Ihren Kollegen vom Einkauf/Ihren Partner/einen Außenstehenden, was er davon hält, was würde der wohl sagen?" (= der 3. Mann). Solche Als-ob-Szenarien erlauben Einblicke in Denkweisen und Hintergründe. Und wichtiger noch: Sie geben dem Gesprächspartner die Möglichkeit, sich schon mal in Gedanken ganz gefahrlos auszumalen, wie es wäre, wenn ...

Alternativ-Fragen: Sie zeigen eine Wahlmöglichkeit auf („Den Erdbeerkuchen lieber mit richtig schön viel oder eher mit wenig Sahne?") und geben damit Antwort-Spielraum bzw. eine Entscheidungshilfe. Diese Technik heißt auch die Ja-oder-Ja-Technik, das ‚ob überhaupt' steht nicht zur Debatte. Menschen schätzen es, wählen zu können, das gibt ihnen Macht über die Situation. Im BtoB-Gespräch klingt eine Alternativ-Frage zum Beispiel so: „Möchten Sie zunächst einen allgemeinen Überblick über unser Angebotsspektrum oder interessieren Sie sich für eine ganz bestimmte Anwendung?" Allerdings: Eine ‚scheinbare' Wahl kann auch einschränken. Stellen Sie allerhöchstens drei Alternativen zur Wahl. Die von Ihnen favorisierte sollte am Schluss stehen, wegen des Echo-Effekts.

Rückmeldungsfragen klären, ob man richtig liegt („Ist das so in Ihrem Sinne?") bzw. stellen zusammenfassend sicher, dass der Frager alles richtig verstanden hat. Oder sie hinterfragen, ob der Gesprächspartner **Sie** richtig verstanden hat. Eine Sonderform ist das Paraphrasieren. Dabei wird die Kundenaussage im eigenen Interesse etwas umformuliert oder deren Schärfe gemildert („Mit anderen Worten ..."). Benutzen Sie dabei die Worte des

Kunden, ohne jedoch papageienhaft alles Gesagte nachzuplappern. Fragen Sie danach unbedingt, ob Ihre Umformulierung so richtig ist. Sie können neben dem sachlichen Teil auch einen emotionalen Aspekt würdigen. Beklagt sich etwa ein Kunde, dass er seinen bisherigen Verkäufer zu selten sah, sagen Sie: „Ich höre da heraus, das es Ihnen wichtig ist, dass wir uns regelmäßig zusammensetzen, richtig?

Gegenfragen: Sie schließen sich an eine Frage des Kunden an („Interessant! Wie denken Sie denn selbst darüber?" oder: „Der Preis? Was wäre Ihnen diese Lösung denn wert?"). Eine Gegenfrage hilft dem Gesprächspartner, auf seine Frage selbst eine Antwort zu finden. Das ist clever! Seinen eigenen Vorschlägen folgt man bekanntlich am ehesten gern. Gegenfragen sind dann kritisch, wenn Sie damit einer Frage Ihres Gesprächspartners ausweichen – und er Sie durchschaut. Ferner können sie, wenn plump gestellt, den Kunden auch aggressiv machen, weil er sich dumm vorkommt.

Geschlossene Fragen: Die darauf möglichen Antworten lauten **ja** oder **nein**, vielleicht auch **ja aber**, **weiß nicht** oder **vielleicht**. Geschlossene Fragen stoppen den Redefluss, man erhält keine weiterführenden Informationen – und der Gesprächspartner macht leicht zu. Also besser nicht nach dem ob („Gefällt Ihnen das?"), sondern nach dem wie oder was fragen („Was genau gefällt Ihnen daran?"). Geschlossene Fragen führen indes zu einer Entscheidung. Wenn überhaupt, dann sollen sie so gestellt werden, dass man kein Nein, sondern eine positive Antwort ernten kann. Also nicht: „Haben Sie die Unterlagen schon durchgelesen?", sondern: „Sicher haben Sie schon einen Blick in die Unterlagen geworfen. Ist es nicht toll, was heutzutage technisch alles möglich ist?" Jedes Nein erzeugt negative Gefühle und Abwehr, jedes Ja positive Gefühle und Zuspruch.

Rhetorische Fragen: Eine Antwort wird nicht erwartet bzw. der Frager gibt sich die Antwort in seiner Frage selbst („Ist es nicht so, dass ..."). Sie sind im Verkaufsgespräch nur brauchbar, um längere Ausführungen zu strukturieren („Wie werde ich im Einzelnen vorgehen? ..."). Intelligente Zuhörer fühlen sich hierdurch jedoch leicht entmündigt.

Suggestiv-Fragen: Sie werden, wenn überhaupt, sehr vorsichtig eingesetzt, denn sie manipulieren („Meinen Sie nicht auch, dass ... Wäre es nicht besser, wenn ... Bestimmt ist das wichtig für Sie, weil ..."). Sie erzeugen, wenn Sie durchschaut werden, Ablehnung. Böse Suggestivfragen sind die, die dabei falsches Wissen verbreiten. Gute Suggestivfragen sichern, dass der Zuhörer sein Gesicht nicht verliert („Wahrscheinlich haben Sie schon gehört, dass ...") Eine sanfte Suggestivfrage lautet: „Das heißt, dieser Vorschlag gefällt Ihnen gut?" Soll die Suggestiv-Frage zum kontroversen Dialog einladen, dann geht sie wie folgt: „Ich könnte mir vorstellen, dieser Vorschlag gefällt Ihnen gut – oder sehe ich das falsch?"

Verhör-Fragen: Der Fragende stellt bohrende Fragen mit drohendem Unterton. Sie beginnen meist mit **warum**. Dies ist unglücklich, denn jedes **warum** fordert eine Rechtfertigung und weckt damit negative Gefühle. Der Befragte fühlt sich unter Druck gesetzt und beginnt zu mauern. Besser fragen Sie: „Aus welchen Gründen...?" oder „Worauf führen Sie das zurück?" oder „Was sind die Ursachen für ...?" oder „Wie kam es dazu, dass ...?".

Die Frageschlange: Dabei stellt der Fragende – und das ist schlecht – mehrere Fragen nacheinander. Der Befragte behält nicht alle Fragen und beantwortet nur die, die er beantworten will. Oder nur die letzte. Der Ausweg: Nach jeder Frage eine Pause machen und auf die Antwort warten. Eine Sonderform ist in diesem Zusammenhang die sogenannte sokratische Frage, bei der eine schnelle Abfolge von Fragen in **der** Form gestellt wird, dass eine jeweilige Ja-Antwort geradezu zwingend erscheint. Durch viele Jas hintereinander soll schließlich das Abschluss-Ja erreicht werden. Bei Nicht-Profis wirkt dieses Vorgehen allerdings dilettantisch.

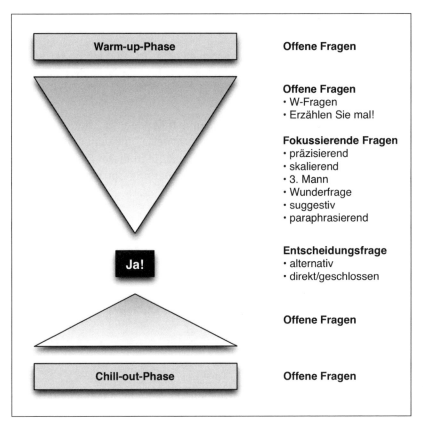

Abbildung 9: Durch passende Fragen den Gesprächsablauf zielsicher gestalten

Neue Frageformen

Zwei besonders zielführende Frageformen, die ich aus der Praxis heraus entwickelt habe, möchte ich Ihnen nun noch ganz besonders ans Herz legen:

Emotionalisierende Fragen: Sie öffnen den Kunden für Emotionales, das heißt, sie beschäftigen sich mit seiner Sichtweise, mit seinem Blickwickel und auch mit seinem Gefühlsleben. Sprechen Sie in dieser Phase den Kunden unbedingt mit Namen an. Das hört sich dann beispielsweise so an:

- Was ist Ihr größter Wunsch an uns, Herr xx?
- Was fasziniert Sie an ... denn ganz besonders?
- Wie haben Sie das ganz persönlich empfunden, Frau xx?
- Was halten Sie ganz persönlich davon, Herr xx?
- Aus welchen Gründen ist das so sehr wichtig für Sie, Frau xx?
- Wie wirkt das auf Sie, Herr xx?
- Was geht in Ihnen vor, Frau xx, wenn Sie das hören?
- Herr xx, wie wäre das für Sie, wenn ...?
- Stellen Sie sich doch nur einmal vor, Frau xx, wenn ...!
- Was wäre Ihr größter Traum?

Noch verstärkt werden emotionalisierende Fragen durch den Nachsatz „Erzählen Sie mal ...". Die Erzählen-Sie-mal-Frage ist geradezu magisch, denn im Plauderton deckt der Kunde am ehesten seine wahren Motive auf.

In der Bestandskundenpflege heißt die wirkungsvollste emotionalisierende Frage: „Erinnern Sie sich ...?" Wenn nun dem Kunden beim Erinnern und Erzählen ein Lächeln übers Gesicht huscht, ist das Folgegeschäft schon so gut wie in der Tasche. Und wenn die Erinnerung negativ ist? Auch gut! Dann haben Sie hier und jetzt die Möglichkeit zu agieren. Besser der Kunde erzählt es Ihnen statt der ganzen Welt.

Bei emotionalisierenden Fragen verlassen wir die antrainierten Standardfloskeln, die ganze Verkäufer-Generationen nachbeten mussten: „Kann ich Ihnen helfen, was kann ich für Sie tun ...?" Auf solche Fragen ist ein Nein bzw. eine ablehnende Haltung quasi schon vorprogrammiert. Emotionale Fragen hingegen öffnen und bauen zunächst eine Beziehung auf. Beispiel Handel: Statt obiger Phrasen, bei denen jeder Durchschnittsverkäufer nach dem xten Nein frustriert aufgibt und anderweitig geschäftig tut, fragt man im Elekrohandel zum Beispiel so: „Oh, Ihnen gefallen diese neuen Flachbild-Fernseher!?" oder im Gartencenter: „Oh, Sie sind gleich mit der ganzen Familie gekommen?!" Mit ein bisschen Glück beginnt der Kunde nun von sich aus mit dem Dialog. Und das ist eine geradezu perfekte Ausgangssituation.

Fokussierende Fragen: Mit fokussierenden Fragen bringen Sie die wahren Beweggründe Ihres Gesprächspartners am schnellsten auf den Punkt: unmittelbar, ungefiltert und bisweilen schonungslos. Sie eignen sich in der Neukunden- Akquise ebenso wie im Bestandskunden-Kontakt. Sie sind vor allem dann nützlich, wenn wenig Zeit für ein ausführliches Gespräch da ist – und wer hat heute noch Zeit? Sie machen schnell und flexibel. Sie helfen, ruckzuck den Kern der Sache zu treffen, um danach prompt reagieren zu können. In den einzelnen Verkaufsphasen hören sich diese beispielsweise so an:

- Was ist in Ihrem Geschäft denn das **brennendste** Problem?
- Was macht Ihnen derzeit am **meisten** Sorge?
- Was ist in Ihrer Branche die **größte** Herausforderung?
- Worauf legen Sie bei Ihrer Lieferantenauswahl den **höchsten** Wert?
- Was ist auf Ihrer Prioritätenliste der **wichtigste** Punkt?
- Wenn Sie an uns denken, was kommt Ihnen dann als **erstes** in den Sinn?
- Welchen Teil unseres Angebots finden Sie denn **zu** teuer?
- Was ist bei einer Entscheidung denn für Sie der **vorrangigste** Aspekt?

Nach solchen Fragen machen Sie unbedingt eine ausführliche Pause. Lassen Sie Ihrem Gesprächspartner Zeit, in seinem Oberstübchen Klarheit zu schaffen. Beantworten Sie Ihre Frage auch dann nicht selbst, wenn das etwas dauert. Allenfalls können Sie fragenderweise Antwortmöglichkeiten anbieten.

Auch im Bestandsgeschäft sind fokussierende Fragen sehr wertvoll. So kann etwa am Ende eines Telefonats, sofern der Gesprächspartner keinen Zeitdruck signalisiert, immer eine der folgenden Fragen stehen. Sie wird am besten eingeleitet mit: Ach übrigens …

- Was ist für Sie eigentlich der **wichtigste** Grund, bei uns zu kaufen?
- Was wäre für Sie das **Vorrangigste**, das wir schnellstmöglich ändern oder verbessern sollten?
- Auf was könnten Sie bei uns am **wenigsten** verzichten?
- Wenn es eine Sache gibt, die Sie bei uns in der Vergangenheit ganz besonders gestört hat, was war da das **Störendste** für Sie?
- Wenn es eine Sache gibt, für die Sie uns garantiert weiterempfehlen können, was wäre da das **Empfehlenswerteste** für Sie?

Zugegeben, es erfordert hie und da ein wenig Mut, solche Fragen zu stellen. Doch der Lerngewinn ist gewaltig. Denn Sie erfahren etwas über Ihre kaufentscheidenden Pluspunkte oder über Ihre größten Schwachstellen – aus Sicht des Kunden betrachtet, und die allein zählt. Vor allem aber: Verändern Sie was. Wer sich daran gewöhnt, fokussierende Fragen zu stellen, macht seine Kunden zu Innovationstreibern des Unternehmens.

Passende Fragen vorbereiten

Wie so oft, wenn es schnell gehen soll oder wenn man unter Druck gerät: Es fallen einem nicht die richtigen Fragen ein! Da lässt sich Abhilfe schaffen: Bereiten Sie einen kleinen Fragekatalog vor. Formulieren Sie dabei eine Reihe von Fragen im Rahmen der unterschiedlichen Frageformen, die ganz konkret zu Ihrer Arbeit, zu Ihrem Vorgehen und zu Ihren Kunden passen. Brauchbare Fragen kommen wie von selbst, wenn man sich wirklich interessiert in die Welt des Kunden versetzt, anstatt nur an den Abverkauf zu denken.

Überlegen Sie sich auch immer wieder neue Fragen. In vielen Branchen führen die üblichen Standardfragen einfach nicht zum Ziel. Auf die handelsübliche Frage: „Kann ich Ihnen helfen?" bekommt man eben fast immer zur Antwort: „Ich will mich nur mal umsehen." Da hilft kein Lamentieren

– wie wär's mit einer anderen Formulierung? Was halten Sie beispielsweise von: „Hallo, guten Tag. (Pause) Sie wollen sich sicher erst mal in Ruhe umschauen. Oder kann ich Ihnen gleich behilflich sein?"

Nun gehen wir ins Restaurant. Auf die lieblos uninteressierte Frage: „Hat's geschmeckt?" erhält der Oberkellner garantiert die lapidare Antwort: „Ja, danke." Wie wär's mal mit: „Es hat mir Spaß gemacht, Sie zu bedienen. Was darf ich dem Koch denn sagen, wie es Ihnen geschmeckt hat?"

Gut hinhören können

Zu jeder Frage gehört auch das konzentrierte, einfühlsame, unvoreingenommene Hinhören. Dabei sind Sie **nicht** mit dem beschäftigt, was Sie als nächstes sagen wollen, wenn Sie wieder dran sind. Die volle Aufmerksamkeit gilt den Worten des Kunden. So erfahren Sie Dinge, die Sie bislang noch nicht wussten, und das kann für den weiteren Verlauf sehr zielführend sein. Neigen Sie sich dabei dem Gesprächspartner leicht zu, das schafft Zuneigung! Und schreiben Sie das Gesagte im Wortlaut des Kunden auf. So wird es erstens nicht vergessen und kann zweitens in der Argumentationsphase wortwörtlich benutzt werden. Wie der Kunden etwas gesagt hat, kann ja sehr aufschlussreich sein. Und seine eigenen Worte hört jeder bekanntlich besonders gern.

Gutes Hinhören können Sie verdeutlichen, indem Sie das Gehörte zunächst inhaltlich zusammenfassen und es dann – wichtig in der emotionalen Kommunikation – gefühlsmäßig reflektieren. Erzählt Ihnen beispielsweise ein Kunde voller Wut, wie ihn sein bisheriger Lieferant schon zwei Mal mit einer eiligen Sendung hat hängen lassen, antworten Sie: „Das ist also jetzt schon zum zweiten Mal passiert! Und das hat Sie ganz schön aufgebracht." In heiklen Situationen sagt man das in einem möglichst ruhigen Ton, und zwar immer nur feststellend, nie wertend. Falsch ist es also, wie folgt fortzufahren: „Das ist aber doch wirklich kein Grund, sich so aufzuregen." Neutrale Akzeptanz im Sicheinfühlen ist vielmehr gefragt. Das signalisiert dem Anderen, dass er so angenommen wird, wie er ist – und das fühlt sich gut an.

Der amerikanische Psychotherapeut Carl F. Rogers nennt diese Technik ‚**aktives Zuhören**'. Dabei fragt man sich, welches Gefühl den Kunden wohl bewegt, während er über einen Vorfall berichtet. Dieses Gefühl – in der Hoffnung, das richtige getroffen zu haben – wird dem Erzähler dann zurückgespiegelt („Wie diese Maschine funktioniert, das hat Sie begeistert!"). Rogers empfiehlt, am Schluss seiner Aussage keine Frage (Stimmts? Richtig? Nicht wahr?) zu stellen, denn das könnte überheblich klingen. Für den Fall, dass man falsch liegt, wird der Kunde das richtigstellen, wodurch man weitere nützliche Informationen erhält.

Keinesfalls darf ein angesprochenes Gefühl kritisiert, kommentiert oder bagatellisiert werden. Wenn der Kunde gar nichts sagt, darf nicht der Fehler gemacht werden, in einem zweiten Versuch ein anderes Gefühl anzubieten. Ferner sollten bei der Gelegenheit keine eigenen dazu passenden Geschichten präsentiert werden – das wirkt egozentrisch. Schließlich dürfen ungefragt keine Ratschläge erteilt werden, was nun weiter zu tun sei. Das klingt schulmeisterlich – und wer mag solche Leute schon?

Gute Hinhörer sind neugierig. Sie sind präsent und ernsthaft an ihrem Gesprächspartner interessiert. Sie halten Augenkontakt, ziehen dabei die Augenbrauen etwas hoch und rücken nach vorne. Sie nicken anerkennend mit dem Kopf (Nicktechnik), geben zustimmende Laute (aha, ach so, hmm, oh, genau) und lächeln. Wollen Sie dem Kunden ein freundschaftliches Gefühl geben, neigen Sie den Kopf etwas zu Seite. All dies brauchen Sie nicht ausdrücklich zu üben, denn dann könnte es gekünstelt wirken. Wirklich interessierte Hinhörer machen das ganz automatisch so. Diese Technik nennt man **positiv quittieren**. Das heißt: Jedes Mal, wenn der Kunde eine in Ihrem Sinne positive Antwort gibt, belohnen Sie ihn mit einer wertschätzenden Aktion. Sie besteht aus einem verbalen und einem nonverbalen Teil:

- Ah! Und Lächeln.
- Oh! Und Augenbrauen heben.
- Eine tolle Idee! Und anerkennendes Kopfnicken (Nicktechnik).
- Interessant! Und vorrücken oder vortreten (bis zur Distanz-Zone).
- Stimmt genau! Und anerkennend die Mundwinkel heben.
- Wie schön, dass Sie danach fragen! Und leuchtende Augen.

Menschen verstärken Verhalten, für das sie Anerkennung bekommen. Positiv quittierte Aussagen helfen außerdem, Unsicherheit in Sicherheit zu verwandeln. Und nur, wer sich sicher fühlt, kauft sicher. Durch gutes Hinhören werden weit mehr Geschäfte gemacht als durch selber reden.

Platzieren Sie auch immer mal wieder ein kleines Lob in Ihre Gespräche, aber ehrlich und wohldosiert in ‚homöopathischer Dosis‘, damit es nicht platt wirkt. Menschen wollen gelobt werden. In Gesprächen werden viele Fragen nur gestellt, um – endlich mal wieder, wenigstens von Ihnen, wenn's der Chef schon nicht tut – ein kleines Lob zu ergattern. Und so sagen Sie das:

- Interessant! Wie sind Sie darauf gekommen?
- Sehr gut! Sie haben sich bereits informiert!
- Das ist ein besonders wichtiger Punkt.
- Danke, das ist wertvoll für das weitere Vorgehen.
- Danke für den Hinweis, das nehme ich gerne auf.
- Es ist wichtig, das Sie das gesagt haben.
- Ich freue mich sehr, dass Sie sich zu diesem Punkt so ehrlich äußern.
- Wie schön, dass Sie darauf zu sprechen kommen.

Und nach einer besonders negativen Äußerung des Gesprächspartners sagen Sie:

- Ich bin überrascht …
- Mich wundert eigentlich …
- Schade, dass …

Zwei Tretminen gibt es nach meinen Beobachtungen beim Fragen und Hinhören:

Erstens – und das betrifft vor allem den routinierten Verkäufer – glaubt dieser schon zu wissen, was sein Gegenüber sagen wird, und gibt sich dann entsprechend uninteressiert, abwesend, gelangweilt. Oder schlimmer noch: Er schneidet dem Kunden das Wort ab und vollendet dessen Sätze. Ein so misshandelter Kunde wird sich spätestens beim Preisgespräch rächen.

Zweitens – und das betrifft vor allem den dominanten Verkäufer – hat dieser ganz bestimmte Vorstellungen, wie die Antwort ausfallen soll. Geht dies nicht in seinem Sinne aus, versucht er, den Kunden zurechtzubiegen. Nur leider: Ein Kunde, dessen Meinung, und sei sie noch so abwegig, nicht akzeptiert wird, wird im Gegenzug das Angebot des Verkäufers nicht akzeptieren, also nicht kaufen.

Die Fragen des Kunden

Wer fragt, der führt? Dieses alte, leider immer noch gerne zitierte Bonmot ist passé. Es impliziert, dass es im Verkaufsgespräch um Sieg und Niederlage, um oben und unten, also um Macht geht. Verkäufer mit derartigen Vorstellungen haben naturgemäß ihre Probleme, wenn plötzlich der Kunde mit einer Gegenfrage startet, um seine eigene Frageliste abzuarbeiten. Ein solcher Verkäufer fühlt sich dadurch in die Defensive gedrängt. Ihm wird ganz unwohl, denn nun hat sein Gegenüber das Zepter übernommen und sagt, wo's lang geht. Und sogleich beginnt ein Kämpfchen darum, wer mit Fragen vorne liegt.

Ein modernes Verkaufsgespräch ist partnerschaftlicher Natur, in dem auf beiden Seiten des Verhandlungstischs Gewinner sitzen. Da freut sich der Verkäufer auf die Fragen des Kunden und heißt sie herzlich willkommen („Gut, dass Sie danach fragen."). Kunden-Fragen sind Wegweiser zum Abschluss, denn sie zeigen mehr oder weniger verborgen, was ihn bewegt. Hören Sie auch zwischen den Zeilen, das wirklich Wichtige verbirgt sich oft in einem beiläufigen Nebensatz. Alles, was der Kunde fragt und sagt, ist bedeutsam. Gerade in einer scheinbar absichtslosen Bemerkung könnte sich das alles entscheidende Detail verstecken, das dem Mitbewerber verborgen blieb.

Betteln Sie geradezu um Fragen des Kunden und lassen Sie dieser Phase im Verkaufsgespräch sichtbar Raum: „So, und nun haben Sie sicher noch einige Fragen (Pause)." Geben Sie dem Kunden Zeit, sich zu sammeln und seine Fragen, die ja zunächst möglicherweise noch ein wenig vage sind, sauber zu formulieren. Und wenn gar nichts kommt, können Sie sagen: „An dieser Stelle fragen mich Kunden manchmal, wie das denn mit .... funktioniert."

Seien Sie auf Kunden-Fragen gut vorbereitet und legen Sie sich dafür überzeugende Antworten parat. So glänzen Sie durch Kompetenz! Und wenn eine Frage Sie überrascht und Sie überhaupt keine Antwort wissen? Bluffen Sie nicht, seien Sie ehrlich! Das Unterbewusstsein des Kunden merkt sowieso, ob Sie die Wahrheit sagen. Sichern Sie dem Kunden eine schnellstmögliche Antwort zu. Und vor allem: Halten Sie Ihr Versprechen ein.

Schritt für Schritt zum Frageerfolg

Hier nochmals das Vorgehen beim Fragen im Überblick:

1. Bereiten Sie sich gut auf Ihre Fragen vor, am besten schriftlich.

2. Beginnen Sie mit Fragen zum richtigen Zeitpunkt, möglichst früh im Verkaufsgespräch.

3. Benutzen Sie die jeweils passenden Fragen als Wegweiser zum Abschluss.

4. Hören Sie konzentriert, offen und wertfrei auf die Antwort des Kunden.

5. Seien Sie auf Kundenfragen gut vorbereitet.

9.
Zielführend argumentieren

So wie ein Fotograf erst dann auf den Auslöser drückt, wenn er ein passendes, ihn fesselndes Motiv im Sucher entdeckt hat, so sagt ein Kunde erst dann Ja, wenn er das für sich Richtige sieht. Wir müssen also **das** in den Fokus rücken, was für den Kunden zählt, und durch die Brille des Kunden auf unsere Angebote schauen. Nichts Neues, sagen Sie? Wer öfter mal Verkäufer zu Kunden begleitet, ist schnell ernüchtert.

Anstatt sich mit klugen Fragen in die Lebens- oder Arbeitssituation des Kunden zu versetzen, wird dieser mit langweiligen Präsentationen und wahren Folienschlachten malträtiert. Oder mit selbstbeweihräuchernden Zahlen und Daten zum eigenen Unternehmen bombardiert. Angefangen bei Adam und Eva wird dem armen Kunden lang und breit erklärt, wie toll man ist und was man alles kann. Der Balance-Typ wird sich höflich, aber desinteressiert alles anhören. Der dominante Typ wird ungeduldig sagen: „Nun kommen Sie mal zum Punkt!" Und der stimulante hängt schon längst seinen eigenen Gedanken nach.

Wer durch einen Argumente-Beschuss versucht, sozusagen per Schrotflintentaktik einen Zufallstreffer zu landen, wird versagen. Denn diesem Verkäufer fehlt neben dem Einfühlungsvermögen für seinen Gesprächspartner auch die Intuition, an dessen kaum wahrnehmbarem Wimpernschlag zu erkennen, wann er einen Treffer gelandet hat.

Eine übergroße Fakten-Fülle löst nur eins aus: Desorientierung und Konfusion. Wer verunsichert ist, greift zum Altbewährten oder kauft gar nichts mehr. Wir kennen das aus den Super-Stores mit ihren kilometerlangen Regalreihen. Bei 60 Sorten Joghurt schalten wir auf Tunnelblick und suchen verzweifelt nach der Marke, die schon immer im Kühlschrank steht.

Wer nicht erkennt,
• wie die Kunden ticken,
• was sie wollen und brauchen,
• was gut und richtig für sie ist,
• was sie von unserer Leistung halten,
• was sie damit anfangen,
• wie man Kunden erfolgreich und damit glücklich macht

hat schon verloren und wird den Verkauf nicht machen. Einem Sicherheits-fanatiker ein brandneues, noch in der Testphase befindliches Produkt zu verkaufen wird genauso wenig klappen wie Michael Schumacher mit Lust durch die 30er-Zone zu schicken.

Nicht unsere tollen Vorteile sind kaufentscheidend, sondern die individu-ell ganz verschiedenen Bedürfnisse (emotional gesprochen) bzw. Interessen (sachlich gesprochen) des Kunden. Der eine braucht eine Fülle von Fakten, bis er Ja sagen kann. Ein anderer liebt Ästhetik und erfreut sich an der Schönheit der Dinge. Ein dritter sieht die Welt pragmatisch und stellt Wirt-schaftlichkeit in den Vordergrund. Ein Vierter will es einfach und bequem. Einem fünften sind Status, Prestige und Show sehr wichtig. Ein sechster spielt gerne die Vorreiterrolle und ist mit dem letzten Schrei zu ködern. Der siebte schließlich greift zu allem, was ihm Zeit sparen hilft. Bedürfnisse sind ein Mangel, der das Gleichgewicht des Menschen stört, sagt der Münchener Hirnforscher Ernst Pöppel. Unser Hirn will aber immer im Gleichgewicht sein. Wir kaufen also das, was unser Gleichgewicht wieder herstellt.

In der Phase der Argumentation gilt es, dieses Ziel zu erreichen. Dazu müssen Sie die Position des anderen kennen und mit Interesse erkunden, wo es hakt. Das heißt, der Kunde bekommt einen maximalen Redeanteil! Er hat das erste Wort. Und wenn **er** nun wissen will, was Sie so alles können, dann ist das etwas ganz anderes. Dann legen Sie los!

Produkte verkaufen? Problemlöser sein!

Wir haben es schon gehört: Kunden kaufen keine Produkte, sondern Problemlösungen und gute Gefühle. Sie suchen knallharte Vorteile und persönlichen Nutzen. Doch immer wieder drängen sich während eines Verkaufsgesprächs die Produkteigenschaften in den Vordergrund. Erstel-len Sie also zunächst eine Liste Ihrer Produktmerkmale und schreiben Sie daneben, welche Lösungen und guten Gefühle diese dem Kunden bringen können. So kommen Sie vom ‚Was' zum ‚Wie' und ‚Warum'– und begeben sich gedanklich auf die Kundenseite. Nicht, dass die Maschine 1.000 Um-drehungen pro Minute schafft, zählt, sondern welche Zeitersparnis das dem Kunden bringt und wie die Arbeit dadurch effizienter wird.

Produktmerkmale	Lösungen/Nutzen für den Kunden	Auslösende gute Gefühle

Sie kommen der Sache näher und schließlich zu immer besseren Antworten, wenn Sie sich nach jedem Verkaufsabschluss fragen: Welches Kundenproblem habe ich heute gelöst, wie hat mich dies zum Abschluss geführt und wie hat sich der Kunde dabei gefühlt?

Gut gemachte Problemlösungen und starke Gefühle erzeugen einen mächtigen Haben-wollen-Reflex. Eigentlich logisch, nicht wahr? Alles schon in Büchern beschrieben, in jedem guten Verkaufsseminar gesagt. Doch wer beispielsweise im Handel unterwegs ist und einkaufen möchte, hat das Gefühl, niemand hat was davon mitbekommen. Auf den Schildern stehen Produktmerkmale – sonst nichts! Und Verkäufer reden – selbstverliebt statt kundenfokussiert – in einer Fachsprache, die der Laie so gar nicht versteht.

Gehen Sie nur mal in einen Elektronik-Fachmarkt! ... Die erste Frage des Verkäufers müsste lauten: „Wofür brauchen Sie das?" Oder: „Wie wollen Sie es einsetzen?" Stattdessen wird der Interessent mit technischen Features erschlagen, die alle angebracht werden wollen, weil man gerade aus einer Fachschulung kommt. „Sie wollen DVDs für Ihren Samsung X10? Welchen

Fachausdruck, Fachausdruck, Fachausdruck hat der denn? Da gibt es Fach-
ausdruck, Fachausdruck, Fachausdruck Möglichkeiten. Das ist nicht so ein-
fach, da müssen Sie unbedingt die Gebrauchsanweisung durchlesen." Fazit:
Nichts wie weg hier!

Das gleiche Spiel beim Weinfachhändler. Hier will der Verkäufer unbedingt
als Weinkenner punkten – und erntet nur Verwirrung. Auch die Regalschilder
sind eher für Profis gemacht. Der Laie fühlt sich verunsichert vom Fachjar-
gon – und möchte nicht als Depp dastehen. So kauft er lieber nichts. Schrei-
ben Sie mal andere Schilder und schauen Sie, was passiert. ,Für ein schönes
Abendessen zu zweit' könnte da stehen, oder: ,Für gemütliche Stunden da-
heim' oder: ,Wenn liebe Gäste kommen' oder: ,Ideal zum Dessert'. So ködern
Sie Weineinsteiger und Nichtkenner, ohne sie zu demütigen.

Ausgangspunkt für eine Erfolg versprechende Argumentation sind einzig
und allein die Ziele des Kunden. Dabei gibt es günstige und ungünstige
Wege zum Ziel. Das bekommt man leicht heraus, wenn man solche Fragen
stellt:

• Wie wollen Sie das Produkt denn nutzen?
• Was ist Ihnen dabei besonders wichtig?
• Welche Ziele verfolgen Sie genau damit?
• Welche Erfahrungen haben Sie bisher gemacht?
• Was bedrückt Sie an der derzeitigen Situation?
• Was haben Sie bislang unternommen?
• Woran ist es gescheitert?
• Wie sähe für Sie eine optimale Lösung aus?
• Was halten Sie davon?
• Wie sehr gefällt Ihnen das?

Das ,Problem' des Kunden ist in aller Regel der Ausgangspunkt für erfolgreiches Verkaufen. Durch W-Fragen sauber herausgearbeitet tritt es häufig
erst jetzt dem Kunden in seiner ganzen Tragweite vor Augen. Die Antworten geben Ihnen reichlich Stoff, um den funktionalen Nutzen, den Ihre
Lösung bietet, herauszustellen. Und auch den Gefühlsnutzen (Sicherheit,
Bequemlichkeit, Anerkennung, Wohlgefühl, Lebensqualität, Spaß, Ästhetik etc.) – sowie einen möglichen Prestigenutzen (Stolz, Wichtigkeit,

Macht, Status, Show etc.). So lassen sich unter anderem auch Alleinstellungsmerkmale herausarbeiten, die Ihr Angebot einzigartig machen. Gute Verkäufer wecken dabei vor allem positive Vorstellungen von der Zukunft. Damit erreichen sie eine förderliche Kaufatmosphäre.

Wenn Ihr Gesprächspartner im Auftrag seines Unternehmens handelt, kommen übrigens zwei unterschiedliche Nutzen-Zielrichtungen ins Spiel: sein persönlicher Nutzen und der des Unternehmens. Beides muss angesprochen werden. Denn so sehr auch die Interessen des Unternehmens im Vordergrund stehen mögen: Jeder ist sich selbst der Nächste. Das heißt, jeder vertritt auch eigene Interessen – ohne dass er dies gleich zugeben wird. Auch hier heißt es also: behutsam vorgehen und durch gut gewählte Fragen beide Aspekte klären.

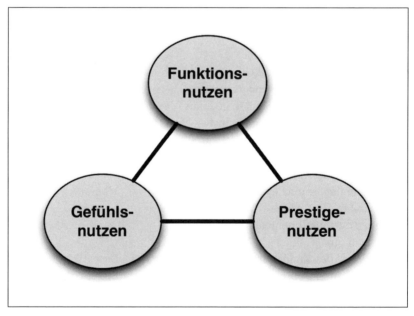

Abbildung 10: Bei jedem Kunden stehen diese drei Grundnutzen mit unterschiedlicher Relevanz und in unterschiedlicher Ausprägung im Fokus.

Vor allem geht es dabei um die latenten Ängste, die einen Angestellten belasten, wenn er eine Entscheidung für sein Unternehmen zu treffen hat:

- die Angst vor Fehlern
- die Befürchtung, sein Umsatz- oder Kostenbudget zu sprengen
- die Angst vor Imageverlust
- die Sorge um Mehrarbeit
- die Sorge um die nächste Gehaltserhöhung
- die Befürchtung, eine Prämie zu verlieren
- die Angst, den Anschluss zu verpassen
- die Sorge um seine Karriere oder eine Beförderung
- die Angst, seinen Job zu verlieren

Manche Entscheidung wird ein Angestellter zum ersten Mal in seinem beruflichen Leben treffen. In diesem Fall heißt es für den Verkäufer, besonders achtsam zu sein.

Eine Begründungsstrategie entwickeln

Hierbei wird nicht nur ein Argument in den Raum gestellt, sondern auch begründet, weshalb man sich dafür oder dagegen entscheiden sollte. Dies muss für den Gesprächspartner relevant sein, sonst verpufft die Wirkung. Mehrere passende Begründungen wirken dabei intensiver als eine.

- Es ist ratsam, ... zu tun, weil ... und weil ...
- Es ist sinnvoll, mit ... zu beginnen, denn wenn ..., dann ...
- Das hätte ... zur Folge, daher sollten wir ...
- Gerade weil Sie ... vor Augen haben, ist es zielführend, ... zu tun.
- Was wir auf keinen Fall wollen, ist ... Deshalb sollten wir ...
- Ich frage deshalb, damit ich genau weiß, wie ...
- Sie sparen/gewinnen/vereinfachen/sichern hierdurch ..., weil ...

In aller Regel wird zunächst der Standpunkt genannt und dann die Begründung gegeben, doch manchmal funktioniert es anders herum besser. Die Begründung gewinnt an Kraft, wenn Studien oder belegbare Fakten aus Untersuchungen angeführt werden, wenn eine anerkannte Autorität darin zu Wort kommt oder wenn allgemeingültige bzw. unternehmensspezifische Normen und persönliche Werte ins Spiel gebracht werden. Am Ende dieses Argumentationsteils stellt man am besten immer eine Rückfrage, um zu prüfen, ob der Gesprächspartner die Begründung akzeptiert. Diese könnte sich so anhören:

- Wie denken Sie darüber?
- Was halten Sie davon?
- Wie geht es Ihnen damit?
- Ist das so in Ihrem Sinne?

Und sehr emotional gefragt:

- Wie fühlen Sie sich dabei?

Solche Zwischenfragen sollen zu einer Zustimmung des Gesprächspartners führen. Denn nur ein bestätigter Nutzen wird vom Kunden auch als solcher angenommen. Dabei hilft – neben einem beeindruckend logischen Aufbau – die Ihnen schon bekannte Nicktechnik.

Das Nonplusultra jeder Begründungsstrategie ist es, nicht nur solche Gründe zu finden, die den Kunden faszinieren, sondern auch solche, die eine Alleinstellung bedeuten. Wenn Sie etwas herausgearbeitet haben, was die Konkurrenz so nicht kann **und** was dringlich ist **und** was dem Kunden wichtig ist, haben Sie einen Volltreffer gelandet. Sie sind damit aus der Vergleichbarkeit raus und machen sich begehrenswert: Da spielt der Preis dann wirklich keine Rolle mehr.

Wenn Ihnen das gelungen ist, können Sie – besonders wirkungsvoll – dieses Argument als Frage formulieren, etwa so: „Wissen Sie, was uns von allen anderen Unternehmen unterscheidet?" oder: „Wissen Sie auch, weshalb uns Stiftung Warentest zum Testsieger erklärt hat?" oder: „Übrigens, wissen Sie eigentlich, wofür uns unsere Kunden am meisten lieben?" oder: „Was denken Sie, wie wir bei Deutschlands Kundenchampions abgeschnitten haben?"

Die Argumentation strukturieren

Egal, welche Emotionen uns gerade bewegen, wir werden unsere Entscheidungen rationalisieren. Das heißt, wir werden uns selbst und unserer Umwelt gute Gründe präsentieren, weshalb wir eine Entscheidung so und nicht anders getroffen haben. Indem nun der Verkäufer seine Argumentation strukturiert, gibt er seinem Gesprächspartner entsprechende Hilfestellungen. Eine Struktur hilft wie ein roter Faden, einer logisch aufgebauten Argumentation zu folgen. Das vereinfacht das Denken. Dafür wird man Sie schätzen und sich Ihrer Sache anschließen.

Innerhalb einer strukturierten Argumentation bringen Sie kurz, klar und verständlich das Wesentliche auf den Punkt. Sprechen Sie nur in Hauptsätzen. Benutzen Sie die Sprache des Kunden. Nennen Sie nur die Punkte, die für ihn interessant sind. Vermeiden Sie Fremdwörter. Und kommen Sie schnell zur Sache. Nehmen Sie sich dazu die 30-Sekunden-Statements bei Radio- und TV-Interviews zum Vorbild. Was innerhalb dieser Zeit nicht gesagt ist, kommt nicht auf Sendung.

Legen Sie sich also 30-Sekünder nach folgendem Muster zurecht:

1	**Ausgangslage**	Das ist das Thema (aus Sicht des Gesprächspartners).
2	**Botschaft/Vorschlag**	So sieht meine Meinung/mein Lösungsvorschlag dazu aus.
3	**Begründung**	Das spricht dafür (Pro), das spricht dagegen (Kontra).
4	**Fazit/Schlussappell**	Das sollten wir/Sie tun.

Mit Pro- und Kontra-Argumenten zu arbeiten, macht Sie glaubwürdig und kompetent. Mit dem Kontra-Argument können Sie ein Vorurteil aufgreifen oder auch die von Ihrem Gesprächspartner nicht ausgesprochenen Einwände thematisieren. („Früher dachten Kunden manchmal, ...”). Achten Sie aber darauf, keine ‚schlafenden Hunde' zu wecken.

Eine erweiterte und längere Form heißt: In sieben Schritte überzeugen. Sie geht so:

1	**Ausgangslage**	Wie ist die Situation, was ist das Problem?
2	**Auswirkungen**	Was passiert, wenn das Problem nicht gelöst wird?
3	**Ursachen**	Wie ist das Problem entstanden?
4	**Ziel**	Wie sieht der erwünschte Soll-Zustand aus?
5	**Lösungsoptionen**	Welche Wege führen dorthin?
6	**Vorschlag**	Welcher Weg ist der beste?
7	**Nutzen**	Was bringt die Zielerreichung dem/den Gesprächspartner(n)?

Hierzu ein Beispiel: Ein teamorientierter Vertriebsleiter geht im Abteilungsmeeting folgendermaßen vor: „Wie Sie schon wissen, haben sich allein in dieser Woche drei Kunden beschwert, dass Lieferungen nicht pünktlich angekommen sind (1). Das ist aus Kundensicht nicht akzeptabel. Wenn das so weitergeht, fürchte ich, dass uns bald die ersten Kunden abspringen und wir unser Monatsziel verfehlen (2). Ich möchte nun gerne einmal sammeln, was die Hauptursachen hierfür sind (3). Unser gemeinsames Anliegen ist es doch nach wie vor, unsere Monatsziele zu erreichen, möglichst sogar ein wenig zu übertreffen, nicht wahr (4)? Lassen Sie uns also zusammen überlegen, wie wir das schaffen können. Welche Vorschläge haben Sie (5)?... Lassen Sie uns nun gemeinsam bewerten, welcher dieser Vorschläge der gangbarste ist (6). Ich bin sicher, wenn wir das konsequent auf diese Weise umsetzen, ist das Monatsziel gut erreichbar, unsere Kunden werden begeistert sein, die unerfreulichen Beschwerden sind vom Tisch und wir haben wieder so richtig Spaß bei der Arbeit (7).

Der strukturierte Aufbau wird weiter erleichtert, indem Sie kurz ankündigen, wie Sie vorgehen werden. Das ist wie Blinker setzen, bevor Sie um die Ecke biegen („Ich möchte Ihnen jetzt einen Lösungsvorschlag anbieten, der genau das beinhaltet, was wir bisher besprochen haben."). Wichtiges wird dabei besonders herausgestellt („Der bemerkenswerteste Punkt dabei ist …"). Mehrere Argumente können Sie mit 1. … 2. … 3. … aufzählen. Das zweitwichtigste Argument stellen Sie am besten an den Anfang, das wichtigste kommt zum Schluss. So nutzen Sie den Echo-Effekt.

Fassen Sie das Gesagte am Ende noch einmal kurz zusammen, wiederholen Sie die für den Kunden wichtigsten Punkte und holen Sie sich eine Rückmeldung Ihres Gesprächspartners ein („Lassen Sie mich die entscheidenden Punkte noch einmal kurz zusammenfassen … Sehen Sie das genauso?"). Bei längeren Präsentationen sind Zwischen-Zusammenfassungen ratsam, um sicher zu sein, dass die Zuhörer auch geistig noch bei Ihnen sind.

Mit allen Sinnen arbeiten

Es kommt nicht nur darauf an, was man sagt, sondern vor allem darauf, wie man es sagt. Ihre Argumente können noch so stichhaltig sein, sie bewirken nichts, wenn Sie damit Ihre Gesprächspartner zu Tode langweilen. Das Erfolgsrezept lautet: Sprechen Sie in einer bildhaften Sprache! ‚Mit den Ohren sehen' heißt das in der arabischen Welt. Gute Verkäufer setzen beim Kunden ein Kopfkino in Gang. Gerade unsere schnelllebige Welt ist sehr bildlastig geworden. Wir haben kaum noch Zeit für Text und viele Worte. In den Medien reden wir vom Häppchen-Journalismus.

Unsere Vorliebe für Bilder scheint nicht nur mit unserem besonders gut entwickelten Sehsinn zu tun zu haben. Gehirnforscher glauben, dass jeder Denk- und Entscheidungsprozess von inneren Bildern begleitet wird, die unser Hirn in einem unaufhörlichen Schöpfungsprozess konstruiert. Diese Konstruktionen werden gespeist aus Wahrnehmungsbildern, also dem gerade Gesehenen, aus Erinnerungsbildern früherer Ereignisse und aus inneren Vorstellungsbildern. Dem können Sie zusätzliche Nahrung geben: Sprechen Sie, von einer lebendigen Körpersprache begleitet, in Beispielen, malen Sie während des Gesprächs, zeigen Sie Bilder, spielen Sie Videos oder Hörproben auf dem Laptop ab!

Und halten Sie etwas zum Anfassen oder Ausprobieren bereit! Wie Studien herausfanden, macht intensiver Kontakt mit einem Produkt kaufwillig. Warum? Waren, die der Kunde längere Zeit in der Hand behält, gehen unbewusst in seinen Besitz über, man will sie nicht mehr verlieren. Nehmen Sie beim Anstehen an der Kasse mal etwas aus einem fremden Einkaufswagen und Sie wissen, was ich meine. Wenn Sie Vorführ-Produkte besonders liebevoll in die Hand nehmen, so veranschaulichen Sie deren Wert. Wer seinem Gesprächspartner die Demonstrationsobjekte lieblos und unachtsam rüber schiebt, was besonders im Handel immer wieder zu beobachten ist, braucht sich nicht zu wundern, wenn er im Preisgespräch Schwierigkeiten bekommt.

Übrigens: Das Verkaufsgespräch zeichnend zu begleiten (Pencil Selling), ist für den Kunden von größerem Reiz, als wenn Sie fertige Bilder zeigen. Der Entstehungsprozess eines Bildes ist spannend, hohe Aufmerksamkeit ist Ihnen also sicher. Dabei brauchen Sie kein Picasso zu sein, ein wenig Übung reicht. Die wenigsten Menschen können ja selbst gut malen – da macht es Sie geradezu sympathisch, wenn das Ihr kleiner Fehler ist. Zahlen schreiben Sie am besten immer auf, denn Zahlen sind für unser Hirn nur ganz schwer zu verarbeiten.

Wer im Verkaufsgespräch sein Laptop benutzt, sollte diese Zeit auf ein Minimum beschränken bzw. immer wieder zwischen Gespräch und Laptop wechseln. Ein Mensch verkauft immer besser als ein PC, selbst wenn der PC professioneller aussieht. Leider starren in vielen computerunterstützten Verkaufsgesprächen beide Seiten nur noch auf den Bildschirm, wodurch dann sofort der zwischenmenschliche Kontakt abreißt. Wieso das so ist? Menschen schauen nahezu zwanghaft immer dorthin, wo etwas in Bewegung ist. Das gehört zu unserem Steinzeit-Programm. Bewegt sich was, heißt es aufpassen, es könnten Feinde im Anmarsch sein. Stellen Sie also den Computer im Präsentationsmodus auf Black (Taste B), wenn er gerade nicht gebraucht wird. Prospekt-Material übergeben Sie erst am Schluss – und zwar mit Würde! Weshalb nicht während des Verkaufsgesprächs? Geschriebenes hat eine größere Anziehungskraft als Gesprochenes. Und während der Kunde liest, kann er Ihnen nicht zuhören.

Wenn Sie mit Ihrem Gesprächspartner zusammen etwas betrachten, setzen Sie sich am besten beide auf die gleiche Seite. Das stärkt das Miteinander. Nebeneinander oder über Eck sitzend kann man ein Thema quasi Seite an Seite angehen. Sich gegenüberzusitzen hat Konfrontationspotenzial.

Geschichten erzählen

Mit Beispielen, Geschichten und Analogien sprechen Sie die emotionalere, bildhaft und ganzheitlich agierende rechte Seite des Gehirns an, also die, die für den nachhaltig prägenden Eindruck sorgt. Sie ist auch die schnellere und agilere Seite. Stellen Sie sich nur einmal vor, Ihnen kommt beim Spazierengehen ein irgendwie vertrautes Gesicht entgegen. „Den kenn ich", sagt blitzschnell Ihr rechtes Hirn. „Aber wie heißt er jetzt wieder, und wo habe ich ihn bloß kennengelernt?", fragt etwas zäh das strukturierende linke.

Geschichten bleiben besonders gut in Erinnerung. Wenn ich Menschen begegne, die mal einen meiner Vorträge gehört haben, frage ich gern: „Und was ist Ihnen davon in Erinnerung geblieben?" „Ihre Geschichte von ...", ist dann meist die Antwort.

Der auf Kundenbindung spezialisierte Mannheimer Professor Christian Homburg spricht in seinen eher sachlichen Vorträgen unter anderem auch von den Unterschieden zwischen deutschem und amerikanischem Service-Verständnis. Dabei bringt er das Beispiel einer sehr aufmerksamen Bedienung namens Jane, die ihm während eines USA-Aufenthaltes quasi jeden Wunsch von den Lippen ablas. Wie das in guten amerikatischen Restaurants so üblich ist, begrüßte sie ihn mit den Worten: „I'll make you a wonderful evening tonight."Als er später einen seiner Zuhörer traf und fragte, was der denn von seinem Vortrag behalten hätte, antwortete dieser: „Hatten Sie uns nicht von Ihrem Verhältnis mit dieser amerikanischen Bedienung erzählt?"

Gut gewählte Beispiele, brillante Zitate, bunte Anekdoten und spannend erzählte Geschichten haben etwas Magisches. Sie regen die Fantasie an, setzen Emotionen in Gang, verbessern das Klima und führen zu schnelleren Ergebnissen. Im Einzelnen:

Beispiele wecken das Gefühl von Vertrautheit, sie wirken anschaulich, nähren das Vorstellungsvermögen und aktivieren. Beispiele machen selbst komplizierte Zusammenhänge verständlich und steigern die Überzeugungskraft. Wählen Sie solche Beispiele, die den Kontext stützen und die der Gesprächspartner versteht, am besten also aus seiner Welt.

Analogien vergleichen Vertrautes aus anderen Bereichen mit dem Gesagten. Sie machen neugierig und regen die Hirnzellen an. Sie haben oft ein überraschendes Moment. Viele gute Analogien finden Sie in der Natur und im Leistungssport. Fragen Sie sich, welche Analogie gut passt – und die Zuhörer wohl am meisten anspricht. Hüten Sie sich dabei vor Allerwelts-Phrasen und Plattitüden. Das langweilt!

Geschichten bewegen und fesseln die Aufmerksamkeit des Adressaten. Sie fördern das Zuhören, das Verstehen und das Zustimmen, ohne zu bedrängen. Sie werden gut behalten und gerne weitererzählt. Oft haben die Zuhörer sofort ähnliche Geschichten parat und überzeugen sich so selbst von der Notwendigkeit eines bestimmten Vorgehens. Am besten erzählen Sie positive, unterhaltsame, wahre Geschichten, die Sie selbst erlebt haben. Ein gemeinsamer Lacher am Ende kommt immer gut.

Wahre Erfolgsgeschichten von begeisterten Kunden fesseln dabei ganz besonders. Bei deren Aufbau können Sie sich an gängigen Märchen orientieren. Sie folgen in etwa folgendem Muster:

• Was war am Anfang (= das Problem)?
• Wer (= der Held) tat was (= die gute Tat) mit wessen Hilfe (= die gute Fee)?
• Wo lauerten Gefahren (= das Abenteuer)?
• Wie ging das Ganze aus (= der Sieg, das Happy End)?

Weshalb mit Happy End? Unser Hirn will das Happy End – wegen der Glückshormone!

Kopf und Herz ansprechen

Über das emotionale Verkaufen haben wir in den vorangegangenen Kapiteln schon eine Menge gehört. Der entscheidende Unterschied zum argumentativ-sachlichen Verkaufen liegt in der Wahl von aussagekräftigen Verben und bildhaften, fantasieanregenden Adjektiven. Nehmen wir einmal an, Sie möchten sich einen kleinen Lebenstraum erfüllen: Eine Kreuzfahrt in die Karibik.

Das rein sachliche Verkaufen sieht so aus:
Unser Schiff wurde 1996 gebaut, es ist 255 Meter lang und 33 Meter breit.
Die Besatzung besteht inklusive dem Kapitän aus genau 809 Personen.
Bis zu 1988 Passagiere können befördert werden.
Eine 14-Tage-Reise kostet je nach Kabinenwahl ...

Wer emotional verkauft, spricht so:
Dieses traumhaft schöne Schiff ist schneeweiß und heißt Sunshine Star. Unsere Passagiere finden die stolze Länge von 250 Metern großzügig und weitläufig.
Es gibt für Sie auf dem Schiff mehrere gute Restaurants mit kulinarischen Genüssen für jeden Geschmack, drei gemütliche Bars, ein Theater, ein Casino und ein Sonnendeck mit einladendem Swimmingpool.
Während Ihrer Kreuzfahrt sorgt sich eine gut ausgebildete, sympathische Crew, bestehend aus über 800 Besatzungsmitgliedern, um Ihr persönliches Wohlergehen – wie in einem Fünf-Sterne Hotel.
Die Preise richten sich nach der Dauer Ihres Aufenthalts und nach Ihrer Kabinenwahl. Wahlweise können Sie in einer komfortablen Suite, in etwas schlichteren Innenkabinen oder in geräumigen Außenkabinen residieren ....

Bei welchem Verkäufer würden Sie eher kaufen? Und wem gelingt es wahrscheinlich, die teureren Kabinen zu verkaufen? Wenn ich diese Fragen in meinen Seminaren stelle, entscheiden sich nahezu 100 Prozent aller Frauen und etwa 80 Prozent aller Männer für Verkäufer zwei.

Sprache richtig gut zu beherrschen, braucht Training. Lesen Sie viel, besuchen Sie einen Rhetorik-Kurs. Und üben Sie beim Autofahren. Beschreiben Sie jeden landschaftlichen Reiz und Ihre MitverkehrsteilnehmerInnen mit einem klingenden Adjektiv. Vermeiden Sie Fachausdrücke und möglichst auch Nebensätze – die verwirren nur. Und hören Sie auf, Verben zu substantivieren. Also bitte **nicht** so: „Aufgrund der Gefahr der Gesprächspartner-Verwirrung ist das Vermeiden von Substantivierungen nach Möglichkeit einer Erwägung zu unterziehen." Das hat keinen Charme und ist schwer verdaulich. Wenn es aber schwierig wird, kaufen die Kunden nicht. Denn unser Hirn ist ein faules Hirn. Es verbraucht etwa zwanzig Prozent der vom Körper produzierten Energie für sich allein. Und immer dann, wenn es zu anstrengend wird, fällt es in den Energiesparmodus – und sagt Nein.

Ein sehr eingängiges Beispiel dafür, wie man durch Fachjargon – in diesem Fall ist es Behördensprache – sogar ein schönes Märchen verstümmeln kann, liefert uns Thaddäus Troll:

„Im einem Kinderfall unserer Stadt ist eine hierorts wohnhafte, noch nicht beschulte Minderjährige aktenkundig, welche durch ihre unübliche Kopfbekleidung gewohnheitsrechtlich Rotkäppchen genannt zu werden pflegt. Der Mutter besagter R. wurde seitens deren Mutter ein Schreiben zugestellt, in welchem dieselbe Mitteilung ihrer Krankheit und Pflegebedürftigkeit machte; worauf die Mutter der R. dieser die Auflage machte, der Großmutter eine Sendung von Nahrungs- und Genussmitteln zu Genesungszwecken zuzustellen. Vor ihrer Inmarschsetzung wurde die R. seitens ihrer Mutter über das Verbot betreffs Verlassens der Waldwege auf Kreisebene belehrt. Dieselbe machte sich infolge Nichtbeachtens dieser Vorschrift straffällig und begegnete beim Übertreten des diesbezüglichen Blumenpflückverbots einem polizeilich nicht gemeldeten Wolf ohne festen Wohnsitz. Dieser verlangte in unberechtigter Amtsanmaßung den zu Transportzwecken von Konsumgütern dienenden Korb und traf in Tötungsabsicht die Feststellung, dass die R. zu ihrer verschwägerten und verwandten, im Wald angemieteten Großmutters eilends war. Da wolfseits Verknappung auf dem Ernährungssektor vorherrschend war, beschloss er, bei der Großmutter der R. unter Vorlage falscher Papiere vorsprachig zu werden ..."

Sie finden diese Variante ganz amüsant? O.K., nur: um Sie geht es nicht! Es geht um die Zielgruppe für Märchen: die Kinder. Wir wissen, dass sie sich ihre Lieblingsmärchen gerne immer wieder vorlesen lassen (= immer wieder kaufen). Ob das mit der obigen Version auch klappen wird?

Mit dem Kunden dialogisieren

Die Argumentationsphase ist natürlich kein Monolog, im Zuge dessen Sie den Kunden zutexten. Auch in dieser Phase befinden Sie sich in einem ständigen fruchtbaren Dialog. Benutzen Sie Ihren Gesprächspartner nicht als Bühne für Ihre Sprachbegabung, sondern zeigen Sie ehrliches und wertfreies Interesse an dessen Meinung. Verkäufer sind sich oft so gefährlich sicher, genau zu wissen, was der Kunde braucht. Sie merken gar nicht, dass sie ihn oft schon längst verloren haben. Da hilft nur eins: Fragen! Zum Beispiel so:

- Welche Vorteile sehen Sie dabei ganz konkret, Herr xx?
- Habe ich etwas vergessen/übersehen?
- Nun würde mich Ihre Meinung (als Fachmann) interessieren.
- Sehen Sie weitere Möglichkeiten, Frau xx?
- Übrigens, welcher der Punkte ist für Sie der wichtigste, Herr xx?
- Auf welchen Teilaspekt könnten Sie am wenigsten verzichten?
- Sie sind **im Moment** noch skeptisch, weil …?
- Gibt es etwas, was Sie bei Ihren Lieferanten in keinem Fall akzeptieren?

Und wenn Sie die Emotionen stärker in den Vordergrund rücken wollen:

- Es nervt Sie, dass Ihr bisheriger Zulieferer …, nicht wahr?
- Sie fühlen sich nicht richtig verstanden, Frau xx?
- Ich kann sehr gut nachvollziehen, dass …
- Sie sind enttäuscht, weil …, richtig?
- Sie befürchten, dass …?
- Wie geht es Ihnen persönlich mit diesem Vorschlag?
- Was gefällt Ihnen daran am besten, Herr xx?
- Was halten Sie von einer vertrauensvoller Zusammenarbeit, Frau xx?
- Was wird wohl … dazu sagen?
- Wie würden Sie ganz persönlich entscheiden, Frau xx?

Mit solchen Fragen stellen Sie sicher, den Kunden im Boot zu haben. Akzeptanz kann nur entstehen, wenn man das Gefühl hat, die eigenen Ideen oder Bedenken wurden ausreichend berücksichtigt. Ein intelligent gemachtes Verkaufsgespräch bringt den Kunden durch Fragen dazu, die im beiderseitigen Interesse passende Lösung selbst zu finden. Statt der abgegriffenen ‚Das bedeutet für Sie'-Verkäuferphrase (die sich im Übrigen recht schulmeisterisch anhört) sagt nun der Kunde: „Das würde also für mich … bedeuten." Wer als Kunde an einem Verkaufsgespräch gestaltend mitwirken kann, sagt sicher am Ende leichter Ja. Das ist der Mein-Baby-Effekt.

Ferner: Über ihre eigenen Vorstellungen und ihre Werte-Welt sprechen Kunden fast immer sehr gerne, offen und weitschweifend. Denn damit können sie sich profilieren. Und **Sie** erhalten so im Laufe des Dialogs weiteres Futter zur Vorbereitung des Abschlusses. Schließlich: Indirekt prüfen Sie damit auch, ob der Kunde Ihnen zuhört oder sich geistig schon längst verabschiedet hat.

Zwischendurch heißt es für Sie immer wieder: Zusammenfassen. („Wenn ich Sie richtig verstanden habe, und verbessern Sie mich, wenn etwas nicht stimmt, heißt das … .") Formulieren Sie das, was Sie gehört haben, immer möglichst positiv. Selbst wenn sich plötzlich ganz unterschiedliche Meinungen auftun: Man kann die Sichtweise des anderen immer achten, auch ohne damit einverstanden zu sein. Wenn Sie wollen, dass der andere Ihre Argumente würdigt, dann fangen Sie damit an, seine zu würdigen!

Das bedeutet auch, unausgesprochene Vorbehalte anzusprechen. Besser jetzt als nie! Seien Sie proaktiv, thematisieren Sie mögliche Meinungsverschiedenheiten. Bitten Sie um Kritik: „Wenn Ihnen irgendetwas an meinem Angebot nicht passt (sachlich gesprochen) bzw. nicht behagt (emotional gesprochen), bitte sagen Sie mir, was ist daran falsch?" Es ist Angst vor Ablehnung, die uns daran hindert, derartige Fragen zu stellen. Überwinden Sie sich, machen Sie solche Fragen zur Routine! Sie lernen eine Menge dadurch und werden noch erfolgreicher.

Allerdings: Jeder Dialog birgt die Gefahr eines aufkeimenden Streitgesprächs, wenn plötzlich die Positionen sehr unterschiedlich sind. Da heißt es für Sie: Ruhe bewahren. Gönnen Sie sich eine kurze Pause, legen Sie eine Hand auf den Bauch und atmen Sie unmerklich dorthin, so gewinnen Sie Gelassenheit. Senken Sie Ihre Stimme, sprechen Sie langsam. Wer mit hoher, dünner oder gepresster Stimme spricht, signalisiert Stress und zeigt, dass er die Fassung verloren hat.

Einen Konsens zu erzielen ist bei Meinungsverschiedenheiten besser als ein Kompromiss. Beim Kompromiss trifft man sich in der Mitte, beim Konsens wird untersucht, wie beide Parteien so nah wie möglich an ihr jeweiliges Wunschziel herankommen können. Suchen Sie nach den eigentlichen Interessen hinter den verhärteten Positionen! Die banale Schlüsselfrage, die oft aufgrund hochschäumender Emotionen nicht gestellt wird, lautet: „Was brauchen Sie, damit …".

Ein viel zitiertes Beispiel ist in diesem Zusammenhang das Beispiel von der Orange, um die sich zwei Schwestern streiten. Erst die Was-brauchst-Du-Frage ergab, dass die eine das Fruchtfleisch für Saft und die andere die Schale zum Backen wollte. Der Konsens lag bei 100 Prozent.

Mehrere Gesprächsteilnehmer?
Was dabei zu berücksichtigen ist

Die Zeiten, in denen das Aufdiktieren einer Entscheidung gang und gäbe war, sind ja Gott sei Dank in den meisten Unternehmen vorbei. Jeder möchte heute bei Entscheidungen mitwirken, die ihn berühren. So sitzt dem Verkäufer bisweilen zu seiner größten Überraschung eine ganze Gruppe von Personen gegenüber. Und dabei entsteht immer eine Gruppendynamik – ob Sie das wollen oder nicht. Verstehen sich die einzelnen Mitglieder gut, bleibt es sachlich. Verstehen sie sich weniger gut, wird es zunächst meist recht emotional.

Viele Besprechungen sind ein Schaulauf der Eitelkeiten. Vor allem in Männer-Meetings gibt es zu Beginn oft ein geradezu rituelles Vorgeplänkel. Jeder lässt erst mal die Muskeln spielen und vertritt seinen Standpunkt mit Macht. „Was für uns völlig ausgeschlossen ist..." oder „Was Ihr Angebot in jedem Fall beinhalten muss …" Diese Drohgebärden muten an wie Kämpfe unter rivalisierenden Männchen. Und das sind sie auch. Dem sollte man ein wenig Zeit geben. Es ist unmöglich, zur Sache zu kommen, bevor dies nicht ausgetragen ist. Frauen können da manchmal, weil anders gestrickt, nur mit dem Kopf schütteln. Hilft nichts, da müssen sie durch!

Claus von Kutzschenbach schlägt in seinem Buch *‚Souverän führen'* dazu Folgendes vor: *Wer im Rahmen eines Meetings präsentiert, der sollte zunächst der Meute einen für die Präsentation nicht relevanten ‚Knochen' hinwerfen, um die Machtverhältnisse zu klären, beispielsweise in Form der Frage: „Möchten Sie bereits während meiner Präsentation oder erst am Ende Fragen stellen?"* Das Alphatier wird die Entscheidung entweder selber treffen oder aber die Entscheidung eines seiner ‚Zöglinge' (stillschweigend) gutheißen. Die Entscheidung eines ‚Rivalen' wird er angehen, um seine Macht zu demonstrieren. Diese Taktik gibt Ihnen die Möglichkeit, zu erkennen, wer hier das Sagen hat. Mischen Sie sich nicht ein. Und fragen Sie, bevor es mit Ihrer Präsentation losgeht, vorsichtshalber: „Alle einverstanden?" Erst nach einhelligem Kopfnicken machen Sie weiter.*

Auch bei der anschließenden Diskussion kommt es meist nicht nur zu sachlichen Fragen. Redezeit ist ein Statussymbol! Die oberen Chargen dürfen sich unzensiert breit machen mit selbstdarstellerischen Einlagen und Imponiergehabe. Niedere Chargen haben sich kurz zu fassen, man stielt den hohen Herren keine Zeit. Darüber hinaus können sich die Fronten verhärten, weil die Verhandlungspartner oft Positionen beziehen, die sie nicht so einfach wieder verlassen können, ohne vor den anderen ihr Gesicht zu verlieren. Hier braucht es eine Menge Fingerspitzengefühl, um all das im Eifer des Gefechts zu erkennen und zurechtzubiegen. Machen Sie notfalls eine kleine Verhandlungspause. Und tanken Sie Sauerstoff, damit alle wieder einen klaren Kopf bekommen. Oder gehen Sie zurück auf Start.

Sichern Sie sich in Verhandlungen eine gute Ausgangsposition. Legen Sie Unterlagen nicht so auf den Tisch, dass sie sich wie eine Mauer vor Ihnen auftürmen. Eine solche Hürde ist schwer zu nehmen. Ähnliches gilt für die Konferenzgetränke, die ja meist vorab auf dem Tisch aufgebaut wurden. Sie können zu einer Barriere zwischen den Gesprächspartnern werden. Achten Sie immer auf freie Sicht zu allen Teilnehmern der Runde. Kommen während der Verhandlungen weitere Personen hinzu, stehen Sie zur Begrüßung immer ganz auf, auch als Frau. Oft ist in solchen Momenten zu beobachten, dass sich der Verkäufer nur halb aus dem Stuhl windet und in einer eingeknickten Haltung den Ankommenden ‚von unten her' begrüßt. Das wirkt unterwürfig und hat mit einer partnerschaftlichen Kommunikationsebene auf Augenhöhe nichts gemein.

Die Visitenkarten werden am Anfang ausgetauscht. Zelebrieren Sie die Übergabe. Legen Sie die Visitenkarten aller Gesprächspartner möglichst vor sich auf den Tisch, das zeigt Wertschätzung und hilft Ihrem Namensgedächtnis. Bei Verhandlungen erhält leider meist das sogenannte Alphatier den meisten Blickkontakt, niedere Teilnehmer könnten sich so leicht ausgeschlossen fühlen und am Ende gegen Sie stimmen. Achten Sie also darauf, alle anzuschauen. Am besten geht das, indem Sie bei jedem Argumentationspunkt ganz gezielt den Augenkontakt reihum wechseln.

Schnelle Entscheidungen erreichen Sie eher, wenn wenig Menschen am Verhandlungstisch sitzen. Am besten geht es zu zweit. Gerade im BtoB-Geschäft will gut überlegt sein, wer mit wem über was spricht. Zwei Techniker finden im Einzelgespräch viel schneller einen Konsens als wenn alles im großen Gremium in epischer Länge ausdiskutiert wird.

Was bei Präsentationen zu beachten ist

Bei einer (Beamer-)Präsentation vor einer größeren Gruppe von Menschen gilt das bisher Gesagte und das in den nächsten Kapiteln Angesprochene in sehr ähnlicher Form.

Was bei der Vorbereitung einer Präsentation besonders zu beachten ist:
- Was ist mein konkretes Ziel? Was will ich am Ende erreicht haben?
- Wer sind die Teilnehmer? Welche rationalen und emotionalen Aspekte sind zu beachten?
- Wer ist formeller, wer informeller Entscheider? Wer verfolgt welche Ziele?
- Was weiß ich über das Unternehmen? Ist dessen Logo in die Präsentation integrierbar?
- Wer sind meine Wettbewerber? Sind sie vor mir oder nach mir dran?
- Habe ich einen griffigen Titel? Was sind meine Kernbotschaften? Wie schaffe ich optisch und inhaltlich Faszination? Welche Beispiele und Geschichten unterstützen meine Aussagen?
- Wie gestalte ich den Präsentationsaufbau, den Ablauf und die verfügbare Zeit? Weniger ist im Zweifel mehr! Wo kann ich gegebenenfalls kürzen? Was behalte ich in petto?

- Wie ist der Raum, das Licht, die Sitzordnung, die Bühne? Steht ein Glas Wasser bereit?
- Welche Technik setze ich ein? Bin ich auf Pannen vorbereitet?
- Wie kleide ich mich für die Zielgruppe passend?
- Habe ich meinen Vortrag auf Zeitdauer und Wirkung getestet? Ist Zeit für Fragen?
- Habe ich mein Lampenfieber im Griff? Bin ich gut drauf?
- Lernen Sie den Anfang und das Ende ihrer Präsentation auswendig. Wählen Sie einen überraschenden Start und einen zündenden Schluss.

Und wenn es dann losgeht:
- Nehmen Sie in Ruhe Ihren Standpunkt ein (im wahrsten Sinne des Wortes) und wohlwollend Augenkontakt auf.
- Begrüßen Sie die Teilnehmer, stellen Sie sich und Ihr Unternehmen **kurz** vor.
- Machen Sie nach dem ersten gesagten Wort eine Wirkungspause („Liebe ... Freunde des Marketing"), das fesselt und bringt 100 Prozent Aufmerksamkeit.
- Formulieren Sie Ihr Thema/Ihren Standpunkt (ggf. auch den Gegen-Standpunkt).
- Geben Sie den Zuhörern einen Überblick bzw. eine Struktur.
- Sprechen Sie frei; benutzen Sie gegebenenfalls kleine, farbig passende Stichwortkärtchen.
- Wenden Sie sich dem Publikum und nicht dem PC oder der Leinwand zu.
- Achten Sie auf passende Körpersprache (Gestik, Mimik, Standortwechsel).
- Variieren Sie Sprechtempo, Lautstärke und Modulation. Erzeugen Sie Spannung, zum Beispiel durch Pausen.
- Benutzen Sie die Sprache des Publikums. Knüpfen Sie an Bekanntes an.
- Verwenden Sie Bilder, erlebte Geschichten und zielgruppenpassende Beispiele.
- Sprechen Sie in einer einfachen Sprache mit starken Worten, in kurzen Sätzen.
- Vermeiden Sie Fremdworte, Worthülsen und Phrasen.
- Gönnen Sie dem Publikum kleine Verschnaufpausen.
- Interagieren und dialogisieren Sie mit den Teilnehmern. Stellen Sie (leichte) Fragen.

- Schließen Sie mit einer Pointe, Ihrer Lösung bzw. mit einem Appell.
- Ernten Sie den Applaus. Bedanken Sie sich. Sagen Sie, dass es Ihnen Spaß gemacht hat.
- Seien Sie auf Fragen, Zwischenbemerkungen und auf Störer gut vorbereitet.

So identifizieren Sie die unterschiedlichen Teilnehmer-Typen:
- **Freunde:** Erkennen Sie Ihre Freunde. Halten Sie mit Ihnen Augenkontakt, aber verbrüdern Sie sich nicht mit Ihnen!
- **Feinde:** Identifizieren Sie Ihre Feinde. Stellen Sie sich nicht gegen sie, die Teilnehmer würden sich auf deren Seite schlagen (der David-Effekt). Quittieren Sie deren Einwürfe positiv. Wertschätzen, verstehen und akzeptieren Sie deren Meinung. Verstehen heißt noch lange nicht zustimmen. Für jede Sichtweise kann es gute Gründe geben.
- **Fähnchen im Wind:** Die hohe Kunst ist es, den Freund zur Behandlung des Feindes einzusetzen, um somit die Fähnchen im Wind auf die eigene Seite zu bringen.

Und woran erkennen Sie, dass Ihre Zuhörer gelangweilt sind oder Probleme haben, sich Ihrer Präsentation anzuschließen? Achten Sie auf verbale und nonverbale Signale:

- störende Zwischenrufe und Einwände aller Art
- signalisiertes Desinteresse: malen, telefonieren, mit dem BlackBerry spielen, Zeitung lesen, mit dem Nachbarn plaudern, den Raum verlassen ...
- Stirnrunzeln, Kopfschütteln, Augendrehen, abwehrende Handbewegungen.

All dies bedeutet noch nicht das endgültige Aus, sondern verlangt nach Aufmerksamkeit und Anerkennung. Nähern Sie sich dem Störer mit freundlichem Blick, manchmal reicht das schon. Wenn Kritik an einer Ihrer Folien aufkommt, bewegen Sie sich in die Gruppe hinein und besprechen Sie die Folie gemeinsam. Zeigen Sie Offenheit, diskutieren Sie konstruktiv. Folgende Fragen an die Zuhörer bringen Sie weiter:

- Ich bin sehr an Ihrer Meinung interessiert! Was ist der konkrete Hintergrund Ihrer Frage?
- Ich habe den Eindruck, mein Vorschlag gefällt Ihnen nicht so recht. Wie denken Sie denn darüber?
- Sie sagten **ja, aber**. Das heißt, einem Teil meiner Ausführungen stimmen Sie zu?
- Unter welchen Umständen könnten Sie meinem Vorschlag folgen?
- Wie können wir uns nun einigen/gemeinsam eine Lösung finden?

Und wenn die Angreifer unfair werden? Auch darauf müssen Sie vorbereitet sein. Hilfreich sind zum Beispiel folgende Formulierungen:
- Wie bitte? Herr xx, ich bin hier, um Sie über … zu informieren. Lassen Sie uns in der Sache weitermachen.
- Was meinen Sie damit genau? Ich verstehe den Hintergrund Ihrer Frage nicht.
- Meinen Sie das jetzt prophylaktisch, summierend oder argumentativ?
- Meinen Sie das jetzt schwarz oder weiß, also im Bösen oder im Guten?
- Ich habe das gehört. Wie wünschten Sie denn nun, dass es weitergeht?
- Ich bin nicht sicher, ob das jetzt alle betrifft. Lassen Sie uns das doch im Anschluss in Ruhe besprechen?
- Das mag sein. Ich sehe das allerdings so: ….
- Nun mal langsam, Herr xx. Ich bin gerne bereit, mir Ihre Meinung anzuhören, ich bin aber nicht bereit, mich von Ihnen angreifen zu lassen.

Und wenn es ganz schwierig wird, eine Pause machen. Da wird der Kopf wieder frei.

Was bei Verhandlungen tabu sein sollte

„Jeder ist doch nur auf seinen eigenen Vorteil aus", höre ich enttäuschte Geschäftskunden sagen. „Es wird gelogen und betrogen, dass sich die Balken biegen, und jeder ist sich selbst der Nächste." Ja leider, solche Verhandler gibt es. Und wenn die Zeiten rauer werden, gibt es deutlich mehr davon. Nur: Müssen Sie wirklich mit diesen Leuten Geschäfte machen? Suchen Sie sich bessere! Und gehen Sie selbst mit gutem Beispiel voran. Legen Sie Ihre eigene ethische Messlatte hoch.

Agieren Sie offen, ehrlich und vertrauenswürdig. Selbst, wenn Sie dabei von Zeit zu Zeit eine Enttäuschung erleben. Die aus Vertrauen resultierenden Vorteile überwiegen bei Weitem. Vertrauen verpflichtet. Ein Vertrauensvorschuss ist gerade in der Anfangsphase einer Zusammenarbeit sehr wichtig. Daraus entwickelt sich eine Kraft, die viel Positives bewirkt. Ständiges Misstrauen hingegen zerstört. Es macht Ihr eigenes Leben und das Ihrer Umgebung zur Qual. *„Wenn wir andere ängstlich überwachen, überwachen wir uns schließlich selbst, weil die Mauern, die wir für andere bauen, uns schließlich selbst umgeben"*, meint Reinhard Sprenger in seinem Buch *Vertrauen führt*.

Folgendes ist in guten, auf Dauer ausgerichteten Geschäftsbeziehungen tabu:

Manipulieren: Wer an einer langfristigen, tragfähigen, vertrauensvollen Zusammenarbeit interessiert ist, sollte nicht manipulieren. Manipulation hinterlässt immer einen schalen Nachgeschmack, vor allem, wenn man zunächst darauf hereingefallen ist. Kunden, die sich über den sprichwörtlichen Tisch gezogen fühlen, werden sich, ob bewusst oder unbewusst, früher oder später garantiert rächen.

Mehr versprechen, als Sie/Ihre Kollegen halten können: Machen Sie von Anfang an klar, was Sie können und was nicht bzw. wo Ihre Grenzen liegen. Nicht eingehaltene Versprechen führen zwangsläufig zu Enttäuschungen und damit zum Abbruch von Geschäftsbeziehungen. Und was noch viel schlimmer ist: Wer enttäuscht wurde, macht negative Mundpropaganda. Hinter Ihrem Rücken findet ein Image-Einbruch statt, den Sie kaum wieder auffangen können. Für viele sind Sie dann bereits ‚gestorben', noch bevor Sie Ihren ersten Termin hatten.

Hereinlegen und Lügen: „Mit Lügen kommst du durch die ganze Welt, aber nicht mehr zurück", sagt ein russisches Sprichwort. Lügen sind der Tod jeder dauerhaften Geschäftsbeziehung. Eine Lüge ist ein massiver Vertrauensmissbrauch. Wer seine Glaubwürdigkeit einmal verspielt hat, erhält sie nie wieder zurück.

Fragen Sie sich einfach hie und da, ob Sie das, was Sie im Rahmen Ihrer verkäuferischen Arbeit tun, auch guten Gewissens Ihren Kindern erzählen könnten.

Und wenn der Kunde mit ‚unfairen' Mitteln agiert?

Auch wenn Sie selbst noch so sehr danach trachten, ein sauberes Verkaufsgespräch zu führen, kann es Ihnen passieren, dass die andere Seite mit unfairen Taktiken arbeitet und sie übervorteilen oder hereinlegen will. Hier kommen Sie mit Weichheit und Kuschelkurs nicht weiter – denn da würden Sie hoffnungslos unterliegen.

Über welche Tricks reden wir? Manche sind recht banal und stammen aus den alten Zeiten des Druckverkaufs: Jemanden absichtlich warten lassen, ihm einen denkbar ungünstigen Platz zuweisen, dauernd ins Wort fallen, offensichtliche Zeichen des Desinteresses, Aussagen ständig anzweifeln, jemanden persönlich herabsetzen („Sie sehen schlecht aus! Laufen die Geschäfte nicht gut?"), Zeitdruck vorgaukeln, ungerechtfertigte Reklamationen sowie jede Art von aggressivem Ton und Killerphrasen. Derartiges soll Ihnen Unbehagen bereiten und Sie ‚weichkochen'. Wie wir aus Kapitel eins schon wissen, versuchen die Menschen, sich solchen Situationen zu entziehen. Das könnte Sie zu vorschnellen Konzessionen verleiten. Fallen Sie nicht darauf rein!

Falsch wäre es nun, hier mit gleicher Waffe zurückzuschlagen. Denn dann gäbe nur ein Wort das andere, die Positionen würden sich verhärten und das Ziel wäre in weite Ferne gerückt. Das biblische Aug-um-Auge-Prinzip führt in die Eskalation! Diese Gefahr besteht übrigens besonders dann, wenn zwei limbisch Dominante aufeinandertreffen. Wie Sie aus diesem Teufelskreis herauskommen? Hier hilft Ihnen die Olé-Technik aus Kapitel drei. Lassen Sie den Angriff einfach ins Leere laufen! Atmen Sie durch, bleiben Sie gelassen, konzentrieren Sie sich auf den Kern der Sache! Und wenn Sie das Spiel durchschaut haben, thematisieren Sie es! Damit verliert es sofort seine Wirkung. Das ist der Rumpelstilzchen-Effekt.

Sprechen Sie jedoch keine Anschuldigungen und Vorwürfe aus, sondern benutzen Sie eine Ich-Botschaft. Also **nicht**: „Was soll das! Sie spielen hier ein mieses Spiel! Aber nicht mit mir, Freundchen! Sie werden mich noch kennenlernen!", sondern: „Also, es kann ja sein, dass ich mich völlig irre, aber ich habe das Gefühl, Sie veranstalten hier ein Spiel, in dem der eine den Guten und der andere den Bösen mimt. Ich denke, das bringt uns in der Sache nicht wirklich weiter. Was meinen Sie dazu?" Bevor Sie das sagen, setzen Sie sich gerade, ziehen deutlich die Schultern nach unten (hochgezogene Schultern = Opferhaltung) und nehmen Augenkontakt auf. Diese Signale registriert das ‚gegnerische' Gehirn sofort als Zeichen von Selbstbewusstsein und Kraft.

Weshalb ich die Redewendung ‚es kann ja sein, dass ich mich irre' vorschlage? Vielleicht irren Sie sich wirklich! *„Wir Menschen neigen alle zu der Annahme, dass die Gegenseite immer das tut, was wir selbst am meisten befürchten"*, heißt es dazu im *Harvard-Konzept*.

Von Haien und Delfinen

In männerdominierten und erfolgsfokussierten Verkäuferteams geht es oft nicht gerade zimperlich zu. Das Verkaufen wird zur Kampfzone erklärt, die Sprache klingt martialisch – und das findet man zu allem Überfluss auch noch gut: Potenzielle Kunden oder Partner werden zu Verhandlungsgegnern erklärt, sie werden in die Enge getrieben, an die Wand gestellt, am Telefon abgewürgt, mundtot gemacht, ... Solches Denken, Reden und Handeln ist in den allermeisten Fällen nur die zweitbeste Wahl. Die bessere Wahl heißt: Sprechen Sie delfinisch. Agieren Sie mit Brain statt Bizeps, also mit intelligentem Verhalten anstatt mit Powerplay und Kräftemessen.

Die superdominanten Helden des Hardselling, die mit macchiavellischen Kriegslisten in den täglichen Kampf um Kunden ziehen und an der Verkaufsfront ‚Abschüsse' machen, haben nun wirklich ausgedient. Wer Kunden erschreckt und einschüchtert und ihnen etwas ‚reinzudrücken' versucht, verzeichnet höchstens mal einen Sofort-Erfolg, aber das war's dann auch. Von aufgeklärten Verbrauchern wird Druckverkauf schon längst als solcher entlarvt. Sie wenden sich angewidert ab und Besserem zu. Wer sich in die Enge getrieben oder übers Ohr gehauen fühlt, der wird sich früher oder später immer rächen.

Wie der Hai reagiert:
- Seine verbalen Attacken entstehen aus Aggression, Müdigkeit, Bedrängnis, Frust, Stress, Ärger, Ungeduld, Selbstüberschätzung, Dominanzgebaren, Überforderung, Zeitknappheit, einem Mangel an Respekt usw.
- Oder sie entspringen einer gut durchdachten Taktik und in voller Absicht, einem Mangel an Empathie, dem Glauben, andere würden sich den eigenen Wünschen unterordnen, usw.
- Sie sollen und werden verletzen, denn es geht hier nicht um die Sache, sondern um einen persönlichen Angriff.
- Oder sie sollen gezielt schwächen, um eigene Ziele besser zu erreichen.
- Oft sind sie Ablenkungsmanöver und sollen eigene Schwächen vertuschen.

Wie der Delfin reagiert:
- Er wird versuchen, eine ungute Gesprächsatmosphäre zu entschärfen – oder den Angreifer elegant und rhetorisch geschickt in seine Schranken verweisen.
- Er hat sein Gesprächsziel und eine Win-Win-Situation im Auge (Siege rächen sich!). Er kontert daher nicht mit einem Gegenangriff, sondern mit delfinischer Schlagfertigkeit: intelligent, diplomatisch, geistreich, humorvoll, souverän.
- Seine Bordmittel heißen: gelassen bleiben, aktiv hinhören, offene Fragen stellen, positiv quittieren, emotional paraphrasieren, Ich-Botschaften senden, Inhalte würdigen usw., um so den Angreifer wieder zu fruchtbarem Handeln zu bringen.
- Er benutzt delfinische Zauberwörter: mehr, steigend, zusätzlich, bewährt, kostbar, mächtig, wertvoll, wohltuend, exklusiv, größer, schneller, ansehnlicher, zuverlässig, zuversichtlich, ermöglicht, sichert, schützt, verbessert, gewährleistet, erleichtert, erspart, genießt, profitabel, herrlich, gewinnbringend, erfolgversprechend, gemeinsam, klug, umsichtig, hochwirksam, innovativ ...
- Er erweitert ständig sein Repertoire.

Auch wenn nicht alles stimmt, was man dem Hai so nachsagt, es ist die Wirkung, die zählt. Ich bin schon mit Haien und mit Delfinen getaucht und ich kann dem Leser versichern: Bei den Delfinen war es deutlich angenehmer. Der Delfin ist übrigens das einzige Tier, das einen Hai töten kann.

Der Hai	Der Delfin
Das dauert mir wieder alles viel zu lange!	Sie haben Sorge, dass ...?
Was funktioniert bei Ihnen eigentlich?	Sie sind sauer auf uns?
Meine Geduld ist langsam am Ende!	Ich kann mir vorstellen, wie es Ihnen jetzt gerade geht!
Dafür habe ich jetzt keine Zeit!	Wann würde es Ihnen dann konkret passen?
Sie halten mich wohl für primitiv?	Wie kommen Sie darauf?
Haben Sie mir überhaupt zugehört?	Wenn ich das alles richtig verstanden habe, haben Sie ...
Wie oft soll ich das denn noch sagen?	Bitte entschuldigen Sie! Mir ist noch nicht ganz klar ...
Wir sind mal wieder gegensätzlicher Meinung!	O.K., wie können wir das nun gemeinsam einvernehmlich klären?
Das können Sie mir ruhig glauben!	Und was wäre, wenn nicht?
Darin habe ich jahrelange Erfahrung!	Gerade weil Ihr Erfahrungsschatz so groß ist, genau deshalb ...
Das ist ja ein ganz alter Hut!	Was ist denn Ihre neue Idee dazu?
Das ist nicht Ihre Aufgabe!	Was schlagen *Sie* denn ganz konkret vor?
Das können gerade Sie schlecht beurteilen!	Dann lassen Sie uns jetzt besprechen, wie es weitergeht.
Sie sollten sich mal besser informieren!	O.K., was genau meinen Sie im Detail?
Das haben wir schon immer so gemacht!	Das heißt, diesen Weg können wir sofort vollständig vergessen?

Abbildung 11a: Hai-artige Attacken und delfinische Redekunst

Der Hai	Der Delfin
Das sieht der Chef/CEO aber anders!	Angenommen, wir könnten ihn überzeugen, was wäre dann?
Das lassen Sie besser nicht X wissen!	Oh, ich dachte, wir informieren ihn gemeinsam!
Sie brauchen sich hier nicht so aufzuregen!	O. K., wie kommen wir dann rein sachlich weiter?
Das ist mir viel zu emotional!	Was ist denn an Emotionalität so schlimm?
Darüber wird ja wohl kein Zweifel bestehen!	Und was wäre, wenn doch?
Vorhin haben Sie genau das Gegenteil gesagt!	Was haben Sie denn genau verstanden?
Sie sollten erst mal denken, bevor Sie reden!	Das heißt also, Sie reden, bevor Sie denken?
Wir können auch bei Adam und Eva anfangen!	An welchem Punkt sollte es denn für Sie konkret losgehen?
Sie Schaumschläger! Erbsenzähler!	Ah ja! Wie bitte? Wem soll das jetzt nützen?
Ihr Frauen/Männer seid doch alle gleich!	Wäre es Ihnen lieber, wenn ...

Abbildung 11 b: Hai-artige Attacken und delfinische Redekunst

In dem einen oder anderen Fall mag Schlagfertigkeit ja durchaus angebracht sein, aber dann bitte im positiven Sinne und mit dem notwendigen Quäntchen an Souveränität und Gelassenheit. Meistens ist Schlagfertigkeit aber nichts weiter als Imponiergehabe, das wie jede andere Form einer Überlegenheitsdemonstration schnell eskaliert – und statt vermeintlichen Siegern am Ende nur Verlierer hinterlässt.

Sollten Sie mit oder ohne Ihr Zutun in eine Verbalattacke geraten sein, heißt es, jedes aggressive Vorgehen zu unterdrücken. Analysieren Sie vielmehr die Situation auf souveräne Art und suchen Sie nach einer Reaktion, die wieder zusammenführt. Lassen Sie sich nicht ärgern und nicht unter Druck setzen. „Der, der uns ärgert, beherrscht uns", sagt ein chinesischer Sinnspruch. Versuchen Sie Zeit zu gewinnen, um wieder ruhig zu werden. Kontrollieren Sie Ihre Stimme und sagen Sie in einem neutralen ruhigen Ton, so als würden Sie im Restaurant am Nachbartisch um die Zuckerdose bitten: „Können Sie mir bitte sagen, was Sie mit diesem Vorgehen erreichen wollen, Herr xx?"

Ein weiteres gutes Mittel: Kontern Sie mit Humor. Dabei niemals Witze auf Kosten anderer machen. Wenn Sie sich viel mit Bildern, Beispielen und Analogien beschäftigt haben, fällt Ihnen sicher etwas Passendes ein. Lenkt Ihr Verhandlungspartner nun glaubhaft ein, dann seien Sie nicht nachtragend – höchstens ein wenig vorsichtig, man weiß ja nie. Geben Sie sich feste Regeln für eine zukünftig konstruktive Zusammenarbeit und fordern Sie diese konsequent ein. Klären Sie auch, wie etwaige Verstöße geahndet werden.

Eine besondere Gefahr stellen übrigens Situationen dar, in denen man Sie ‚zu gut' behandelt. Sie werden umhegt und mit dem Besten versorgt, ständig tauchen hübsche Damen auf, um nach dem Rechten zu sehen, der größte Charmeur des Unternehmens weicht nicht von Ihrer Seite, vorbei an Glanz und Gloria werden Sie zum Vorstand persönlich geführt, man gaukelt Ihnen immense Aufträge vor …. All dies soll Zugeständnisse Ihrerseits auslösen, die Sie bei kühlem Kopf niemals gemacht hätten.

Ganz kurz noch zu den unsauberen Verhandlungtaktiken: stark überhöhte oder ständig neue nachgeschobene Forderungen, harte Ultimaten, unannehmbare Bedingungen, systematische Verzögerungstaktiken, das Am-Ende-nicht-zuständig-Sein, der nicht existierende schwierige 3. Mann (Chef, Ehepartner) usw. Richtig schmutzige Varianten sind: absichtlicher Betrug mit falschen Fakten oder nicht existenten Konkurrenz-Angeboten sowie dunkle Drohungen und weitere ‚schwarze' Varianten der psychologischen Kriegsführung. Fragen Sie sich, ob Sie mit solchen Menschen auf Dauer Geschäfte machen wollen. Und sprechen Sie das in einem sachlichen Ton ruhig aus („Ich möchte mich so nicht behandeln lassen.").

Schritt für Schritt zum Argumentationserfolg

Hier nochmals das Vorgehen im Zuge der Argumentation im Überblick:

1. Stellen Sie lösungsorientierte Fragen, argumentieren Sie nutzen-relevant.

2. Entwickeln Sie eine strukturierte Begründungsstrategie.

3. Sprechen Sie in Bildern und Beispielen. Visualisieren Sie.

4. Achten Sie auf Ihre Wortwahl, auf Tonalität und Körpersprache.

5. Dialogisieren Sie mit dem/den Gesprächspartner/n. Wertschätzen Sie deren Meinung. Nehmen Sie deren Blickwinkel ein.

10.
Preisgespräche kreativ führen

Zunächst die Fakten: In übersättigten Märkten trifft Überproduktion auf eine sinkende Nachfrage. Daraus entsteht ein Verdrängungswettbewerb, die Preise fallen und der Profit schrumpft. Erschwerend gesellen sich heute dazu folgende Punkte:

- Durch den Wegfall der Rabatt- und Zugabeverordnung entsteht eine höhere Preisfreiheit.
- Durch immer mehr Anbieter bzw. Angebote bzw. Sonderaktionen steigt der Preisdruck stetig.
- Durch Preistreiber ausgelöste (unausweichliche) Preiskriege nehmen zu und führen schnell in den Ruin; nur Kostenführer überstehen dieses ‚Spiel'.
- In fast allen Branchen herrscht eine hohe und schnelle Preistransparenz bzw. Preisvergleichbarkeit; die Kunden sind (durchs Internet) gut informiert.
- Die ‚Aldisierung' hat gesellschaftliche Akzeptanz gefunden.
- Irgendeiner ist immer billiger; die Qualität rückt dabei in den Hintergrund (und wird schlechter, manchmal mit lebensbedrohlichen Folgen).
- Selbst Luxus-Produkte werden heute verramscht.
- Rabatte, Discounts, kostenlose Zugaben, Gutscheine etc. werden zur Droge für Smart Shopper und Schnäppchen-Jäger.
- Die Basar-Mentalität schafft zunehmende Aggressivität und erhöhtes Misstrauen.

Egal, ob Industrie oder Handel: Der Preis steht stärker im Fokus denn je. Das betrifft nicht nur die Durchsetzung gewinnträchtiger Margen im Verkaufsgespräch, sondern auch den Preisfindungsprozess. Das Pricing wird immer härter, komplexer, chaotischer, verlustträchtiger – aber auch chancenreicher, wenn man es ideenreich anzugehen versteht. Bei Konditionengesprächen geht es nicht immer nur um leere Portemonaies. ‚Geiz ist geil' ist in Wahrheit ein Spiel für (Schnäppchen-)Jäger und (Sonderangebots-) Sammler. Seien Sie auf solche Spiele gut vorbereitet! Schnäppchenjäger sind Kaufnomaden. Sie sind dem Schnäppchen treu und nicht Ihrem Unternehmen.

Selbst der Durchmarsch der Discounter in Deutschland hat nicht nur etwas mit dem Preis zu tun. Bei Aldi kaufen die Menschen Orientierung (das Sortiment ist sehr überschaubar), Sicherheit (die Preise sind dauerhaft niedrig) und Vertrauen (die Produktqualität ist Stiftung-Warentest-tauglich), sie huldigen ihrer Sparsamkeit (die quer durch alle Bevölkerungsschichten vertreten ist). Viele finden bei Aldi ein kleines Stück Heimat. Mit seinen Aktionen macht Aldi manche geradezu süchtig. Alles in allem ein hochemotionales Konzept. Der Service ist zwar reduziert, aber das, was Aldi bietet, ist topp. Und: Aldi hat nicht nur die Preise, sondern auch die Kosten im Griff.

Die meisten Firmen beherrschen weder Kosten noch Preise, sondern werden von **den** Preisen beherrscht, die der Markt oder die Konkurrenz vorgibt. „Wir müssen noch mal mit den Preisen runter, sonst verkaufen wir gar nichts mehr", heißt dann die Devise. So liefern sich ganze Branchen Preisschlachten mit verheerendem Ausgang. Durch hektisches Preisdumping kommt zwar möglicherweise kurzfristig Geld in die Kassen. Doch zuerst verlieren solche Firmen Vertrauen – und am Ende womöglich alles.

‚Billig-Billig' ist mit einem Verrohen der Sitten, mit einem Verfall von Dienstleistungsqualität (Service ist teuer!) und mit Vertrauensschwund („Hätte ich das nicht irgendwo, nächste Woche noch billiger bekommen können?") verbunden. Gerade jetzt sollten Unternehmen aber nicht kurzsichtig danach trachten, die Quartalsergebnisse zu polieren, sondern alles tun, um ihre Zukunft zu sichern. Und dazu kann der Vertrieb eine Menge beitragen.

Faszinieren statt rabattieren

Nicht jeder Kunde will billig kaufen! Der Billig-Preis spielt für die Kunden oft eine viel geringere Rolle, als uns Medien und Verkäufer glauben machen. Und es gibt Geld in Massen! Auf Sparkonten zum Beispiel. Wie attraktiv sind Sie, um es von dort loszueisen? Ein Verkäufer muss Wünsche wecken können, von denen der Kunde gestern noch nicht wusste, dass er sie heute haben wird (was Tchibo mit *‚Jede Woche eine neue Welt'* lange Zeit erfolgreich vorgemacht hat). Wer allerdings immer nur über seine Preise spricht, der braucht sich nicht zu wundern, wenn die Kunden nur noch nach den Preisen fragen. Wir alle kennen Momente, da wollen wir etwas unbedingt haben. Da spielt der Preis dann keine Rolle mehr. Und das passiert weiß Gott nicht nur im privaten Bereich, sondern genauso oft im Geschäftsleben.

Der Preis ist die Achillesferse des Verkäufers – beim Preis ist er am besten zu packen. Das Argument ‚zu teuer' ist oft nur ein Testballon, um mal zu sehen, wie der Verkäufer reagiert. ‚Zu teuer' ist auch ein praktischer Vorwand – eine Vorwand im wahrsten Sinne des Wortes – um seine wahren Motive zu verschleiern. Und ‚zu teuer' ist manchmal die Strafe des Kunden für eine unprofessionelle verkäuferische Leistung. Oder er will mit ‚zu teuer' ganz einfach sagen: Beweisen Sie mir, dass sich die Investition für mich wirklich lohnt!

Um den Preismotiven seiner Kunden auf die Spur zu kommen, hilft noch mal ein Blick auf die limbischen Instruktionen aus Kapitel vier. ‚Sei sparsam, man weiß ja nie. Und Askese hat auch was!', haucht die vorsichtige Balance. ‚Ich kann es mir leisten, und jeder soll das sehen!', tönt die durchsetzungsstarke Dominanz und zieht in den Preiskampf. ‚Ich will doch nur spielen!', lächelt die erlebnishungrige Stimulanz und hat ganz einfach Spaß am Akt der Preisverhandlung.

Warum Einkäufer oft so gnadenlos hart sind bei Preisverhandlungen? Natürlich vertreten sie die Interessen ihres Arbeitgebers, wobei manche, angestachelt von falschen Kostenspar- und Prämiensystemen, oft so unvernünftig kurzfristig denken. Das ist der eine Grund. Und der zweite: Wir suchen uns meist den Job, der zu unserer prägenden Instruktion am besten passt. Wer also irgendwo zwischen Dominanz und Balance steht, wird Einkäufer. Deswegen verhandelt er hart – schließlich geht es um jeden Cent.

Verkäufer, die glauben, dass Kunden nur wegen günstiger Preise kaufen, blockieren sich im Kopf für alle anderen kreativen Lösungsmöglichkeiten, denn sie signalisieren dem Hirn: Kein Grund, sich anzustrengen, spar dir die Energie. Leichtfertig vergebene Rabatte sind oft nur ein Ausdruck von Ideenlosigkeit und mangelhafter Beschäftigung mit dem, was den Kunden wirklich bewegt – in rationaler **und** emotionaler Hinsicht. Und „Das war dem Kunden mal wieder zu teuer!" ist eine von vielen Verkäufern gern gewählte Schutzbehauptung, um den eigenen Misserfolg zu kaschieren.

Wer den Preiswettbewerb der Zukunft gewinnen will, muss sich schon mehr einfallen lassen als wahllos die Preise zu senken. Eine positive Preiswahrnehmung wird nicht durch einzelne Billigpreise geprägt, sondern durch eine konsistente, nachvollziehbare und kundennahe Preisstrategie. Der Preis ist das Opfer für einen erhaltenen Nutzen und ein gutes Gefühl. Kunden müssen also den Preis im Vergleich zur erlangten rationalen **und** emotionalen Leistung als günstig erleben. Wer nach subjektivem Empfinden mehr Nutzen bekommt, als er dafür zahlen muss, ist zum Kaufen bereit.

Vor allem aber müssen Anbieter aus der Vergleichbarkeit heraus, denn bei Vergleichbarkeit entscheidet immer der Preis. So gilt es, einzigartige Preis-Leistungs-Kreationen zu schaffen und mit innovativen, schwer kopierbaren Wahlmöglichkeiten Kunden zu faszinieren. Hierzu braucht es das Ohr am Markt. Wer seinen Kunden wirklich nahe ist, kann sehr, sehr viel über sie wissen. Und wer hat dieses Wissen? Natürlich **die** Mitarbeiter, die am nächsten dran sind am Kunden! Kundennähe ist ein strategischer Erfolgsfaktor. *„Wer ein Duschgel macht und seine Kunden wirklich verstehen will, der muss zu ihnen unter die Dusche gehen"*, sagte mir dazu kürzlich der Produktmanager eines Markenartikel-Konzerns. Tauchen Sie ein in die Welt des Kunden, befragen Sie ihn, beobachten Sie ihn, sammeln Sie alle seine Anregungen, ergänzt um eigene Ideen, in einer Ideenbank. Organisieren Sie Zukunfts-Workshops, machen Sie Kreativsitzungen, entwickeln Sie ein Ideenmanagement. Wie das funktioniert, steht in meinem Buch *Zukunftstrend Kundenloyalität*.

‚Zu teuer' ist oft nur ein Vorwand

‚Zu teuer' wird der Kunde auch dann genüsslich sagen, wenn Sie ihm im Verkaufsgespräch nicht genug Achtung, Aufmerksamkeit und Anerkennung gezollt haben, weil Sie zu sehr mit sich selbst beschäftigt waren. ‚Zu teuer' wird es heißen, wenn Sie an seinen Bedürfnissen vorbeiargumentiert haben, weil Ihre Antennen nicht ausgefahren waren. Was für den Kunden nicht relevant ist, was man nicht wirklich will und braucht, ist immer zu teuer. ‚Zu teuer' ist vielleicht die Strafe des Einkäufers, den Sie nicht mögen, den Sie für einen Abzocker oder Nullchecker halten, den Sie falsch und verschlagen finden und auf internen Meetings gern als Horrorkunden präsentieren. Denn Ihre Gestik und Mimik wird Ihre Einstellung verraten. Und der Einkäufer wird sich dafür an Ihrer schwächsten Stelle rächen: beim Preis!

Wer also öfter im Preisgespräch scheitert, sollte sich fragen, was das möglicherweise mit ihm selbst zu tun hat. Dies ist zweifellos der schwierigere Weg, denn es ist ja so leicht, ständig die Außenwelt, also die eigenen Kollegen, die schwierigen Kunden oder den unfairen Wettbewerb zum Sündenbock zu erklären. Zeigen Sie mit dem Finger mal auf sich selbst, das könnte sehr erhellend sein! Wenn beispielsweise die Mitarbeiterin eines Juweliers selbst nie im Leben viel Geld für ein exklusives Schmuckstück ausgeben würde, weil sie keines hat oder weil sie sich das selbst nicht gönnen würde oder weil sie das Teil zu teuer findet, dann wird sie auch anderen nichts verkaufen.

Und hier kommt Ihre Strategie, wenn Sie das Gefühl haben, ‚zu teuer' sei für den Kunden nur ein Vorwand. Zunächst: Sie würdigen den Preis. Viele Verkäufer machen den Fehler, den Preis klein und schlecht zu reden; Damit fordern sie den Kunden geradezu auf, seinen Preisstandpunkt zu verteidigen. Werfen Sie ‚Steinchen' hinter die Vorwand, um zu sehen, was da im Verborgenen liegt.

Das hört sich in etwa so an: „Ja genau, der Preis spielt heutzutage eine immer stärkere Rolle. Und gerade in Ihrer Branche ist die Preis-Sensibilität ja besonders hoch. Und schließlich las ich kürzlich, dass Ihr Unternehmen gerade ein Kosten-Sparprogramm fährt. Also, neben dem Preis, der ja zugegebenermaßen ein wichtiger Punkt ist, gibt es denn weitere Gründe, die Sie im Moment noch daran hindern, sich für unser Angebot zu erwärmen?" Bringt der Kunde nun weitere Ausflüchte, haben Sie sich, weil Sie ‚Gründe' gesagt haben, ein Türchen offen gehalten und können noch mal hinterfragen: „O.K., einverstanden. Und neben ..., gibt es da womöglich noch weitere Gründe?"

Wenn Ihnen diese Taktik nicht gefällt oder nicht passend erscheint, können Sie auch mit dem Als-ob-Szenario arbeiten. Das klingt dann in etwa so: „Nur mal einfach so angenommen, der Preis würde überhaupt keine Rolle spielen, gäbe es dann noch weitere Gründe, die Sie im Moment daran hindern, sich mit meinem Vorschlag anzufreunden?"

Und wenn Ihnen auch diese Vorgehensweise nicht zusagt, dann denken Sie jetzt über eine eigene Lösung nach. Und achten Sie einmal ganz ehrlich darauf, was nun in Ihrem Kopf vorgeht, welche Gedanken sich gerade breit machen, welche mentalen Teufelchen Ihnen was einflüstern. Sind Sie ein Yes-butter oder ein Why-notter, also in Risiken oder in Chancen denkend? Sind Sie lösungsoffensiv oder blockiert? Reflektieren Sie darüber, was geht – oder kommt Ihnen immer als erstes das, was **nicht** geht, in den Sinn? Wer ständig darüber redet, was alles nicht geht, bekommt am Ende genau das, worüber er ständig redet: nämlich nichts.

Wie Sie ein Preisgespräch inszenieren

Der Preis kommt zum Schluss – so lautet eine der erfolgversprechendsten Verkäufer-Weisheiten. Preise und Konditionen gehören also ans Ende eines Verkaufsgesprächs. Wie bitte soll jemand ermessen, ob der Nutzen, den er erhält, seinen Preis wert ist, wenn er das Angebot noch gar nicht kennt? Wenn also der Kunde sofort nach dem Preis fragt, reagieren Sie in etwa so: „Bevor ich Ihnen jetzt gleich den Preis nenne, lassen Sie uns doch erst einmal sehen, welche Lösung für Sie genau die richtige ist – einverstanden?" Und nun beginnen Sie zunächst mit einigen Fragen und der anschließenden Argumentation. Finden Sie die für den Kunden relevanten Alleinstellungsmerkmale im (stillen) Vergleich zur Konkurrenz. Bei Vergleichbarem entscheidet immer der Preis.

Wenn Sie dann beim Preisgespräch angekommen sind: Üben Sie einen guten Einstieg, zum Beispiel so: „Sicher möchten Sie jetzt wissen, wie viel dieses Angebot wert ist?" Verkäufer, die von sich aus auf die Preise zu sprechen kommen, zeigen Selbstbewusstsein und behalten ihre Gelassenheit! Wer wartet, bis der Kunde nach dem Preis fragt, geht leicht in die Defensive – und wirkt schwach. Fragen Sie auch nie, wie viel dem Kunden die

Sache denn wert sei, das bringt Sie je nach Antwort in eine ganz miserable Verhandlungsposition.

Zeigen Sie vielmehr Freude über das Preisgespräch. „Gut, dass Sie nach dem Preis fragen. Er ist nämlich genau der Grund, weshalb Sie kaufen sollten!" Danach folgt sofort eine plausible Begründung. Oder: „Mit diesem Angebot kaufen Sie einen Wert von xx Euro. Und jetzt möchte ich Ihnen zeigen, wie sich das im Einzelnen zusammensetzt."

Der Preis ist die natürlichste Sache der Welt. Sprechen Sie ihn ruhig, klar und deutlich aus, ohne die Stimme zu heben oder zu senken. Seien Sie von Ihren Preisen überzeugt! Jede Unsicherheit, jedes Flattern in der Stimme an dieser Stelle wird der Kunde spüren – und sofort nach Rabatten fragen. Stellen Sie Ihre Preise in einer optisch günstigen Weise heraus. Schreiben Sie den Preis sichtbar auf, das unterstreicht die Bedeutung.

Sprechen Sie nicht von Kosten, sondern von Wert. Rechtfertigen oder entschuldigen Sie nie die Höhe eines Preises. Achten Sie während des Preisgesprächs besonders auf eine feste Stimme und positive körpersprachliche Signale. Nicken Sie, wenn Sie den Preis nennen. Und überprüfen Sie immer wieder, wie Ihr Preisgespräch auf andere wirkt:

- **das Opferlamm** entschuldigt stammelnd seine hohen Preise, senkt dann schuldbewusst den Blick und wartet stumm auf das ‚Urteil' des Kunden. Wer wie ein sanftes Lämmchen tut, muss damit rechnen, dass er bissige Wölfe anlockt.

- **das Maschinengewehr** nennt den Preis und geht dann rechtfertigend mit blitzenden Augen zum Angriff über: „Ja, was glauben Sie, wie teuer heute alles geworden ist! Kaum zu finanzieren! Und die Gesetze! Und die Banken! Und ...und ... und...!" Wer so durch die Gegend ballert, braucht sich nicht zu wundern, wenn die Kunden das Weite suchen.

- **die Schrotflinte** verschießt wahllos alle Argumente in der Hoffnung, dass wenigstens eines trifft.

Legen Sie vor oder nach dem Preis nur dann eine Pause ein, wenn der Preis beeindrucken soll, denn Pausen unterstreichen die Bedeutung eines Arguments. Ansonsten nennen Sie den Preis immer im Package zusammen mit einem Argument („Sie zahlen ... und Sie erhalten dafür ..."). Nennen Sie dabei das für den Kunden wichtigste Argument kurz, knapp, präzise. Und benutzen Sie die Worte des Kunden. Jetzt bloß kein Redeschwall und kein neuerlicher Vortrag! Noch besser ist das ‚Preis-Sandwich': Argument – Preis – Argument. Das stärkste Argument kommt dabei zum Schluss – wegen des Echo-Effekts.

Die wichtigsten Preise sollten Sie im Kopf haben. Sie wirken inkompetent, wenn Sie auf die Frage nach bestimmten Preisen mit hektischem Blättern in irgendwelchen Unterlagen, die Sie erst noch suchen müssen, reagieren. Nehmen Sie einen Taschenrechner mit bzw. beherrschen Sie die Rechenfunktionen Ihres Laptops oder PDAs oder Handys.

Kompetent heißt auch, ausreichend Entscheidungsbefugnisse zu haben, um über Preise, Konditionen und Zugeständnisse effizient verhandeln zu können. Der Verkäufer muss sich in einem vorgegebenen Preiskorridor zwischen Ziel- und Minimumpreis ohne Rücksprache bewegen dürfen. Übrigens halte ich nichts von abgekarteten Preisspielchen zwischen Verkäufer und Zentrale; Kunden mit Intuitions-Radar durchschauen das sofort – und sind sauer.

Wenn ein Konkurrenzangebot mit auf dem Verhandlungstisch liegt, stellen Sie sicher, dass nicht Äpfel mit Birnen verglichen werden. Dabei zählen nur die Vor- oder Nachteile des Wettbewerbers, die für den Kunden wichtig sind. Übrigens: Profi-Verkäufer sprechen nicht negativ über ihre Konkurrenz! Denn das hieße, dem Kunden zu unterstellen, er hätte eine schlechte Wahl getroffen. Wer so seine Kunden blamiert und selbst nur groß sein kann, weil er andere klein macht, braucht sich über mangelnde Verkaufserfolge nicht zu wundern.

Wie Preise gut verkauft werden

Wie werden zum Beispiel die teuersten Preise verkauft? Eine gute Strategie ist die, dem Kunden drei Alternativen mit unterschiedlichen Preisen zu nennen. Die Finger können dabei mitzählen. „Hierbei gibt es für Sie, drei unterschiedliche Möglichkeiten: 1. ..., 2. ..., 3. ...". So kann der Kunde selbst entscheiden. Die beste Alternative nennt man dabei am Ende und macht sie besonders attraktiv, etwa so. „Ich kann Ihnen die Alternative drei, also die gerade genannte, am ehesten empfehlen. Weil: Ihnen bringt das ..., und wir können obendrein über einen interessanten Package-Preis sprechen." Was Untersuchungen ergeben haben: Werden alle drei Varianten neutral präsentiert, entscheiden sich Kunden meist für die mittlere. Denn in der Mitte liegt man am wenigsten falsch. Werden hingegen nur zwei Lösungen präsentiert, entscheiden sich die meisten Kunden für die billigere Variante.

Eine weitere Möglichkeit: Sie bringen Argumente vor, die den Eindruck erwecken, dass Ihr Angebot sehr teuer ist. Kommt es dann zum Preis, erscheint dieser plötzlich erfreulich günstig. Wenn Sie hingegen dem Kunden die günstigere Variante verkaufen wollen, nennen Sie, sozusagen als Schocker, zunächst den hohen Preis („Im teuersten Fall ..."), sodass das zweite, deutlich günstigere Angebot plötzlich in den Bereich des Machbaren rückt. Durch einen geschickt gewählten ersten Preis kann man sich erstaunliche Vorteile verschaffen. Fachleute nennen das den Ankereffekt. Je höher das erste Angebot, desto höher ist auch der Abschlusspreis. Der Gesprächspartner hat höchstens dann eine Chance, wenn er einen massiven Gegenanker setzt, also einen sehr niedrigen Preis nennt.

Eine dritte Variante: Machen Sie das Angebot knapp. "Wenn Sie bis zum ... kaufen, kann ich Ihnen die kostengünstige Variante A zum Einführungspreis zusichern; ab dem ... wird sie dann um x Prozent teurer." Oder: „Das sind unsere letzten Stücke zu diesem Preis. Die nächste Lieferung wird um x Prozent mehr kosten." Ist ein Artikel (scheinbar) knapp, gewinnt er entscheidend an Anziehungskraft. H&M hat uns das mit der Karl Lagerfeld-Kollektion vor Jahren eindrucksvoll deutlich gemacht.

Kennen Sie die Picasso-Version? Von ihm wird erzählt, dass er einmal nach dem Preis eines gerade fertig gestellten Bildes gefragt wurde. Er nannte eine extrem hohe Summe. Nun wollte der Gesprächspartner noch wissen, wie lange er denn zum Malen des Bildes gebraucht hätte. „Acht Stunden", antwortete Picasso. „Da haben Sie ja einen fast schon unverschämt hohen Stundenlohn", entgegnete der Kunstliebhaber. „Sie rechnen falsch, mein Freund", meinte daraufhin Picasso. „Ich habe zwar in der Tat nur acht Stunden gebraucht, um dieses Bild zu malen, aber achtzig Jahre, um zu lernen, wie das geht."

Glauben Sie nie, Ihr Kunde könnte sich ein Angebot grundsätzlich nicht leisten. Teuer ist relativ. Viele Menschen sind bereit, für ihre Bequemlichkeit oder für Genuss, Status und Show tief in die Tasche zu greifen. Schönheitschirurgen erzählen immer wieder von Kundinnen, die auf einen Urlaub verzichten, um im nächsten dann, ein wenig umgebaut, ganz groß herauszukommen. Wer etwas wirklich haben will, der findet auch Mittel und Wege, sich seine Träume zu erfüllen. Ein guter Verkäufer malt solche Träume in bunten Bildern aus: „Gönnen Sie sich doch einmal etwas **ganz** Besonderes, zum Beispiel …!" So erlaubt sich Ihr Kunde plötzlich den kleinen Luxus, den er sich bisher versagt hat.

Der Preis ist dem Kunden zu hoch? Wie hat er das formuliert? Hören Sie genau hin! Sagt er: „Das ist **aber** teuer!", so ist das kein Einwand, sondern eine Feststellung. Sie sagen anerkennend: „Ja – genau!", und gehen dann zum Abschluss über. Oder sagte er: „Das ist mir **eigentlich** zu teuer", dann könnte Ihre Antwort lauten: „Also, Interesse haben Sie schon, richtig? Nur mit dem Preis ist im Moment noch etwas nicht ganz in Ordnung. Oder gibt es etwas anderes, was Sie stört?"

Wenn nun der Kunde den Preis zu teuer findet – und dies kein Vorwand ist? Hier zucken manche Verkäufer zusammen, werden kleinlaut und sind sofort zu Zugeständnissen bereit. Oder sie schalten auf Angriff: „Ich erkläre Ihnen gerne noch einmal, was Sie an uns haben!!" Oder sie ‚verraten' ihre Preise: „Das brauchen Sie mir nicht zu sagen, ich habe die Preise nicht gemacht!" Oder sie bezichtigen den Kunden, der sagt, er habe ein besseres Angebot, mit „Das kann ich nicht glauben!" der Lüge. Oder sie unterstellen ihm mit „Haben Sie auch alles richtig verglichen?" derbe Inkompetenz. Das ist alles nicht wirklich förderlich für das weitere Vorgehen.

Sagen Sie stattdessen ganz souverän: „Sie haben sich auch für etwas ganz Besonderes entschieden." Oder je nach Kunde salopp: „Stimmt! Ist sauteuer – aber genial!" Oder hinterfragen Sie das Kundenstatement mit einer der folgenden Fragen:

- Ist der Preis für Sie denn am wichtigsten, Herr xx?
- Sie glauben, der Preis ist **zu** hoch? Inwiefern?
- Welchen Teil meines Angebots finden Sie **zu** teuer, Frau xx?
- Ich kann verstehen, dass der Preis eine große Rolle spielt ..., wobei ... .
- Ist der Preis denn der einzige Punkt, weshalb wir jetzt nicht weiterkommen?
- Auf den ersten Blick sieht das nicht ganz so günstig aus, wobei ... .
- Die billigste Variante ist nicht immer zugleich auch die preisgünstigste, oder?
- Darf ich Ihnen erklären, wo der Unterschied zu den billigen Anbietern liegt?
- Herr xx, welchen Preis hätten Sie denn dafür bezahlen wollen?
- Auf was wollten Sie denn verzichten, Herr xx, damit es **billiger** wird?
- Klar, der Preis ist die eine Seite. Und wie wichtig ist Ihnen ..., Frau xx?

Die nun folgende Antwort des Kunden bringt Sie taktisch ein ganzes Stück weiter. Sie erhalten wichtige Informationen für das weitere Vorgehen. Haben Sie sich schließlich gemeinsam geeinigt, fragen Sie nochmals abschließend, ob das Angebot jetzt für den Kunden so stimmt. Achten Sie dabei auch auf immer noch negative Untertöne, und sprechen Sie das notfalls an. Die gefährlichsten Einwände sind nämlich die unausgesprochenen.

Die Rabatt-Strategie

„Was lässt sich am Preis noch machen?" Schon fast eine Standardfrage, wenn es ans Bezahlen geht. Rabatte sind heutzutage leichte Beute. Wer nicht danach fragt, ist dumm. Preisverhandlungen sind zum Volkssport geworden. Und die Unternehmen selbst haben die Kunden dazu erzogen: Das Schnäppchen wurde zur Droge. Ein bisschen was geht immer, das hat inzwischen jeder gelernt. Aus Deutschland wurde Discountland.

Oft genügt der vage Hinweis auf ein besseres Angebot oder ein gekürztes Budget, schon sind Verkäufer zu Konzessionen bereit. Selbst die plattesten Bluffs gelingen! Und hören Verkäufer öfter, sie seien zu teuer, dann glauben sie schließlich selbst daran. Problematisch ist dabei Folgendes: Einmal gewährte Rabatte können nicht wieder zurückgefahren werden. Der Kunde gewöhnt sich dran und sie werden zur Selbstverständlichkeit. Mehr muss nun her. So kommt eine Abwärtsspirale in Gang, die nicht nur die Erträge, sondern auch das Preis-Image zerstört.

In diesem Szenario gilt es, den Balanceakt zwischen Rabattschlacht und Marge derart zu gestalten, dass er sowohl dem potenziellen Kunden als auch dem Anbieter Vorteile bringt – und Rentabilität sichert. Denn selbst geringe Preisabschläge gefährden oft schon die Gewinnsituation. Erstellen Sie daher eine Tabelle, aus der hervorgeht, wie sich ein Nachlass von x auf die Umsatzrendite auswirkt, und wie viel Neugeschäft Sie brauchen, um das wieder auszugleichen. Einer McKinsey-Untersuchung zufolge muss bei einer Preisreduktion von fünf Prozent der Absatz um 19 Prozent gesteigert werden, um den Gewinn zu halten.

Danach heißt es, eine praktikable Rabattstrategie zu entwickeln, bevor es zum Kunden geht. Grundsätzlich verfolgen Rabatte folgende Ziele:

Kundengewinnung: Rabatte fungieren als Köder. Aus Sicht des Kunden verringert der preisliche Nachlass das Risiko und erzeugt einen spontanen Haben-wollen-Impuls.

Stammkundenpflege: Lineare oder gestaffelte Nachlässe signalisieren eine Belohnung für anhaltende Kundentreue und schaffen Anreize für eine weitere kontinuierliche Zusammenarbeit.

Kundenrückgewinnung: Sonderpreise rechtfertigen bzw. versüßen den Weg zurück und regen dazu an, seinem Ex-Anbieter eine zweite Chance zu geben.

Umsatzsteuerung: Mengenrabatte oder zeitlich begrenzte Specials beleben die Mehrabnahme zu bestimmten Zeitpunkten bzw. gestalten erwünschte Absatzverläufe.

Liquiditätssteuerung: Rabatt-Aktionen kurbeln die Verkäufe an und füllen kurzfristig die Kassen. Ausverkäufe verhindern das Abschreiben schwer verkäuflicher oder verderblicher Ware.

Produkteinführung: Reduzierte Markteintrittspreise oder Lockvogel-Angebote ermöglichen einen schnellen Start, wobei eine spätere Preisanhebung oft problematisch ist.

Positionierung: Hohe offizielle Listenpreise signalisieren, dass man es eigentlich mit einem Premium-Anbieter bzw. einem Premium-Produkt zu tun hat.

Verhandlungsvorteile: ein künstlich überhöhter Einstiegspreis ermöglicht einen breiten Verhandlungsspielraum bzw. eine flexible Anpassung an die jeweilige Marktsituation.

Wettbewerbsvorteile: Schnelle oder hohe Rabatte machen es möglich, ein Konkurrenzangebot zu schlagen und damit die Marktanteile eines Konkurrenten zu schwächen.

Emotionale Vorteile: Gewährte Nachlässe geben dem Kunden das Gefühl, ein guter Verhandler zu sein, ein Schnäppchen gemacht oder einen Sieg davongetragen zu haben. Sie ermöglichen dem Einkäufer, sich ‚nach oben' gut zu verkaufen und bonifizierte Vorgaben zu erfüllen.

In vielen Fällen ist es allerdings vorteilhafter, nicht über Rabatte, sondern über Service-Konditionen, Liefer-Modalitäten, Zahlungsbedingungen, Selbstbeteiligungen, Garantien, Bündelung, Last-minute-Angebote, Staffelpreise, Zugaben, kostenlose Extras, Treuepunkte, Couponing, Finanzierungsmodelle etc. nachzudenken. All dies ist meist ertragsschonender und verhindert auch, dass sich Nachlässe herumsprechen. Zur Not lässt sich auch mal ein ‚einmaliger Sonderrabatt' fixieren – und das am besten schriftlich.

So inszenieren Sie ein Rabatt-Gespräch

Geldwerte Vorteile beschleunigen einen Abschluss ganz ungemein. Rabattsysteme stimulieren, wie an der sogenannten ‚Abwrackprämie' wunderbar zu sehen war, das cerebrale Belohnungssystem und lösen eine vorher nicht gekannte Rührigkeit aus. Rabatte schalten gewissermaßen den Verstand der Konsumenten ab. ‚Schnäppchen' wollen wir uns nicht entgehen lassen. Dieses Wissen kann in entsprechende Formulierungsvorschläge eingebaut werden:

- Sie können auf zwei Wegen Geld sparen: Entweder ... oder ... Was passt Ihnen besser?
- Ein Stück kostet ..., wenn Sie nun gleich den 10er-Pack nehmen, nur ... Was ist Ihnen lieber?
- Wenn Sie sofort zuschlagen, Frau xx, kann ich Ihnen ... einräumen. Wäre das was?

Größere Nachlässe sollten dem Kunden nicht einfach so in den Schoß fallen. Verhandlungsprofis beachten zunächst folgende Punkte:

- Analysieren Sie die ‚Maschen' Ihrer Kunden, wenn es um Preisgespräche geht. Gewiefte Einkäufer und gut informierte Endverbraucher kennen zahlreiche Tricks. Wenn Sie ein Einkäufer-Seminar besuchen oder mit den Einkäufern aus dem eigenen Haus öfter mal Rollenspiele machen, können Sie lernen, diese zu durchschauen.
- Analysieren Sie Preise und Konditionen der Konkurrenz ganz genau, um sich vor unwahren Behauptungen der Kunden zu schützen.
- Bereiten Sie sich auf Rabattgespräche gut vor, das heißt: rabattkompetent sein, Kalkulationsunterlagen dabeihaben, seine betriebswirtschaftlichen Zahlen kennen.
- Arbeiten Sie an Ihrer eigenen Einstellung! Wer selbst nie teuer kauft, kann auch nicht teuer verkaufen. Wer selbst ständig nach Rabatten fragt, gesteht das auch seinen Kunden zu. Und wer glaubt, zu teuer zu sein, wird genau dies auch signalisieren – und öffnet damit Tür und Tor für unangemessene Forderungen.
- Trainieren Sie Rabatt-Gespräche ausgiebig, bevor es zum Kunden geht.

Und wenn es dann zum Rabatt-Gespräch kommt:

- Zeigen Sie Ihr schönstes Pokerface: Lassen Sie nicht erkennen, wie weit Sie nach unten gehen können. Angst, Freude oder Unwille verbergen.
- Verteidigen Sie Ihre Preise und verhandeln Sie hartnäckig. Nicht sofort nachgeben, sich Luft nach unten lassen. „Zu dieser Maximalforderung muss ich Nein sagen, aber lassen Sie uns doch schauen, wie wir uns einigen können."
- Hinterfragen Sie, welche Rabattvorstellungen der Kunde hat. Oft fallen diese nicht so hoch aus, wie vielleicht befürchtet.
- Sprechen Sie selbst nicht von Rabatten, sondern beispielsweise von Sonderkonditionen oder von einem Preisbonus.
- Stellen Sie Rabatte optisch günstig dar, also beispielsweise aufs Jahr hochgerechnet oder auf eine kleine Einheit heruntergebrochen. Nennen Sie immer nur die absoluten Zahlen, denn Prozentzahlen animieren zu weiterem sportlichem Nachverhandeln.
- Versuchen Sie, für Preiszugeständnisse eine Gegenleistung (höhere Volumen, feste Kontingente, Folgeaufträge, Kontakte, Referenzen usw.) zu erhalten. Rabatte ohne Gegenleistung machen Sie unglaubwürdig.
- Nageln Sie den Kunden fest, bevor Sie Ihren letzten Preis nennen: „Angenommen, wir können uns nun im Preis einigen ..." oder: „Für den Fall, dass ich Ihnen im Preis noch weiter entgegenkomme, bekomme ich dann hier und jetzt den Auftrag?" Sonst nutzt der Kunde Ihr Angebot womöglich nur, um damit die Konkurrenz zu drücken.
- Es muss glaskar für den Kunden sein, wo für Sie die Rabatt-Untergrenzen liegen. Wehren Sie unerfüllbare Forderungen ab und geben Sie eine plausible Begründung dafür. Machen Sie deutlich, dass Sie notfalls auf das Geschäft verzichten.
- Auch bei harten Verhandlungen den menschlichen Aspekt nicht vergessen. *'Hart in der Sache, weich zu den Menschen'* lautet das Prinzip des *Harvard-Konzepts*.

Und zum Schluss: Drücken Sie Ihre Freude über den Verhandlungserfolg aus. Besiegeln Sie ihn mit einem Handschlag. Letzteres klingt hier vielleicht ein wenig albern, aber es wirkt ungemein.

Rabattgespräche sind, dies nochmals hier in aller Deutlichkeit, immer nur die zweitbeste Wahl. Wer erste Wahl sein und Premium-Preise verkaufen will, sollte folgenden Satz intus haben: „Wir können über alles reden, Herr xx, aber nicht über den Preis."

Schritt für Schritt zu einem erfolgreichen Preisgespräch

Hier nochmals das Vorgehen im Überblick:

1. Freuen Sie sich auf die Preisverhandlung.

2. Finden Sie kreative Formen der Preisgestaltung.

3. Inszenieren Sie Ihr Preisgespräch souverän.

4. Analysieren Sie das Argument ‚zu teuer' besonders sorgfältig.

5. Bereiten Sie sich auf Rabattgespräche gut vor.

11.
Einwände sind Wegweiser zum Erfolg

Wir alle wissen aus eigener Erfahrung, wie leicht es ist, sich ganz bewusst und gezielt der Meinung eines anderen zu verschließen und ihn ins Leere laufen zu lassen. Und wir erinnern uns, wie wir so gerne um unser wahres Motiv ein Tarn-Mäntelchen hängen, das beispielsweise folgendermaßen heißt: „Ich muss es mir noch einmal überlegen." Oder: „Ich muss zuerst noch meinen Chef/Partner/Kollegen fragen."

Wir können auch nachvollziehen, wie die Angst, etwas Falsches zu tun, die Menschen geradezu immobilisiert oder wie die Sorge, sein Gesicht zu verlieren, uns zögern lässt. Und wir können heimlich zugeben, wie oft wir Dinge leugnen, verdrängen, beschönigen, verharmlosen, nur um unsere wahren Beweggründe zu verschleiern. Manchmal wollen wir jemanden schnellstmöglich abwimmeln. Und bisweilen wollen wir auch ganz einfach einen anderen Menschen nicht verletzen.

Beachten wir ferner, wie schwer es uns fällt, unsere Komfortzone zu verlassen, guten alten Gewohnheiten abzuschwören, etwas Liebgewonnenes aufzugeben und Glaubenssätze über Bord zu werfen. Wir wissen auch, wie hartnäckig wir oft uns selbst und andere davon zu überzeugen versuchen, dass unser bisheriger Standpunkt goldrichtig war. Nur um nichts verändern zu müssen: Lieber ein bekanntes Elend als eine unbekannte Freude.

Und wir wissen aus eigener Erfahrung, wie es einem den Angstschweiß aus den Poren treiben kann, wie wir feuchte Hände bekommen, wenn wir uns zu einer Entscheidung durchringen müssen, deren Risiken wir nicht wirklich übersehen. Im beruflichen Alltag kann eine falsche Entscheidung schließlich den Job kosten. Die Kundenaussage „Das Produkt läuft nicht!" könnte beispielsweise eine reine Befürchtung sein. Gute Verkäufer hinterfragen solche Aussagen immer.

Einwände gibt es also aus vielen Gründen. Sie entspringen einem inneren Dialog, den das Gehirn mit sich selber führt, während ‚draußen' das Verkaufsgespräch stattfindet. Bei bedeutenden Entscheidungen dauert ein solcher innerer Dialog manchmal Tage und Wochen, bei Kleinkram heißt es ruckzuck: (nicht) kaufen! So ist unser Hirn den größten Teil der Zeit mit sich selbst beschäftigt – und benutzt dafür im Übrigen auch den größten Teil seiner Energie. Um zum Ja zu kommen, ist es unerlässlich, den inneren

Dialog nach außen zu tragen. Denn sonst findet die Entscheidung ohne den Verkäufer statt.

Einwände sind Wegweiser zum Abschluss

Einwände sind Chancen, sozusagen Wegweiser zum Abschluss. Sie zeigen in aller Regel, dass weiterhin Interesse besteht. Sie müssen raus, damit der Abschluss überhaupt zustande kommen kann. Begrüßen Sie daher jeden Einwand des Kunden, machen Sie **nie** einen Einwand nieder, widersprechen Sie nicht! Besser, Sie wertschätzen die Mitteilung und quittieren sie positiv: „Wie gut, dass Sie danach fragen!" „Danke, dass Sie darauf zu sprechen kommen!" „Schön, dass Sie darauf hinweisen!" „Ich weiß, was Sie meinen." „Es freut mich, dass Sie das schon gleich sagen!" „Ich sehe schon, Sie kennen sich mit dem Thema bestens aus!" Sie selbst sprechen übrigens nie von einem Einwand, sondern immer von Fragen, Anliegen, Hinweisen, Aspekten oder Argumenten. Lassen Sie es nie zum Streit kommen. Streitgespräche mit Kunden können sehr teuer sein.

Einwände werden nicht entkräftet, sondern wie eine Frage beantwortet. Ziel ist es, eine zunächst noch ablehnende Einstellung des Kunden in eine zustimmende Haltung zu verwandeln. Hierzu muss man auf Einwände gut vorbereitet sein. Erstellen Sie daher eine Liste mit den gängigsten Einwänden und formulieren Sie Antworten vor. Im Eifer des Gesprächs sind Sie dann wenigstens nicht sprachlos. Sie können sogar proaktiv nach Einwänden fragen oder besser noch: Einwände geradezu provozieren. „Entspricht unser Angebot in allen Punkten Ihren Vorstellungen?" Oder: „Ich habe das Gefühl, Sie sind noch nicht ganz überzeugt …!" Oder ganz emotional: „Sie blicken so sorgenvoll?"

Warum äußert der Kunde überhaupt Einwände? Manchmal kann/will er einfach nicht kaufen, Punkt! Ein ehrliches Nein spart dann Zeit und Kosten für alle Beteiligten. Es kann aber, wie oben geschildert, viele weitere Gründe geben. Diese haben nicht immer nur mit Ihrem Angebot zu tun, obwohl der Kunde dies in aller Regel so formulieren wird. Solange der Kunde allerdings den Verkäufer nicht als Person akzeptiert hat, wird er nichts von ihm kaufen wollen. Abwehr ist oft eine Folge von Misstrauen an den lauteren Absichten der Person. Wer überredet statt überzeugt, wer an seinen eigenen Geldbeutel anstatt an den des Kunden denkt, wer lügt oder im negativen Sinn manipuliert, erntet nun Widerstand.

Erst, wenn Sie den wahren Grund für die Einwände des Kunden gefunden haben, finden Sie auch den Weg zum Abschluss. Hinter den rationalen Gründen unseres Tuns stecken ja oft, wie weiter vorne schon ausführlich dargestellt, emotionale oder ganz und gar unbewusste Beweggründe:

- Der Kunde möchte mit seinem Wissen glänzen.
- Er möchte auch mal Recht haben.
- Er will Aufmerksamkeit und Anerkennung.
- Er möchte sich mal kurz ausjammern.
- Er ist verwirrt oder hat gar nichts verstanden.
- Er fühlt sich verunsichert oder herabgesetzt.
- Er fühlt sich bedrängt oder übervorteilt.
- Er möchte Sie ganz einfach abwimmeln.
- Er möchte testen, wie standfest Sie sind.

Viele Menschen wollen auch nicht sagen, was sie wirklich hemmt, sie wissen es gar nicht, sie können es nicht ausdrücken oder sie machen sich selbst etwas vor. Jeder zimmert sich so seine eigene subjektive Realität zurecht. Hirnforscher nennen das: Wahrnehmungsgefängnis. Dies muss ein Verkäufer erkennen können, um den Kunden zu verstehen und zu gewinnen – ohne ihn dabei zu entlarven. Dazu brauchen Sie Offenheit, Einfühlungsvermögen, Menschenkenntnis und Beobachtungsgabe, also emotionale Intelligenz. Und eine gute Einwand-Beantwortungstechnik.

Einwände analysieren

Neben den echten Einwänden gibt es verschiedene Arten von scheinbaren Einwänden. Sie haben unterschiedliche Ursachen oder Stoßrichtungen:

Informationsmangel, Missverständnisse: Wem noch Informationen fehlen, der kauft nicht. Fragen Sie nach, ob Ihr Kunde alle für seine Entscheidung notwendigen Informationen (richtig verstanden) hat. Die Aussage

„Das eilt doch nicht!" könnte bedeuten: ‚Bitte, ich brauche noch Argumente. Erläutern Sie mir genau, warum ich mich gleich hier und jetzt entscheiden soll.'

Unsicherheit, schlechte Vor-Erfahrungen, Entscheidungsschwäche, Ängste: Viele Menschen tun sich schwer, eine Entscheidung zu treffen. Sie haben Angst vor Fehlern und möglichen negativen Folgen. „Ich will es mir noch mal überlegen!" bedeutet dann: ‚Sie haben mir noch nicht meine Angst genommen.' Befriedigen Sie das Sicherheitsbedürfnis dieser Kunden, ohne die Ängste zu entlarven. Reduzieren Sie die Anzahl der Optionen. Bieten Sie Testkäufe oder eine Geld-zurück-Garantie an. Und sprechen Sie langsam, mit ruhiger, warmer Stimme. Sagen Sie zwischendurch: „Sie brauchen sich noch nicht sofort entscheiden, sondern erst, wenn Sie ganz sicher sind."

Vorwände, Ausflüchte, Ausreden: Das sind oft Hintertürchen, durch die der Kunde schlüpfen will, weil er beispielsweise Angst vor einer falschen Entscheidung hat oder eine Entscheidung nicht alleine treffen kann/will. Begegnen Ihnen im Verkaufsgespräch Äußerungen wie ‚keine Zeit' oder ‚zu teuer', dann handelt es sich oft um einen Vorwand. Viele Menschen bringen aus Scheu, ihr Gesicht zu verlieren, manchmal einen Vorwand, der gut aussieht und auf den ersten Blick unüberwindlich wirkt. Erst wenn dieser ‚Vorwand' (im wahrsten Sinne des Wortes) entfernt ist, erschließt sich der wahre Grund für die abweisende Haltung. Lassen Sie sich also nicht bange machen. Fragen Sie einfach: „Was meinen Sie ganz genau mit ...?" oder „Neben dem Zeitfaktor, der ja heutzutage eine große Rolle spielt, gibt es noch weitere Gründe ...?"

Skepsis, Zweifel: Zweifel sind versteckte Abschluss-Signale. Wenn man das Wort in seine Silben zerlegt (Zwei-fel), erkennt man, das der Kunde hin- und hergerissen ist zwischen zwei Möglichkeiten: Soll ich oder soll ich nicht, jetzt oder später, dieses oder jenes Angebot? Das können Sie thematisieren. Sogar sehr ernste Zweifel sind oft genug ein Hinweis auf die Abschlussbereitschaft. Es steht nur noch ein Hindernis, also eine formale und/oder emotionale Hürde im Weg, die weggeräumt werden will, um letzte Unsicherheiten zu zerstreuen.

Vorurteile, Verallgemeinerungen, Misstrauen: Wer Vorurteile hat, hat meist einen verengten Blickwinkel und betrachtet die Umwelt durch die subjektive Brille selektiver Wahrnehmung. Hier helfen Präzisierungsfragen weiter, um der Sache auf den Grund zu gehen, etwa so: „Was meinen Sie denn genau mit ‚alle Versicherungsvertreter'?" „Was ist es denn genau, was Sie so skeptisch macht?" Weitere Präzisierungsfragen finden Sie in Kapitel acht.

Besserwisserei, Imponiergehabe: Beides entspringt einem stark dominanten Charakter oder mangelnder Anerkennung. Die beste Taktik: Kräftig loben! Es könnte aber auch mit Ihrem überheblichen Auftreten zu tun haben. Manche Verkäufer benutzen ja Kundengespräche gerne als Bühne zwecks Zurschaustellung der eigenen Herrlichkeit. Möglicherweise haben Sie auch das geistige Territorium des Kunden bzw. seinen (vermeintlichen) Expertenstatus verletzt. ‚Geistiges Territorium' spielt in der Wissensgesellschaft eine nicht zu unterschätzende Rolle. Gehen Sie sensibel damit um!

Persönliche Angriffe, Polemik, Zynismus: Am besten einfach ignorieren. Gegebenenfalls können Sie mit einem kräftigen „Herr Mayer!!!" reagieren. Oder Sie fragen mit einem Ausdruck leichter Verwunderung: „Wie meinen Sie das?" Aber keinesfalls kontern Sie mit einem giftigen „Was denken Sie sich eigentlich, wer wir sind!" Schützen Sie sich gegen emotionale Verletzungen durch die Olé-Technik (Kapitel drei) und nutzen Sie die Gewinnersprache.

Persönliche Ablehnung, Antipathie: Versuchen Sie es mit einer Entschuldigung („Bitte entschuldigen Sie, da bin ich wohl im Eifer über das Ziel hinausgeschossen!"). Oder: Schicken Sie im Interesse Ihres Unternehmens und der Umsatzsituation einen Kollegen bzw. eine Kollegin vorbei.

Neben den verbal vorgetragenen Einwänden gibt es natürlich auch die nonverbalen. Das sind: vermeiden von Blickkontakt, abgewandte und verschränkte Haltung, Hände im Gesicht, finsterer oder unbeteiligter Gesichtsausdruck, verspannte Kinnregion, Stirnfalten zwischen den Augenbrauen usw. Halten Sie in solchen Fällen im Verkaufsprozess inne und stellen Sie Fragen zum Thema. Durch Fragen erhalten Sie sofort wieder Zuwendung.

Wie Sie Einwände beantworten

Es gibt eine ganze Reihe von Techniken, mit denen Sie Einwände beantworten können. Viele davon sind den Profis sicher bekannt. Hier bringe ich deshalb vor allem solche, die auch dem stärker emotionalisierenden Verkauf dienlich sind. Doch zunächst ein kleiner Test. Wie reagieren Sie auf folgende Aussagen?

Mit fehlt bei Ihnen ganz einfach fundiertes Fachwissen.
Theoretisch klingt das ganz gut, aber in der Praxis funktioniert das nicht.
Für so einen Blödsinn haben wir jetzt weder Geld noch Zeit.
Sie wollen mir doch nur was verkaufen, das ist doch sonnenklar.
Von Ihrem Wettbewerber sind wir da aber Besseres gewöhnt.

Obwohl Verkäufer wissen, dass Einwände kommen, reagieren viele im Ernstfall perplex. Das hat, wie wir bereits sahen, mit unseren Hirnfunktionen zu tun, kann aber überwunden werden. Wer auf Einwände richtig gut vorbereitet ist, erlebt kaum noch böse Überraschungen. Und wer seine körperlichen Reaktionen dabei im Griff hat, wirkt unangreifbar, gelassen und souverän. Also: Nie reflexhaft agieren, sondern zunächst mit ‚ruhig Blut' analysieren, was **wirklich** Sache ist, um danach angemessen reagieren zu können. Hierbei steht Folgendes zur Wahl:

Das emotionale Öffnen: So gehen Sie sanft an offensichtliche oder spürbare Hemmnisse heran. Dabei sind folgende Fragen bzw. Aussagen hilfreich:

- Aus Ihrer Sicht betrachtet, Herr xx, kann ich das gut nachvollziehen. Wobei ...
- Da ist was dran. Was wäre denn Ihr Wunsch an uns? Was schlagen Sie vor?
- Sie wissen, dass wir an einer Zusammenarbeit wirklich sehr interessiert sind. Können Sie mir sagen, was wir genau tun müssen, damit ...
- Was ich persönlich bedaure/schade finde ist, dass ....
- Bitte, Sie können mir sehr helfen, wenn Sie mir sagen, ...
- Ich bin im Moment ganz baff. Wie können wir jetzt weiter vorgehen, Herr xx?
- Ich sehe, Sie sind noch nicht ganz überzeugt, Frau xx. Wie ...

- Was würden Sie denn an meiner Stelle tun, Herr xx?
- Unter welchen Umständen könnten Sie sich denn vorstellen, dass ...
- Sie haben sicher einen guten Grund, ... zu sagen. (Pause)
- Gibt es jemanden, mit dem Sie lieber Geschäfte machen wollten?
- Herr xx, was stört Sie an dem Vorschlag derart, dass Sie ...
- Welche Unschlüssigkeiten haben wir bisher noch nicht angesprochen?
- Was trennt uns wirklich – und wie können wir uns hier und heute einigen?
- Gibt es noch etwas, das wir bisher nicht besprochen haben? Irgendetwas?
- Was lauert noch im Hintergrund, das eine Zusammenarbeit gefährden könnte?
- Bis eben hatte ich das Gefühl, lief unser Gespräch noch gut. Was habe ich in den letzten zehn Minuten falsch gemacht?

Nach solchen Fragen ist der Gesprächspartner am Zug. Meistens geht er einen Schritt auf Sie zu. Oder Sie erhalten wertvolle Informationen für das weitere Vorgehen. Oder der Kunde zeigt Ihnen die Lösung – und der Abschluss klappt dann wie von selbst. Die meisten Menschen senken Ihre Ansprüche, sobald ihnen selbst die Wahl überlassen wird. Denn das gibt ihnen das gute Gefühl, die Situation zu beherrschen.

Affirmation statt Konfrontation: Begrüßen Sie den Einwand: „Wie gut, dass Sie darauf zu sprechen kommen." Wer in einem Verkaufsgespräch auf Angriff schaltet, einen Einwand entkräftet, widerlegt oder kontert, hat schon verloren. Streichen Sie deshalb **ja aber** völlig aus Ihrem Wortschatz. Besser: „Gerade weil..., deshalb..." oder: „Genau! Und darüber hinaus ...". Ein gewonnenes Streitgespräch ist fast immer ein verlorener Abschluss.

Zugeben: Mit „Ja – genau!" bestätigen Sie einfach den Einwand des Kunden. Dabei unbedingt Augenkontakt halten und wohlwollend lächeln. Das lässt vorgeschobene oder in Wahrheit unwichtige Einwände einfach verpuffen. Vor allem bei nicht abschlussrelevanten Details ist dies eine wunderbare Möglichkeit, die Situation sofort zu entschärfen.

Überraschen: Überraschen Sie den Kunden mit einer Antwort, die er so nicht erwartet hat. Sagt er beispielsweise „Ja, aber …", dann antworten Sie: „Sie sagten gerade ja, aber. Welcher Teil meines Angebots gefällt Ihnen denn gut?" Oder sagt der Kunde: „Ich habe ein viel besseres Angebot von Ihrer Konkurrenz!", dann sagen Sie ganz ruhig: „Danke, dass Sie mich darüber informieren. In welchen Punkten halten Sie es denn für besser?"

Vorwegnehmen: Oft gehörte Einwände kann man vorwegnehmen: „Vielleicht fragen Sie sich jetzt … . Da kann ich Sie beruhigen …" So nimmt man Wind aus den Segeln.

Zurückstellen: Gerade unpassende Einwände können Sie mit Erlaubnis des Kunden zurückstellen. Dabei gibt es zwei Möglichkeiten: Sie kommen tatsächlich auf den Einwand zurück oder Sie ‚vergessen‘ ihn, um zu testen, ob er wirklich wichtig war.

Präzisieren: Damit der Einwand eines Kunden nicht falsch interpretiert wird, lässt man ihn präzisieren: „Was meinen Sie genau mit …" oder: „Was verstehen Sie unter …?"

Neutralisieren: Man kann Einwände mit „Einerseits …, andererseits …" neutralisieren. Das ist wie bei einer Waagschale. Am Ende sollte die Schale mit Ihren Argumenten stärker wiegen.

Isolieren: Machen Sie die Einwände des Kunden überschaubar: „Ist es nur …, oder gibt es noch andere Gründe?" oder „Liegt es einzig und allein an …, oder gibt es noch weitere Punkte?"

Umformulieren: Wiederholen Sie den Kundeneinwand in eigenen Worten und nehmen Sie dabei die Schärfe heraus. Das nennt man entgiften. Reflektieren Sie gegebenenfalls auch das Gefühl, um den Kunden emotional zu begleiten. Stellen Sie am Ende unbedingt eine Rückmeldungsfrage, um sicherzugehen, dass der Kunde mit Ihrer Interpretation einverstanden ist. „Sie meinen, dass …? Ist das richtig so?"

Bittere Pille: Wenn Sie einen weniger guten Aspekt mitverkaufen müssen, packen Sie diesen zwischen zwei positive Argumente. Das, was nicht so gut schmeckt, wird quasi mit Zuckerguss umhüllt – und damit genießbar!

Plus-Minus-Liste: Sie wird schriftlich erstellt. Hierdurch lassen sich verschiedene Alternativen und auch Konkurrenzangebote visualisieren und gewichten. Besprochene Punkte sollten im Rahmen einer kurzen Zusammenfassung abgehakt werden.

(Scheinbar) Aufgeben: Manchmal braucht/will der Kunde wirklich nicht, was Sie anbieten. Wenn das offensichtlich ist, sprechen Sie es ruhig offen an: „Sie möchten zu meinem Vorschlag eigentlich **Nein** sagen, nicht wahr?" Dies nimmt Druck aus dem Gespräch, und der Kunde wird dankbar aufatmen. Versuchen Sie gegebenenfalls eine Alternative!

Notieren Sie nach jedem Verkaufsgespräch die geäußerten Einwände und Ihre Reaktion. Formulieren Sie nun bessere Antworten und notieren Sie diese in Ihrem Erfolgsbuch. Erweitern Sie Ihre Sammlung kontinuierlich. Und: Lesen Sie sich die entsprechenden Passagen vor dem nächsten Verkaufsgespräch durch! Denn nur Übung macht den Meister.

Schritt für Schritt Einwände erfolgreich beantworten

Hier nochmals das Vorgehen im Überblick:

1. Bereiten Sie sich auf Einwände gut vor, am besten schriftlich.

2. Nehmen Sie den Kundeneinwand dankend an (Ohren und Augen auf).

3. Analysieren Sie den Einwand (Ruhe bewahren, positiv sein).

4. Reagieren Sie angemessen (passende Einwand-Beantwortungstechnik wählen).

5. Stellen Sie Kontrollfragen (O.K. so? – Noch weitere Fragen?).

12.
Der krönende Abschluss

Die Krönung eines guten Verkaufsgesprächs ist der Abschluss. Es ist dann ideal gelaufen, wenn der Kunde am Ende von sich aus sagt, dass er kaufen will. Das ist allerdings nicht immer der Fall. Viele Menschen brauchen eine helfende Hand, um Entscheidungen zu treffen. Diese helfende Hand, das ist der Verkäufer!

Menschen wissen selber, ob sie kaufen wollen oder nicht? Wie das Wort so schön zeigt, wenn man es in seine Silben zerlegt, ist jede Ent-scheidung **für** eine Sache gleichzeitig eine Entscheidung **gegen** eine andere. Sich entscheiden bedeutet, Bekanntes aufzugeben, Teile seiner bisherigen Meinung über Bord zu werfen, gewohntes Verhalten zu ändern, sich auf Neuland zu wagen – und mit all dem auch Risiken einzugehen. So steht ein Ja oder Nein oft auf kippeligen Beinen: Die Zahlen sprechen dafür, das Gefühl aber dagegen. Oder umgekehrt. Also brauchen in dieser Phase des Zauderns viele ein wenig Anschub, um Entscheidungssicherheit zu gewinnen.

Entscheidungshelfer sein

Es ist die Aufgabe des Verkäufers, den berühmten Ruck zu bewirken. Er ist das Bindeglied zwischen Gewohntem und Ungewissheit. Er legt die Trittsteine und macht den Weg zum anderen Ufer frei. Verkäufer, die in der Abschlussphase unsicher wirken, übertragen diese Unsicherheit auf den Kunden – und das in einem Moment, in dem dies am wenigsten förderlich ist. So sorgt die mangelnde Entschlossenheit eines schwachen Verkäufers nicht selten für den Rückzug des Kunden.

Da man vor einer Entscheidung nie ganz genau weiß, wie es werden wird, braucht der Kunde Vertrauen in die Person des Verkäufers **und** in die Glaubwürdigkeit seiner Argumente. Nicht **die** Kriterien, nach denen der Verkäufer handeln würde, sondern einzig und allein die meist sehr subjektiven Kriterien des Kunden sind dabei relevant. So ist es sinnvoll, nicht nur gedanklich, sondern auch verbal immer mal wieder dessen Perspektive einzunehmen. „Aus Ihrer Sicht betrachtet ...". Vielleicht hilft Ihnen dabei das folgende Bild (nach Gudrun Fey): Wenn man sich an einem Tisch gegenübersitzt, auf dem eine Tasse mit Henkel steht, dann ist für den einen der Henkel rechts – und für den anderen links.

Die Abschlussphase ist die emotionalste Phase des Verkaufsgesprächs. Im BtoB-Geschäft sei das anders, meinen Sie? Das wage ich zu bezweifeln. Auch Geschäftsleute lassen sich am Verhandlungstisch von ihren Stimmungen leiten. Sie haben positive und negative Erfahrungen gemacht, sie bringen gute oder schlechte Laune mit in den Besprechungsraum. Auch bei ihnen schwingt – hinter der Maske des abgeklärten Pokergesichts – das Hoch und Tief der Emotionen. Sie sind weit weniger intellektgesteuert, als dies bisweilen den Anschein hat. Ihr Risiko: Etwaige Fehlentscheidungen wird der Kunde selten als eigene Niederlage einstufen, die Schuld wird dann meistens im Außen gesucht. Im Zweifel ist also der Verkäufer der böse Bube.

Um sich von Altem trennen zu können, ist manchmal zunächst Trauerarbeit zu leisten. Erst danach ist der Kopf frei für Neues. Geben Sie dem Kunden diese Zeit und würdigen Sie zunächst das Derzeitige. Diese Taktik ist besser, als Bisheriges schlechtzureden. Und wenn es zäh wird: Geben Sie – wenn möglich – freiwillig eine Ihrer Positionen auf. Wir lassen uns leichter überzeugen, wenn wir sehen, dass auch der andere sich bewegt. Ihre Frage dabei kann wie folgt klingen: "Unter welchen Umständen könnten Sie denn eine Entscheidung zu unseren Gunsten treffen?" Die frühe Abschlussphase ist übrigens der einzige Gesprächsmoment, in dem Weichmacher (möglicherweise etc.) und Konjunktive (könnte, sollte, wäre) zielführend sind.

Die Angst vor dem Nein

Wer im Verkauf tätig ist, muss zwangsläufig mit einer bestimmten Anzahl von Absagen rechnen – das ist ein Teil des Jobs. Weniger erfolgreiche Verkäufer haben jedoch oft Angst vor dem Nein des Kunden. Sie fürchten eine Beschädigung ihres Ego oder eine emotionale Zurückweisung. Ablehnung kann, wie jeder am eigenen Leib schon gespürt hat, eine sehr unangenehme Erfahrung sein. So versuchen wir, dies zu vermeiden. Wir schwafeln herum und reden um den heißen Brei, nur um der Abschlussfrage aus dem Weg zu gehen – oder weil uns gerade nichts Passendes einfällt.

In Gefahrensituationen wird nämlich das Denkhirn zurückgeschaltet und die Amygdala tritt in Aktion. Sie ist unser neuronales Gefahrenradar. Sie hat vor allem die Aufgabe, uns vor Schaden zu bewahren. Und jedes Nein eines Kunden ist eine potenzielle Gefahr. Es bedeutet Niederlage, Blamage, Liebesentzug. Jedes „Ich muss es mir noch einmal überlegen" klingt da schon freundlicher. So verspielen manche Verkäufer zugunsten der trügerischen Hoffnung ein wahrscheinliches Ja, um das eiskalte Nein zu vermeiden.

Was macht die Amygdala ganz genau? Sie bereitet uns in kritischen Situationen auf adäquates Verhalten vor: Ohne dass wir dies beeinflussen könnten, fängt unser Herz an zu rasen, Blutdruck und Atemfrequenz steigen, die Hände werden feucht, die Knie weich, die Augen aufgerissen, die Pupillen weit, die Muskulatur spannt sich an, wir kriegen eine Gänsehaut. Die Nebennieren entladen ihre Vorräte an Adrenalin in das vorbeifließende Blut. In Sekundenbruchteilen wird der cerebrale Erfahrungsspeicher nach einem passenden Programm durchsucht. Wird keine Lösung gefunden, schwemmt zusätzlich das Stresshormon Kortisol aus. Negative Gefühle von Hilflosigkeit, Ohnmacht und Verzweiflung machen sich breit. Wir beginnen zu stottern oder dummes Zeug zu reden. Erst viel später, wenn wieder klar Schiff ist, fallen uns die richtigen Worte ein. Lampenfieber und Prüfungsangst sind ausgeprägte Phänomene dafür.

Angst kommt in vielen Schattierungen daher. Sie kann eine freundliche Warnerin sein, die uns schützt. Sie kann uns kurzzeitig aus der Reserve locken und zu Höchstleistungen führen. Doch sie paralysiert auch und zerstört. Dauerangst versetzt den Körper in permanente Alarmbereitschaft, sie mindert seine Leistungskraft und ruiniert unsere Gesundheit. Anhaltende Missstimmung sabotiert die Fähigkeit des Gehirns, sein Bestes zu geben. Der Neurobiologe Gerald Hüther unterscheidet dabei zwei Formen der Angst:

1. Die kontrollierbare Angst:
Unter dem Einfluss von Adrenalin schaltet der Körper kurzfristig den Turbo ein und fährt auf volle Leistung hoch. Wir wachsen über uns selbst hinaus, entwickeln ungeahnte Kräfte, mobilisieren die letzten Reserven. Wenn sich eine Belastung als kontrollierbar erweist, wird aus einer Bedrohung eine

Herausforderung. Beim Überwinden der Gefahr, also beim Bewältigen des Stressors, verschwindet die Angst und es setzt ein Gefühl der Erleichterung, der Freude, des Stolzes oder gar des Triumpfes ein. Dies ist ein positiver, manchmal euphorischer Moment, ein Augenblick des Glücks. Das Vertrauen in das, was wir wissen und können, ist ein wenig größer geworden. Deshalb lieben Menschen Anreize, die sie kontrollieren und bewältigen können. Wir sind geradezu süchtig danach.

Führungskräfte haben demnach die Verpflichtung, realisierbare Ziele individuell so zu gestalten, dass Verkäufer an ihren Aufgaben wachsen können. Wir lernen am besten, wenn Herausforderungen unser Oberstübchen ‚wachrütteln'. Das Verschwinden der Angst und die Erfahrung, ein aufgetretenes Problem erfolgreich gemeistert zu haben, ist uns die größte Belohnung. *„Die Verschaltungen des Belohnungssystems werden immer dann aktiviert, wenn wir eine kontrollierbare Belastung erfolgreich bewältigt haben"*, meint Hüther. Siege schmecken süß, sagt der gesunde Menschenverstand. Und das heißt auch: Für das, das uns einfach so in den Schoß fällt, gibt es keine Glückshormone.

2. Die nicht kontrollierbare Angst:

Bei Gefahren von außen, die uns beherrschen, die andauern und denen wir uns nicht entziehen können (unerfüllbar hochgesteckte Vorgaben, unberechenbare Vorgesetzte, permanente Kunden-Neins) werden unter dem Einfluss von Kortisol die letzen Energiereserven aufgezehrt. Wir fühlen uns kraft- und mutlos, unnütz und minderwertig, unruhig und wie gelähmt. Wir werden von Selbstzweifeln geplagt. Resignation macht sich breit. Wenn uns eine Bedrohung unkontrollierbar erscheint, verfallen wir in Hilflosigkeit und Lethargie. Unser Hirn schaltet auf Sparflamme. Uns fällt nichts mehr ein. Wir schaffen es nicht allein.

In einer solchen Situation den Druck weiter zu erhöhen, kann nur zu einem führen: dem cerebralen (und körperlichen) Zusammenbruch. Dabei werden veraltete und für die Lösungssuche unbrauchbar gewordene Hirnstrukturen zerstört, um einen Neubeginn möglich zu machen. *„Wenn es in eine bestimmte Richtung nicht mehr weiterzugehen scheint, wird ganz einfach all das aufgelöst und weggespült, was uns so hartnäckig daran hindert, eine andere Richtung einzuschlagen, neue Wege des Denkens und Fühlens aus-*

zuprobieren", sagt Hüther. Verständnis und Beistand sind das wichtigste, das ein Mensch in einer solchen Situation braucht, um Sicherheit zurückzugewinnen und neuen Mut zu schöpfen. Kleine Schritte der Annäherung und erste Erfolgserlebnisse machen langsam dem Selbstbewusstsein wieder Platz. Das geht bei manchen schnell und bei manchen sehr langsam, es ist eine Frage des Typs.

Ganz zwanghaft will unser Hirn also immer weg vom Negativen und hin zum Positiven. Deswegen sind Cold Calls und ‚Klinkenputzen' auch so verpönt: Es hagelt Abfuhren. Und deswegen wird das Abtelefonieren von unergiebigen Adresslisten immer wieder hinausgeschoben: Die Neins am Telefon sind ja bisweilen besonders brutal. So erfinden wir ‚vernünftig' klingende Gründe, weshalb es gerade heute nicht geht. Dieses tief im Hirn angelegte Vermeidungsprogramm bringt uns auch dazu, Termine lieber mit unteren Chargen auszumachen. Man bekommt sie leichter. Vor allem aber: Das Nein eines Unteren ist weit weniger schmerzhaft als das des großen Bosses. Das Nein ‚großer Tiere' ist meistens endgültig. Das Nein ‚kleiner Entscheider' hingegen scheint weit weniger gefährlich, man kann es ja noch einmal woanders versuchen …

Ein Nein ist kein Nie

Viele Verkäufer glauben, das Nein eines Kunden bedeute Nie. Doch was heißt ein Nein denn wirklich? Es ist ein Nein für dieses Angebot und gleichzeitig das Offensein für viele andere Optionen – außer der einen, die gerade abgelehnt wird. Die Frage ist außerdem: Worauf zielt dieses Nein ganz genau? Auf den Preis, die Verpackung, den Zeitpunkt, den Verkäufer, die Story? Verkäufer, die auf ein Nein überemotional reagieren, sind oft blockiert für diese Sichtweise und verpassen, das zu hinterfragen. Dabei läge ein Konsens oft in greifbarer Nähe!

Jeder Abschluss beginnt also im eigenen Kopf. Am besten, Sie haben ihn vor Ihrem geistigen Auge schon längst gemacht. Der Rest ist dann die bekannte ‚sich selbst erfüllende Prophezeiung'. Vorausgesetzt, Sie sind davon überzeugt, dass Ihr Angebot das Richtige für den Kunden ist. Trauen Sie sich, ergreifen Sie die Initiative, fragen Sie nach dem Auftrag! Abschluss-

Angst des Verkäufers erhöht automatisch die Kaufangst des Kunden. Und: Nicht nach dem Abschluss gefragt zu haben, ist auch ein Nein.

Machen wir uns nichts vor. Wenn **Sie** Ihre Gesprächspartner nicht überzeugen, wird es ein anderer tun. Anstatt sich durch das ‚Vielleicht' oder ‚Demnächst' vermeintlich zaudernder Kunden zu blockieren, sollten wir besser auf ein eindeutiges Ja oder Nein pochen, um Zeit für vielversprechenderes Geschäft zu gewinnen. Ein Profi-Verkäufer kann die unecht zaudernden Kunden von den ernsthaft zaudernden unterscheiden. Und er handelt entsprechend. Das ist alles noch Pflichtprogramm. Mit dem Nein des Kunden beginnt dann die Kür. Und nur durch üben, nicht aber durch vermeiden, lässt sich die Nein-Quote reduzieren.

Profi-Verkäufer fragen aktiv nach dem Ja. Nicht, ohne vorher die Kaufbereitschaft getestet zu haben: „Ich habe das Gefühl, Ihnen gefällt dieser Vorschlag, richtig?" Ein Nein an einer frühen Stelle ist noch kein Problem. Bleiben Sie gelassen und freuen Sie sich, denn nun werden letzte Zweifel offengelegt – und Sie können argumentativ darauf eingehen: „Sie sagten **Nein**. Wie müsste der Vorschlag denn Ihrer Meinung nach aussehen?"

Nachdem der Kunde das erläutert hat, holen Sie sich nun Ihr heiß ersehntes Ja: „Das bedeutet also, wenn … (jetzt kurz wiederholen, was der Kunde gesagt hat), dann …, richtig?" Und nun schieben Sie noch ein oder zwei Aussagen nach, auf die der Gesprächspartner eigentlich nur mit Ja antworten kann. Am besten greifen Sie dabei auf Kundenaussagen zurück: „Sie hatten ja vorhin schon erwähnt, dass … Ist das richtig? – Und wenn ich mich recht erinnere, wollten Sie darüber hinaus …, stimmt's?" Sprechen Sie in dieser Phase unbedingt den Kunden mit Namen an.

Der Vorabschluss

Ein behutsames Herantasten an den Abschluss ist oft sehr hilfreich. Gute Verkäufer holen sich durch Zwischendurch-Zusammenfassungen mit anschließendem Teilabschluss sozusagen testweise ganz sanft und Schritt für Schritt das Abschluss-Ja. Sie bauen eine Atmosphäre der Zustimmung auf. Dies tun sie, sobald sie erste Zeichen dafür erkennen. Mit einem Vorabschluss klären sie, ob es noch versteckte Vorbehalte gibt. Und: So fassen sie Mut für die alles entscheidende Abschlussfrage. Gute Vorabschlüsse hören sich beispielsweise so an:

- Wie gefällt Ihnen das bis hierher, Frau xx?
- Ist es das, was Sie sich vorgestellt haben?
- Sind wir mit diesem Vorschlag auf dem richtigen Weg?
- Das hört sich doch richtig gut an, oder?
- Schätzen Sie mal, wie schnell sich das rechnet!
- Herr xx, das wäre doch für Sie genau das Richtige?!
- Wie ist das denn mit Ihrem Budget vereinbar?
- Mal angenommen, Sie könnten mit unserer Lösung … verbessern, was würde das für Ihr Unternehmen/für Ihre Abläufe/für Ihre Kunden bedeuten?
- Was würden Sie sagen, wenn … ?
- Mal angenommen, wir kriegten das hin, was würden Sie tun?
- Stellen Sie sich doch nur mal vor …, was wäre, wenn …!
- Das ist jetzt erst mal nur so ein Gedanke …
- Besonders bewährt hat sich an dieser Stelle übrigens Folgendes: …
- Wenn Sie sich auf eins bei mir verlassen können, dann ist es …
- Wenn überhaupt, wäre x passend oder käme eher y infrage?
- Wovon genau machen Sie Ihre Entscheidung denn abhängig, Herr xx?
- Was könnte der erste Schritt zur Auftragserteilung sein?
- Wenn Sie dem zustimmen könnten, würde als nächstes folgendes passieren: …
- Wenn wir Ihre Vorstellungen genau so umsetzen, wie geht es dann weiter? Was werden Sie dann tun?

Um in dieser Phase Druck aus dem Gespräch zu nehmen, können Sie auch mit negierten Vorabschluss-Fragen arbeiten. Sie funktionieren nach dem Watzlawick-Prinzip, das besagt, dass unser Hirn das Wort ‚nicht' nicht anerkennt. Sagen Sie beispielsweise: „Ich möchte nicht, dass Sie sich dafür entscheiden, bevor wir nicht gemeinsam …", oder: „Sie brauchen sich natürlich nicht sofort dafür zu begeistern!", dann wird so manches Kundenhirn damit beginnen, genau dies zu tun.

Und nun? Am besten schreiben Sie sich jetzt einige Vorabschluss-Fragen auf, die gut zu Ihrer Arbeit passen – und danach gleich ein paar konkrete Abschlussfragen dazu. Und dann heißt es: üben, üben, üben, bis sie so sitzen, dass der innere ‚Autopilot' sie, wenn's drauf ankommt, treffsicher und elegant wie von ganz allein hervorbringt.

Abschluss-Signale erkennen

Gute Verkäufer erkennen an einer Reihe von Signalen, wenn der Abschluss-Zeitpunkt naht.

Nonverbale Abschluss-Signale: heftiges Kopfnicken, ein offener und freundlicher Blick, entspannte Gesichtsmuskeln, ein leichtes Lächeln, Zufriedenheit im Ausdruck, offene Handflächen, freudiges Händereiben, ein Vorrücken und Zuneigen am Tisch.

Verbale Abschluss-Signale: Das sind vor allem Fragen, die sich mit der Situation nach dem Kauf befassen. Der Kunde beschäftigt sich also bereits mit dem **Wie** und nicht mehr mit dem **Ob**. Manchmal geben sogar recht skeptisch gestellte Fragen, wenn man ganz genau hinhört, konkrete Hinweise auf die Abschluss-Bereitschaft. Das klingt dann beispielsweise so:

• Was müsste ich denn im Einzelnen tun?
• Was wären denn die nächsten Schritte?
• Wer kauft das denn sonst noch so bei Ihnen?
• Ich kann mir das noch gar nicht so richtig vorstellen!
• Ich bin noch nicht so ganz sicher, ob/wie ...
• Gibt es diesen Anzug auch in einer anderen Farbe?

Nun liegt es an Ihnen, solche Fragen in einen Abschluss zu verwandeln. Dazu wird ein guter Verkäufer sofort einhaken. Aber eben **nicht** mit einer Feststellung wie: „Ja, haben wir auch in schokobraun und anthrazit", sondern mit einer Frage: „Ah, der Anzug gefällt Ihnen! An welche Farbe hatten Sie denn gedacht?" Fragen statt sagen, so heißt das Erfolgsrezept.

Wollen Sie kaufen?

Den bevorstehenden Abschluss kündigt ein Profi-Verkäufer nonverbal durch eine veränderte Haltung an: Er setzt sich aufrecht und schaut dem Kunden geradewegs freundlich-bestimmt in die Augen. Die Abschlussfrage selbst wird von einem merklichen Kopfnicken begleitet. Unerfahrene Verkäufer erliegen oft der Gefahr, den Abschluss zu zerreden, weil sie den Abschluss-Moment verpassen. Also: Sobald der Kunde Abschluss-Bereitschaft zeigt („Schaffen Sie es, die Maschine innerhalb einer Woche zu installieren?"), die argumentative Phase beenden und den Abschluss einleiten! Das hört sich – je nach Situation – wie folgt an:

- **Die Motivationsfrage:** Prima, dann sind wir uns ja einig, oder?!
- **Die Als-ob-Frage:** Es sieht so aus, als ob wir das Richtige gefunden haben?!
- **Die direkte Frage:** Wie wäre es, wenn wir so vorgingen?
- **Die Suggestivfrage:** Glauben Sie nicht auch, dass sich das für Sie rechnet?
- **Die Wenn-Frage:** Wenn wir nun ... und ... erfüllen, können Sie sich vorstellen, dann jetzt und hier zu kaufen?
- **Die Alternativfrage:** Wollen Sie lieber ... oder wäre ... für Sie besser?
- **Die NOA(= nur oder auch)-Frage:** Wollen Sie nur ... oder auch ...?
- **Die Referenzmethode:** Die meisten Kunden entscheiden sich jetzt für ...
- **Die Empfehlungsmethode:** Nach dem, was Sie mir gesagt haben, würde ich Ihnen am liebsten ... empfehlen.
- **Der Test-Abschluss:** Entscheiden Sie sich doch zunächst testweise für ...
- **Die Zusammenfassungsfrage:** Ab wann können wir das dann so wie gerade besprochen machen?
- **Die Gemeinsame-Zukunft-Methode:** Klasse, das heißt also, wir werden in Zukunft zusammenarbeiten?!
- **Der Detail-Abschluss:** Ab wann genau kann es denn frühestens losgehen?
- **Die Bedingungsfrage:** Was müssen wir heute tun, damit wir morgen (wieder) zusammenarbeiten?

Übrigens: Bei Abschlussfragen geht die Stimme am Ende des Satzes nicht nach oben, sondern nach unten. Das drückt Stärke und Zuversicht aus.

Höfliche Hartnäckigkeit hilft

Selbst wenn der Kunde noch zögert und zunächst Nein sagt: Bleiben Sie dran! Die wohl souveränste Reaktion auf ein Nein? Die geht so: „Herr Kunde, danke für Ihre offenen Worte." Mit allem Möglichen hatte der Gesprächspartner gerechnet: Dass der Verkäufer sich wehrt, dass er pampig wird, dass er eine Begründung einfordert, am wenigsten aber mit einem Dank an dieser Stelle. Das nimmt sofort die Spannung aus der Situation, es neutralisiert das negative Nein und schafft Offenheit. Oft beginnt der Kunde nun von sich aus mit einer Erklärung. Denn ein Nein kann verschiedene Ursachen haben:

- „Wir haben im Moment einfach kein Budget dafür." (= jetzt nicht)
- „So ist das einfach bei uns nicht durchzubringen." (= so nicht)
- „Egal was Sie jetzt noch sagen, es bleibt bei meinem Nein." (= wirklich nicht)

Je nach Antwort können Sie nun weiter agieren. Im Gespräch hört sich das dann beispielsweise so an: „Was müsste denn geschehen, damit Sie sich gleich jetzt entscheiden können?" Oder: „Was würde passieren, wenn Sie sich gleich entscheiden?" Jede Information, die Sie nun erhalten, bringt Sie Ihrem Abschlussziel wieder näher.

Vielleicht hilft Ihnen auch die 3H-Regel: Höfliche Hartnäckigkeit hilft. Sie sagen zum Beispiel: „Schade, ich hätte sehr gerne mit Ihnen zusammengearbeitet. Unter welchen Umständen wäre das denn noch erreichbar?" Dabei unbedingt Augenkontakt halten und freundlich schauen. Wenn der Kunde weiterhin zögert, legen Sie ein zweites Mal nach: „Schade, ich hätte mir das wirklich gut vorstellen können." Danach machen Sie eine hörbare Pause. Zieht der Kunde immer noch nicht, dann geben Sie sofort auf, sonst wirken Sie nur noch lästig.

Eine weitere Methode, um vielleicht doch noch den Fuß in die Tür zu bekommen, ist die Selbstbezichtigungsmethode. Sie funktioniert in etwa wie folgt: „Herr Kunde, mir geht der Gedanke einfach nicht aus dem Kopf, inwiefern eine Zusammenarbeit vielleicht doch Sinn macht. Irgendwie habe ich das wohl nicht so richtig rübergebracht. Können Sie mir sagen, was da für Sie falsch gelaufen ist? .... Ich würde sehr gerne einen zweiten Versuch machen, um noch einmal mit Ihnen darüber zu sprechen. Was halten Sie davon?" Treten Sie dabei unbedingt selbstbewusst und nicht bittstellerisch auf! Und: Erhalten Sie sich auch in dieser Phase das Gespür dafür, wann es zu viel ist.

Ein Profi merkt genau, wann ein Kunden-Nein ,noch nicht' bedeutet – und wann es endgültig ist. Vor allem: Er reagiert nie beleidigt. Denn niemand kann alle Kunden gewinnen. Und manche will man auch gar nicht haben. Ein Kunden-Nein sollte also immer eine Verhandlungsoption sein – und niemals ein Zeichen der Niederlage. Geben Sie wenn dann mit einem Lächeln auf!

Wie man Kaufreue beseitigt

Nach einer Entscheidung suchen wir oft Bestätigung von außen, es richtig gemacht zu haben. Unmittelbar nach dem Abschluss-Ja stellt sich nämlich bei vielen ein Gefühl der Unsicherheit ein: Das ist die sogenannte Kaufreue. Das Geld ist weg und die Zweifel sind da: ,Hätte man nicht besser ...? Das andere ... war doch auch sehr schön!' Es beschäftigt uns die Überlegung, ob die Neuanschaffung wirklich nötig war. Oder ob die blitzblanke Maschine sich überhaupt rentiert. Oder ob der Anbieter auch hält, was er vollmundig verspricht. Oder was ein Dritter dazu sagt. Jetzt braucht es jemanden, der einem freundlich den Rücken stärkt, die gute Wahl lobt, den Kontostand vergessen lässt. Seien Sie dieser gute Freund! Bedanken Sie sich ausdrücklich und beglückwünschen Sie den Kunden zu seiner Entscheidung. Je nach Situation klingt das so:

- Herr xx, Sie haben das genau richtig gemacht.
- Das ist die beste Entscheidung, die Sie treffen konnten.
- Sie werden sich damit sehr wohl fühlen.

- Sie werden davon ganz begeistert sein, Frau xx.
- Sie werden sehen, Ihr Chef/Partner/Kollege wird das klasse finden.

Formulieren Sie dies immer positiv, **keinesfalls** sagen Sie: „Sie werden Ihren Kauf nicht bereuen." Frauen haben übrigens unter der Kaufreue ganz besonders zu leiden, weil sie, wie weiter vorne bereits ausgeführt, so oft von Selbstzweifeln geplagt werden.

Damit der Kunde am Ende nicht doch noch einen Rückzieher macht, haben die Anhänger von ‚High Probability Selling' einen besonderen Tipp parat: Gleich im Anschluss an sein Abschluss-Ja wird dem Kunden folgende Frage gestellt: „Sind Sie ganz sicher, dass Sie das tun wollen?" Und nachdem der Kunde positiv geantwortet hat, fragen sie nach dem Warum. So überzeugt sich der Kunde nochmals selbst und geht mit seinem Doppel-Ja eine viel stärkere Verpflichtung ein. Auf diese Weise lässt sich auch eher vermeiden, bei der Rückkehr ins Büro eine nachträgliche Absage vorzufinden.

Ist der Abschluss definitiv unter Dach und Fach, sprechen Sie nur noch über das Danach: Wie es organisatorisch weitergeht, wer der zukünftige Ansprechpartner ist usw. Sagen Sie Ihrem Kunden, dass das Gespräch für Sie sehr angenehm war. Und dass Frau Müller vom Innendienst schon ganz neugierig ist. Das sorgt für Hochstimmung und Vorfreude. Die brauchen Sie auch. Denn Sie haben noch eine letzte Frage.

Die Frage nach Empfehlungen

Am Anfang und am Ende eines jeden Verkaufsgesprächs sollte eine Empfehlung stehen. So können Sie, wenn das Gespräch in einer angenehmen Grundstimmung verlaufen ist, mehr oder weniger beiläufig und ohne Druck zu machen, nun noch nach Empfehlungen fragen. Es ist ratsam, eine Reihe solcher Fragen vorzubereiten, wie beispielsweise:

- für wen im Unternehmen das Produkt noch infrage kommt,
- ob es im gleichen Bürogebäude oder in dem Gewerbegebiet weitere Firmen gibt, für die das Angebot passt,
- welche weiteren Interessenten sich der Kunde vorstellen kann.

Stellen Sie dabei keine geschlossenen, sondern immer offene Fragen. Denn wenn das Verkaufsgespräch anstrengend war, ist die Gefahr groß, dass unser Hirn sich nach einer geschlossenen Frage („Kennen Sie eventuell noch jemanden, für den es interessant wäre, ein solches Gespräch zu führen?") mit einem Nein verabschiedet und in den Energiesparmodus herunterfährt.

Eine offene Frage, wie Sie auch der Verkaufsexperte Klaus-J. Fink vorschlägt, klingt in etwa so: *„Inwiefern und für welche der Geschäftspartner, die Sie kennen, käme denn ein solches ... außerdem noch in Betracht? Käme da jemand aus Ihrer Branche oder eher jemand aus einer anderen Branche infrage?"* Mit solchen Fragen aktivieren Sie das Hirn Ihres Gegenübers und bringen es zum Nachdenken.

Wenn sich der Gesprächspartner nun kooperativ zeigt, fragen Sie nach Details, die Ihnen beim weiteren Vorgehen nützlich sein können, etwa wie folgt: „Wenn Sie nun an meiner Stelle wären, was müsste ich bei der Kontaktaufnahme/beim ersten Gespräch beachten?" Haben Sie mehrere Adressen erhalten, fragen Sie: „Wen sollte ich aus Ihrer Sicht am ehesten kontaktieren und wann ist wohl der beste Anruf-Zeitpunkt?" Die Qualität der Empfehlungen steigt mit jeder Zusatzinformation, die Sie so erhalten.

Ich unterscheide grundsätzlich zwischen schwachen und starken Empfehlungen.

Bei der **schwachen Empfehlung** erhalten Sie Hinweise und Namen, übernehmen das Kontaktieren jedoch selbst, indem sie sich auf den Empfehlungsgeber berufen dürfen – oder auch nicht. Wenn Sie seinen Namen nennen dürfen, erwähnen Sie ihn im Gespräch mit dem Empfehlungsempfänger möglichst mehrmals – und sprechen Sie immer wertschätzend über ihn. Wenn Ihr Empfehlungsgeber **nicht** will, dass sein Name genannt wird, halten Sie sich unbedingt daran. Alles andere käme einem Vertrauensmissbrauch gleich. Verzichten Sie notfalls auf den Termin und das Geschäft. Das bestehende Kundenverhältnis geht vor.

Bei der **starken Empfehlung** kontaktiert der Empfehler die Zielperson von sich aus und schafft die Brücke zu Ihnen. Diese Art der Empfehlung ist weitaus ergiebiger und sollte daher, wenn irgend möglich, angesteuert werden. Fragen Sie den Kunden ganz einfach, ob er womöglich gleich in Ihrem Beisein den Anruf machen kann bzw. wann er meint, dazu zu kommen. Bleiben Sie in jedem Fall am Ball. Empfehlungen dürfen nie ‚auf Halde' liegen oder vergessen werden, dazu sind solche Adressen viel zu wertvoll.

In aller Regel helfen Menschen gern, denn wir wollen liebenswürdig wirken und fühlen uns gut dabei. Einige geben gerne Ratschläge, sie kommen sich dabei wichtig vor. Andere wiederum haben von Natur aus ein hohes Mitteilungsbedürfnis. Und manche Menschen können einfach nicht Nein sagen, wenn man sie um einen Gefallen bittet.

Berücksichtigen Sie jedoch, dass es auch Menschen gibt, die grundsätzliche Vorbehalte haben, Hinweise oder Kontaktdaten weiterzugeben. Vielleicht hat Ihr Gesprächspartner schlechte Erfahrungen gemacht. Oder er kennt jemanden, dem das passiert ist. Oder er erachtet Ihr Angebot nicht als empfehlenswert. Oder Sie sind ihm unsympathisch. Oder Sie haben einen kommunikativen Fehler begangen. Oder er ‚gönnt' Sie den anderen nicht. Oder er möchte nicht, dass andere von dem Deal erfahren. Dieser Wunsch nach Diskretion ist besonders beim Kauf von Finanzdienstleistungen und Immobilien zu beobachten. In all diesen Fällen gilt: Drängen Sie nicht! Überlegen Sie vielmehr, was sich stattdessen tun lässt, damit Kunden Sie mit einem guten Gefühl weiterempfehlen. In meinem Buch ‚*Zukunftstrend Empfehlungsmarketing*' erhalten Sie eine ganze Fülle von Tipps, wie das Empfehlungsgeschäft strategisch entwickelt und praktisch gesteuert werden kann.

Eins noch: Sagen Sie dem Kunden unbedingt, was aus seinen Empfehlungen geworden ist. Und bedanken Sie sich, wenn es zu einem Abschluss gekommen ist: unverzüglich, überschwänglich und möglichst persönlich. Denn Menschen verstärken Verhalten, für das sie Aufmerksamkeit, Anerkennung und eine Belohnung erhalten.

Die Chill-out-Phase

Ist nun alles geklärt, gehen Sie noch einmal auf die persönliche Ebene und lassen das Gespräch emotional ausklingen. Ich nenne das die Chill-out-Phase. Der Druck, unter dem alle Gesprächspartner während der Verhandlungen gestanden haben, schwindet, man entspannt sich und geht zu angenehmen Dingen über. Ein gemeinsamer Lacher tut an dieser Stelle besonders gut. Das Verabschiedungsritual kann anhaltend und herzlich sein. Keinesfalls darf der Abschied überhastet wirken. Machen Sie es so:

- Bedanken Sie sich nochmals für das Gespräch und den Abschluss.
- Gratulieren Sie dem Kunden zu seiner Entscheidung.
- Nennen Sie nochmals die nächsten Schritte.
- Sichern Sie ihm eine zuverlässige Abwicklung zu.
- Bringen Sie nochmals die Namen seiner zukünftigen Ansprechpartner ins Spiel und sagen Sie etwas Positives über sie.
- Bieten Sie Ihre jederzeitige persönliche Hilfe an. Denn die Person, die den Erstkontakt hatte, bleibt für den Kunden ein wichtiger Anker.

Und dann, zurück im Auto? Freuen Sie sich und loben Sie sich! Genießen Sie den Erfolg! Dann schreiben Sie in Ihr Erfolgsbuch, was genau diesen Erfolg bewirkt hat – und was Sie beim nächsten Mal verbessern wollen. Und dann eilen Sie unverzüglich zum nächsten Kunden. Denn Erfolg beflügelt!

Übrigens: Verpasste Abschlüsse haben Verkäufer sich oft selbst zuzuschreiben,
- weil sie sich keine Ziele setzen
- weil sie schlecht vorbereitet sind
- weil sie unsicher und nervös wirken
- weil sie zu wenige Fragen stellen
- weil sie langatmig und langweilig erklären
- weil sie nicht auf nonverbale Zeichen achten
- weil sie den Kunden-Nutzen nicht erkennen bzw. nicht vermitteln können
- weil sie nicht an ihren Erfolg glauben
- weil sie nicht nach dem Ja fragen
- wegen mangelnder Begeisterung

- wegen hektischen Übereifers
- wegen Überheblichkeit oder Selbstüberschätzung
- wegen Unachtsamkeit oder mangelnder Wertschätzung des Kunden.

Und vor allem:

- aus Angst vor dem Nein des Kunden

Schritt für Schritt zu einem erfolgreichen Abschluss

Hier nochmals das Vorgehen im Überblick:

1. Glauben Sie daran, den Abschluss zu machen.

2. Erkennen Sie die Abschluss-Signale des Kunden.

3. Fragen Sie nach dem Abschluss-Ja.

4. Verhindern Sie Kaufreue.

5. Stellen Sie die Weichen für den nächsten Kauf.

13.
Die After-Sales-Phase

Der schwierigste Part ist geschafft: Das erste Ja des Kunden ist in der Tasche. Ab jetzt geht es nur noch um eins: Sicherstellen, dass dieser neu gewonnene Kunde auf Dauer Ihr Kunde bleibt. Für die Kollegen bedeutet dies: die abgegebenen Versprechen nicht nur voll und ganz zu erfüllen, sondern möglichst sogar ein wenig zu übertreffen. Das begeistert und sorgt für emotionale Verbundenheit – und damit für Kundentreue. Hoffentlich haben Sie nicht zu viel versprochen. Und hoffentlich kann und will die Auftragsabwicklung Ihre Versprechen auch einhalten. Überlassen Sie das nicht dem Zufall! Arbeiten Sie Hand in Hand!

Das ist doch selbstverständlich, sagen Sie? Weit gefehlt! Kunden erleben regelmäßig, wie Mitarbeiter verschiedener Abteilungen sich gegenseitig diffamieren: Wie beispielsweise der Innendienst mal eben süffisant einfließen lässt, dass Außendienstler Meier gerne ‚heiße Luft' verkauft. Oder wie der Möbelhaus-Fahrer kopfschüttelnd in der Wohnung steht und lautstark verbellt, was Verkäufer Schmitz (man kennt ja seine Pappenheimer!) diesem Kunden da schon wieder angedreht hat. Manche Leute brauchen das: Sie müssen andere ‚klein' machen, um sich selber ‚groß' zu fühlen.

Nur: Interne Querelen gehören nicht an die Kundenfront! Illoyalität gegenüber Kollegen ist tödlich für jede Kundenbeziehung. Also: Sprechen Sie gut über die anderen, loben Sie sich gegenseitig, damit stärken Sie sich untereinander. Das alles gibt dem Kunden Sicherheit. Gerade am Anfang ist jede Kundenbeziehung ja noch sehr verletzlich. Eine Kleinigkeit reicht, um das Vertrauen des Kunden zu erschüttern. Tun Sie alles, damit sich kein Mitbewerber zwischen Sie und Ihre neue Eroberung schiebt. Eine gute Kundenpflege ist das A und O für den langfristigen Geschäftserfolg. Die größten – aber häufig ungenutzten – Chancen für Wachstum liegen in dem, was nach dem Abschluss passiert. Denn hier werden die Weichen gestellt, die den Erstkunden zu einem Stammkunden und aktiven positiven Empfehler machen.

Wenn unser Ziel also Kundenloyalität heißt, dann kommt der After-Sales-Phase die entscheidende Bedeutung zu. Doch leider: Gerade als Bestandskunde hat man oft das Gefühl, zweite Klasse zu sein. Unternehmen geben oft so unglaublich viel Geld aus, um neue Kunden zu gewinnen. Doch kaum sind sie endlich eingefangen, wird an allen Ecken und Enden gespart: Mitarbeiter werden nicht trainiert, es sind zu wenige da, sie haben keine Lust – oder Frust. Sie werden schlecht geführt, sie haben keine Ressourcen, keinen Spielraum und keine Ideen, um Kunden zu begeistern und schließlich zu loyalisieren. Die Kunden sollen sich einfügen und parieren. Diese allerdings fühlen sich gelangweilt, falsch verstanden, vernachlässigt, von oben herab behandelt – und schließlich vertrieben.

Den Erstkäufer zu einem zweiten Kauf zu bewegen, wird nur gelingen, wenn beim ersten Mal alles tipptopp gelaufen ist. Vielleicht ist Ihr Käufer das erste Mal ja wegen günstiger Preise gekommen. Wiederkommen wird er, weil er Vertrauen in die Qualität Ihrer Leistungen gefasst hat. Das setzt abteilungsübergreifend einen schnellen, reibungslosen, einfachen und möglichst unbürokratischen Ablauf voraus. Bürokratie ist im heutigen Zeitwettbewerb tödlich.

Also: Sind die Prozesse in Ihrem Unternehmen kundenorientiert oder selbstzentriert? Und wie gut klappt das reibungslose Zusammenspiel der internen Leistungskette? Mancher Vertriebsarbeiter hat leidvoll erleben müssen, wie eine einzige falsche Geste der Kundendienst-Leute alles zunichte machte, was er in mühevoller Kleinarbeit aufgebaut hat. Und so sehr er auch rudert, die Buchhaltung sorgt mit ihren Mahntexten immer wieder für Entrüstung. Der übliche Kleinkrieg der Abteilungen, sagen Sie? Der Kunde merkt sehr schnell, wenn ein Unternehmen nicht wie aus einem Guss funktioniert. Er will Komplettlösungen und keine Atomisierung seiner Belange.

Abteilungsdenke fördert Revier-Gehabe! Unnütze Energie wird vergeudet mit dem Abstecken von Grenzen und dem Zurückweisen von offensichtlichen oder scheinbaren Übergriffen. Und während ganze Unternehmensbereiche interne Feindbilder aufbauen, sich Schlammschlachten liefern und in Grabenkämpfen zerreiben, zieht der Kunde von dannen. Während Streithähne mit sich selbst beschäftigt sind („Mit dem rede ich bis zur Rente nicht mehr!" – „Den lass ich am ausgestreckten Arm verhungern!"...), erfindet die Konkurrenz neue Produkte, verbessert ihren Service, kreiert neue Vertriebskonzepte – und macht so das Rennen.

Um das Fortdauern einer Geschäftsbeziehung zu sichern, braucht es im Übrigen auch personelle Kontinuität. Nichts ist ärgerlicher als ständig wechselnde Ansprechpartner, denen man immer wieder neu von A bis Z erklären muss, wie die Geschäftsbeziehung im Detail funktioniert. Wir Kunden sind gekränkt und beleidigt, wenn der/die Neue unsere besonderen Wünsche nicht kennt, weil sich niemand die Mühe gemacht hat, dies in der Datenbank festzuhalten. Uns fehlt jegliches Verständnis für mangelnde Fachkenntnisse, nur weil das Unternehmen sich von ‚alten Hasen' trennt oder ganz offensichtlich an der Weiterbildung spart. Wir haben nicht die geringste Lust auf ein schlechtes Betriebsklima und hohe Mitarbeiterfluktuation. Und schließlich: Wer den Kunden zwischen Abteilungen und Zuständigkeiten hin und her schubst, weil die Geschäftsleitung mithilfe von McKinsey & Co. gerade die zehnte Umstrukturierung durchzieht, der braucht sich über mangelnde Kundenloyalität nicht zu wundern.

Der Verkauf ist erst wirklich gemacht, wenn der Kunde wieder kauft

Wie lässt sich also eine noch empfindliche Geschäftsbeziehung festigen? Wie werden wir zur unverrückbaren Nummer eins im Kundenhirn? Wie kommen wir zu durch und durch loyalen Stammkunden, die blind und taub sind für die gefräßige Konkurrenz? Wissen, Wollen und Kommunikation – das ist die Klaviatur, die Immer-wieder-Käufe, leicht abschließbares Folgegeschäft und jede Menge Empfehlungen bewirkt. Wie das im Einzelnen funktioniert? Es steht in meinem Buch *Zukunftstrend Kundenloyalität*.

14.
Am Ziel: Der Beginn einer langen Freundschaft

Schon am Ziel? Noch nicht ganz! Wer ein Rezeptbuch liest, kann noch lange nicht kochen. Wenn Sie es zu großer Meisterschaft bringen wollen, zählt vor allem eins: experimentieren, trainieren, agieren, perfektionieren.

Auch wenn nicht alles, was in diesem Leitfaden aufgeschrieben ist, zu Ihrer verkäuferischen Situation passt: Nehmen Sie das, was Ihnen schmeckt. Und probieren Sie ständig Neues aus! Verändern und verfeinern Sie! Seien sie kreativ – und gierig! Legen Sie die Messlatte täglich höher. Siegertypen haben Freude am Meistern neuer Herausforderungen. Sie sind rundweg getrieben von der Suche danach. Denn für Siege belohnt uns unser Hirn mit Momenten des Glücks – und manchmal mit geradezu überschäumender Euphorie. Ganz wichtig also auch, Erfolge gebührend zu feiern.

Wer sich auf seinen Lorbeeren ausruht, heißt es so schön, der trägt sie an der falschen Stelle. Entwickeln Sie Heißhunger auf Leistung! Und: Entwickeln Sie die richtige Strategie, also

- Ziele, für die es sich wirklich lohnt, zum Kunden zu gehen,
- passende Problemlösungen für **die** Zielgruppen, die **Sie** wollen, die **diese** brauchen – und auch bezahlen können,
- einen Aktionsplan mit dem dazu passenden Handwerkszeug.

Die zurückliegenden Kapitel haben Ihnen eine Menge Rezepte geliefert. Ihr bester Lehrmeister aber ist der Kunde – wenn Sie ihn fragen, fragen, fragen, wie ihm Ihre verkäuferische Arbeit schmeckt. Zum Beispiel so:

- „Was war für Sie eigentlich der wichtigste Grund, weshalb Sie sich für uns entschieden haben?"
- „Was hätten Sie an meiner Stelle anders gemacht?"

Und wenn es mal nicht geklappt hat:

- „Was war, Herr Kunde, denn der wahre Grund für Ihre Absage?"
- „Was können wir verbessern, um beim nächsten Mal dabei zu sein?"

Kunden-Feedback hilft, Ihre Stärken zu erkennen, Hinderliches aus Ihrem Repertoire zu verbannen und täglich nach Optimierungsmöglichkeiten zu suchen. So stellt sich schließlich das nötige Selbstvertrauen ein, um sich an die ganz großen Geschäfte zu wagen und die richtig dicken Fische an Land zu ziehen. Wir Kunden spüren diese Art von Souveränität und Klasse. Dies stimmt uns positiv – und wir kaufen gern.

Verkäuferische Intuition ist letztlich nichts anderes als ein prall gefüllter mentaler Erfahrungsspeicher, der uns die Sicherheit gibt, in jeder erdenklichen Situation das Richtige zu sagen und das Richtige zu tun. Je größer das Repertoire an Erkenntnissen, Vorgehensweisen, Strategien, Mitteln und Wegen, aus dem unser Gehirn schöpfen kann, desto besser der Lösungsansatz, den es uns präsentieren wird.

Füttern Sie also Ihren verkäuferischen Erfahrungsspeicher: Lesen Sie viel, buchen Sie Kongresse und Seminare, fahren Sie auf Messen, gehen Sie in Musicals, schauen Sie guten Comedians und anderen Verkäufern bei der Arbeit zu, besuchen Sie Theater und Kleinkunst-Bühnen! Und natürlich: Erhöhen Sie die Anzahl Ihrer Kundengespräche! Reden Sie mit allen und jedem über Ihre Arbeit!

Den **einen** Weg zum Erfolg gibt es nicht. Und die Rezepte der Sieger, die Manager so gerne in Autobiografien suchen, führen nicht zwangsläufig auch bei Ihnen zum Ziel. Seien Sie ein Original – und keine Kopie! Machen Sie sich Ihre eigene Konjunktur! Beschäftigen Sie sich täglich 10 Minuten mit Ihrem Erfolgsbuch! Entwickeln Sie Ihre eigenen Erfolgsstrategien – und suchen Sie immer weiter nach neuen! Finden Sie Ihren eigenen unverwechselbaren, einzigartigen Stil! Wer in fremde Fußstapfen tritt, heißt es so schön, hinterlässt keine eigenen Spuren.

Anders sein, besser sein, schneller sein – und Loyalität erzeugen – das ist es, was der Markt in Zukunft honoriert. Verkäufer, die das schaffen, werden nicht mehr mühsam um Referenzen betteln müssen – diese kommen nun von ganz allein. Begeisterte, ja geradezu ‚entflammte‘ Kunden werden für Sie die Werbetrommel rühren, werden von sich aus neue Interessenten ansprechen und Sie mit den wärmsten Worten weiterempfehlen. So kommt schließlich Geschäft aus allen Ecken. Eine wahre Umsatzlawine setzt sich in Gang.

Ertrags- und Kostendruck bedeutet, einem Unternehmen sind die Ideen ausgegangen. Wer auf verkäuferische Höchstleistungen fokussiert, nimmt den einen oder anderen Misserfolg schon mal in Kauf, akzeptiert kleine Rückschläge oder ein vorübergehendes Formtief. Manchmal muss es schlechter werden, damit es besser wird. Umwege erhöhen die Ortskenntnisse. Und wer sich nie verirrt, findet auch keine neuen Wege.

Wenn Sie bereits jetzt – vielleicht zunächst nur in Gedanken – an der einen oder anderen Stelle etwas verändert haben: klasse! Ich weiß, wie schwer es ist, seine Komfortzone zu verlassen, sich von guten alten Gewohnheiten zu trennen, Glaubenssätze über Bord zu werfen und sich auf Neuland zu wagen. Und ich bin sicher, für diesen Mut werden Sie reich belohnt: Mit wertvollen Neukunden, mit begeisterten Immer-wieder-Käufern und einer Menge Empfehlungen. All das wird nicht nur Ihr Selbstbewusstsein stärken, es wird Sie geradezu süchtig machen nach besseren und besseren Ergebnissen. Es wird Ihnen womöglich sogar völlig neue berufliche Perspektiven bieten. Und vor allem:

Es macht Sie (erfolg)reich.

PS: Weiteres Wissen erhalten Sie in meinen Vorträgen und Seminaren, in meinem kostenlosen E-Mail-Newsletter und im Web unter

www.anneschueller.de.

Literaturhinweise

Altmann, Hans Christian: Kunden kaufen nur von Siegern. verlag moderne industrie, Landsberg 2000.

Ankowitsch, Christian: Generation Emotion. BvT, Berlin 2002.

Arndt, Roland: Empfehlungsmanagement. Metropolitan, Regensburg 2002.

Bartnitzki, Sascha: Piranha Selling. Sascha Bartnitzki, Karlsruhe 2003.

Bauer, Joachim: Warum ich fühle, was du fühlst. Hoffmann und Campe, Hamburg 2005.

Bosshart, David: Billig. Redline Wirtschaft, München 2004.

Bruno, Tiziana; Adamczyk, Gregor: Körpersprache. Haufe, Freiburg 2004.

Cialdini, Robert B.: Die Psychologie des Überzeugens. 4. Auflage, Huber, Bern 2006.

Corssen, Jens: Der Selbstentwickler, marixverlag, Wiesbaden 2004.

Covey, Stephen R.: Die sieben Wege zur Effektivität. Heyne, München 2000.

Csikszentmihalyi, Mihaly: Flow im Beruf. Klett-Cotta, Stuttgart 2004.

Cube, Felix von: Lust an Leistung. Piper, München 2000.

Damasio, Antonio R.: Descartes' Irrtum, List, Berlin 2004.

Etrillard, Stéphane: Prinzip Souveränität. Junfermann, Paderborn 2006.

Etrillard, Stéphane: Erfolgreich verkaufen an anspruchsvolle Kunden, BusinessVillage, Göttingen 2004.

Fett, Josua: Die Mehr-Wert Strategie. verlag moderne industrie, Landsberg 2000.

Fey, Gudrun: Gelassenheit siegt! 10. Auflage, Walhalla, Regensburg 2008.

Fink, Klaus-J.: Empfehlungsmarketing. Gabler, Wiesbaden 2002.

Fischbacher, Arno: Geheimer Verführer Stimme. Junfermann, Paderborn 2008.

Fisher, Roger u. a.: Das Harvard Konzept. Campus, Frankfurt am Main 2004.

Frenzel, Karolina u. a.: Storytelling. Hanser, München 2004.

Friedrich, Kerstin: Empfehlungsmarketing. Gabal, Offenbach 2000.

Goleman, Daniel: Soziale Intelligenz. Droemer Sachbuch, München 2006.

Gordon, Josh: Die Macht des Kunden und wie Sie ihn trotzdem kriegen, Gabler, 2002

Gottschling, Stefan: Stark texten, mehr verkaufen. Gabler, Wiesbaden 2002.

Greff, Günter: Durchbruch zum Ja! Gabler, Wiesbaden 2002.

Häusel, Hans-Georg: Limbic Success! Haufe, Freiburg 2002.

Häusel, Hans-Georg: Brain View – Warum Kunden kaufen. Haufe, Freiburg 2004.

Herbst, Dieter: Wie Menschen auf uns wirken. Handbuch Kommunikationsmanagement. Luchterhand, Köln 2008.

Holzheu, Harry: Emotional Selling. Redline Wirtschaft, München 2003.

Homburg, Christian u. a.: Sales Excellence. Gabler, Wiesbaden 2002.

Hüther, Gerald: Biologie der Angst. 8. Auflage, Vandenhoeck & Ruprecht, Göttingen 2007.

Hüther, Gerald: Die Macht der inneren Bilder. Vandenhoeck & Ruprecht, Göttingen 2005.

Jaffé, Diana: Der Kunde ist weiblich. Econ, Berlin 2005.

Kast, Bas: Revolution im Kopf. BTV, Wasserburg 2003.

Katzengruber, Werner: Die neuen Verkäufer. Wiley, Weinheim 2006.

Klein, Stefan: Die Glücksformel. 12. Auflage, Rowohlt, Reinbek 2002.

Kobjoll, Klaus u. a.: TUNE, Orell Füssli, Zürich 2004.

Köhler, Hans-Uwe (Hrsg.): Best of 55. Gabal, Offenbach 2005.

Loebbert, Michael: Storymanagement. Klett-Cotta, Stuttgart 2003.

Matschnig, Monika: Körpersprache. Gräfe und Unzer, München 2007.

Molcho, Samy: Körpersprache im Beruf. Mosaik, München 2001.

Patrzek, Andreas: Fragekompetenz für Führungskräfte. Rosenberger, Leonberg 2003.

Philippi, Reinhard: 30 Minuten für eine professionelle Beamer-Präsentation. Gabal, Offenbach 2003.

Pramann, Ulrich; Sterzenbach, Slatco: 365 Tage fit. Knaur, München 2004.

Roth, Gerhard: Aus Sicht des Gehirns. Suhrkamp, Berlin 2003.

Roth, Gerhard: Fühlen, Denken, Handeln. Suhrkamp, Berlin 2003.

Scheier, Christian; Held, Dirk: Was Marken erfolgreich macht. Haufe, Freiburg 2007.

Schöll, Raimund: Emotionen managen. Hanser, München 2006.

Schüller, Anne M.: Kundennähe in der Chefetage. 2. Auflage, Orell Füssli, Zürich 2009

Schüller, Anne M.: Zukunftstrend Empfehlungsmarketing. Der beste Umsatzbeschleuniger aller Zeiten. 3., erweiterte Auflage, BusinessVillage, Göttingen 2009.

Schüller, Anne M.: Come back! Wie Sie verlorene Kunden zurückgewinnen. 2. Auflage, Orell Füssli, Zürich 2007.

Schüller, Anne M.: Zukunftstrend Kundenloyalität. BusinessVillage, Göttingen 2004.

Schüller, Anne M.; Fuchs, Gerhard: Total Loyalty Marketing. 5., aktualisierte Auflage, Gabler, Wiesbaden 2009.

Schulz von Thun, Friedemann: Miteinander Reden. Rowohlt, Reinbek 2000.

Schweizer, Markus; Rudolph, Thomas: Wenn Käufer streiken. Gabler, Wiesbaden 2004.

Seligman, Martin: Der Glücks-Faktor. Bastei Lübbe, Bergisch Gladbach 2005.

Spitzer, Manfred: Nervenkitzel, Neue Geschichten vom Gehirn. Suhrkamp, Berlin 2006.

Vogel, Ingo: Das Lustprinzip. Gabal, Offenbach 2008.

Weidner, Jens: Die Peperoni Strategie. Campus, Frankfurt am Main 2005.

Werth, Jaques u. a.: High Probability Selling. BusinessVillage, Göttingen 2008.

Wilhelm, Thomas; Edmüller, Andreas: Überzeugen. Haufe, Freiburg 2003.

Westphal, Susanne; Brühl, Kirsten: Female Forces. :zukunfts|verlag, Kelkheim, 2004.

Anne M. Schüller
**Zukunftstrend Empfehlungs-
marketing**
Der beste Umsatzbeschleuniger aller
Zeiten
3. Auflage

122 Seiten; 2009; 21,80 Euro
ISBN 978-3-938358-63-4; Art-Nr.: 753

Empfehlungsmarketing schlägt klassisches Marketing. Massenwerbung wird zunehmend zur Plage und Werbebotschaften verpuffen wirkungslos. Wer konsumieren oder investieren will, glaubt eher den Botschaften seiner Freunde und Kollegen als den Hochglanzbroschüren.

Aktive Empfehler sind die besten Verkäufer – hochwirksam und zum Nulltarif. Ganz gleich welcher Branche Sie angehören: Ihr Erfolg hängt maßgeblich davon ab, was der Markt und die Kunden über Sie sagen – online wie offline. Und am Anfang und am Ende eines jeden Verkaufsgespräches steht die Empfehlung – das Ziel aller Marketing- und Vertriebsanstrengungen – der effizienteste Weg zu neuen Kunden.

Doch wie macht man seine Angebote empfehlenswert? Während Viral- und Mundpropaganda-Marketing sich meist auf adhoc-Maßnahmen beschränken, setzt Empfehlungsmarketing auf nachhaltigen Erfolg. Dazu braucht es ein solides Fundament: Spitzenleister, die auch tatsächlich Spitzenleistungen erbringen. Auf einer Basis von Vertrauen und Begeisterung werden genau diese Leistungen dann vehement weiterempfohlen.

Anne M. Schüller zeigt in dieser dritten Auflage, wie facettenreich das moderne Empfehlungsmarketing heute ist, welche Gewinnpotenziale darin stecken und wie Sie Ihr Empfehlungsgeschäft Schritt für Schritt entwickeln. Kompakt und locker zu lesen bietet dieses Buch wertvolle Tipps, nützliche Checklisten, viele Beispiele und eine Fülle von Anregungen mit hohem praktischem Nutzen.

Anne M. Schüller
Zukunftstrend Kundenloyalität
Endlich erfolgreich durch loyale Kunden

114 Seiten; 2005; 21,80 Euro
ISBN 978-3-934424-53-1 ; Art-Nr.: 567

Der „war of customers „ist in vollem Gange. Die schärfste Waffe des Verbrauchers in diesem Krieg heißt Loyalität. Kundenloyalität gilt inzwischen als die größte unternehmerische Herausforderung der Zukunft. Wer künftig die loyalsten Kunden hat, macht das Rennen. Loyalitätsführerschaft heißt also das Ziel. Denn wenn die Angebote immer zahlreicher und vielfältiger, die Kunden dagegen weniger und immer illoyaler werden, ist es umso wichtiger, die Kunden zu halten und zu pflegen, die man schon gewonnen hat – und neue, treue Kunden zu gewinnen.

Der Leitfaden zeigt Ihnen:
- wie Sie systematisch Kunden loyalisieren können,
- wie Sie sich Kundenloyalität Schritt für Schritt verdienen können,
- wie Sie Kunden gewinnen, die Sie sogar weiterempfehlen,
- wie Sie gezielt Emotionen beim Kunden wecken,
- wie aus Interessenten Stammkunden werden,
- wie Ihre Kasse klingelt,
- wie Sie aus Fehlern anderer Leute lernen können.

High Probability Selling

Jacques Werth, Nicholas E. Ruben, Michael Franz
High Probability Selling – Verkaufen mit hoher Wahrscheinlichkeit
So denken und handeln Spitzenverkäufer!
3., ungekürzte Auflage

228 Seiten; 2009; 24,80 Euro
ISBN 978-3-938358-55-9; Art-Nr.: 730

„High Probability Selling – Verkaufen mit hoher Wahrscheinlichkeit", basiert auf den amerikanischen Longseller *„High Probability Selling"* der sich bisher über 100.000 Mal in den USA verkauft hat.

Der Verkäufer Sal Esman hat schon alles versucht ...
… mehr Motivation, bessere Präsentationen, härtere Abschlusstechniken. Ohne durchschlagenden Erfolg. Dann wechselt er den Job. Dort lernt er etwas völlig Neues: High Probability Selling. Mit dieser Verkaufsmethode schafft er endlich den Aufstieg: Auf einfache, ehrliche und erfreuliche Weise verkauft er an Kunden, die seine Produkte und Dienstleistungen jetzt wollen, brauchen und bezahlen können. Und er hat wieder Spaß an der Arbeit. Ist das etwas, das Sie auch wollen?

„Aufgebaut als Gespräch zwischen Verkäufer und Vertriebschef liest sich das Buch vergnüglicher und praxisnäher als die meisten Ratgeber zum Thema." (cash Daily, Dezember 2008)

„Wenn Sie das nicht lesen, findet die Revolution im Verkauf ohne Sie statt!" (getAbstract)

In den TOP TEN im Tagesanzeiger im November!
„Bei erfolgreichen Verkäufern läuft immer ein Film ab. Hier das Drehbuch dazu." (Tagesanzeiger, 24.11.2008)